Lea Singer

Anatomie der Wolken

Roman

Büchergilde Gutenberg

Für Hildegard, die Wolkenbilder liebt, weil sie
»das Unberührbare berührbar machen«.

Lizenzausgabe für die Büchergilde Gutenberg
Frankfurt am Main, Zürich, Wien
Mit freundlicher Genehmigung
des Hoffmann und Campe Verlags, Hamburg
Copyright © 2015 by Hoffmann und Campe Verlag, Hamburg
Satz: Pinkuin Satz und Datentechnik, Berlin
Gesetzt aus der Albertina
Druck und Bindung: Friedrich Pustet, Regensburg
Printed in Germany
ISBN 978-3-7632-6835-1

I

ER HATTE IHN IMMER gehasst. Weil er ihn an eine Leiche er-
innerte, eine riesige, Raum und Zeit füllende Leiche. Ihr Ver-
wesungsgeruch stieg mit dem Rauch aus den Kaminen, ihr
Leichentuch aus Schnee verdreckte durch den Ruß. Er konnte
sich aber nicht erinnern, jemals einen Winter so sehr gehasst
zu haben wie diesen, den sechzigsten in seinem Leben.

Im Dezember 1809 hatte der berühmteste Schriftsteller
des Landes, nein: des Kontinents das Gefühl, wie das Jahr an
einem Ende angelangt zu sein. Also so gut wie tot. Einsam
in einer Stadt, wo ihn jeder kannte. Freundelos und freudlos.
Vor allem aber fühlte er sich unverstanden. Gab es eine grö-
ßere Einsamkeit als das Unverstandensein?

Überall in den Salons von Weimar bis Karlsbad dasselbe.
Unmoralisch sei der neue Roman von Geheimrat Goethe. Der
erste, den er nach zwölf Jahren Abstinenz geschrieben hatte.
Abgesang auf die Ehe, Hohelied des Betrugs, Hymne auf den
Ehebruch, schimpften sie. Nichts hatten sie verstanden. Ges-
tern hatte er zum soundsovielten Mal einer Verehrerin erklärt,
der Roman sei keineswegs unmoralisch, sondern sein bestes
Buch. Aber sie war wohl schon eine Verehrerin außer Dienst
und zu dumm dafür. Wusste nicht, was Wahlverwandtschaft
hieß, was es in der Chemie bezeichnete: Die Triebkraft einer
chemischen Reaktion, eine Bindung einzugehen. Die neun,

zehn Seiten von dreihundert, in denen es um das Eigentliche ging, das Experiment, die Versuchsanordnung von vier Personen, hatten die Verurteiler überblättert oder einfach nicht begriffen.

Chemie? Wahlanziehungen? Hörte sich für die in Weimar nach einer Perversion an. Keiner kannte hier den Schweden Bergman. Oder den großen Lavoisier. Auch darin waren sich der Geheimrat Goethe und Napoleon bei ihrem Treffen in Erfurt sofort einig gewesen: Dass die Jakobiner diesem Mann, dem Entdecker des Wasserstoffs und des Sauerstoffs, 1794 den Kopf abgehackt hatten, war eine Schande für die Revolution. Der Naturwissenschaft gehörte die Zukunft, den Erkundern der Wahlanziehungen und der wahren Verbindungen.

Sechzig war Lavoisier gewesen, als sie ihn unters Fallbeil geschnallt hatten. Sechzig wie er. Ein Zufall?

In diesem Dezember 1809 hungerte Goethe weder nach Leberpastete noch nach gefüllter Gans, nur nach Zukunft, nach Verstandenwerden und Liebe. Nein, nicht die Suppentopfliebe, die ihm seine Christiane servierte, eine frische, prickelnde Champagnerliebe. Sein Uraltfreund Knebel, der seit Jahrzehnten Bewunderung frei Haus lieferte, hatte ihm nach dem ersten Band der *Wahlverwandtschaften* erklärt: Nimm's mir nicht übel, ich kann das nicht verdauen. Goethe hatte ihm geantwortet: Ich hab das nicht für dich geschrieben, sondern für die jungen Mädchen!

Kein zweiter Band für Knebel. Basta.

—

Und nun kam mitten im Dezember dieser Brief. Aus Dresden, von Caroline Bardua. Natürlich kannte er sie, erinnerte sich an sie. Schwarze Locken, schwarze Augen, schwarze

Wimpern, Wespentaille. Hatte jahrelang hier in Weimar bei Heinrich Meyer zeichnen gelernt. Goethe hatte Meyer damals mit gutem Grund aus der Schweiz nach Weimar gelotst. Der sollte hier einmal Balken im Kunstweltsumpf verlegen. Für Struktur, Statik, Ordnung sorgen. Für Beurteilungsgrundlagen. Viele Ungenauigkeiten hatte Meyer bei der Bardua bemängelt, sehr viele. Erfolg könne sie trotzdem haben, hatte Goethe ihm erklärt: Wer schaute schon so genau hin, bei diesen Locken, Augen, Wimpern, dieser Taille. Trotzdem, ein Brief von zwölf Seiten? Eine Zumutung eigentlich. Aber –

Tja, aber. Erstens war die Absenderin eben sehr jung und sehr schön. Italienisches Erbe wohl. Zweitens legte diese sehr junge und sehr schöne Frau ihm dar, warum die *Wahlverwandtschaften* sein bestes Buch seien und ein zukunftsweisendes außerdem. Sie lechze nach Band zwei. Drittens schrieb sie etwas von Verliebtsein.

Dieser Landschaftsmaler Friedrich in Dresden hatte ein Gedicht des Geheimrats gemalt, *Schäfers Klagelied*. Alle seien begeistert, schrieb Caroline Bardua weiter. Und dann: Dieser Friedrich ist auch ganz verliebt in Sie und wünscht sich sehnlich, Sie von Angesicht zu Angesicht zu sehen.

Ja, wie denn sonst?

Die Liebe von Friedrich war ihm ziemlich egal. Außerdem war sie durchschaubar. Er, der Geheimrat, hatte diesem Hungerleider vor vier Jahren zu seinem ersten und bisher einzigen Preis verholfen. Gegen die Statuten des Weimarer Kunstwettbewerbs, in dem die Illustration eines antiken Themas verlangt worden war: Herakles beim Ausmisten der Ställe des Augias. Friedrich hatte weder den Helden noch Ställe gezeichnet, sondern Mönche im Sonnenaufgang, sehr unheldisch. Dazu eine abgestorbene Eiche in öder Landschaft.

Aber wie er mit Sepiatinte zeichnen konnte, das hatte Goethe beeindruckt. Das halbe Preisgeld hatte er ihm zugeschustert, für diesen Friedrich offenbar damals die Rettung.

Bilder zu verkaufen gelang ihm wohl nach wie vor nur selten. Waren die meisten seiner Bewunderer selbst Habenichtse? Vermutlich.

Schäfers Klage, schrieb die Bardua, habe Koethe gekauft, neuerdings Kirchengeschichtsprofessor in Jena. Das wunderte Goethe nicht; Koethe war halt einer dieser deutschpatriotisch glühenden Redner, keine dreißig, von denen derzeit viele unterwegs waren. Einer, der bei Studenten gut ankam und bei Künstlern wie diesem Friedrich. Der sollte bloß nicht meinen, sich zu erhitzen sei Sache der Jungen. Sache der Jugend, das schon. Innere Jugend war aber keine Frage des Alters, sondern der Aufbruchsbereitschaft. Der Neugier.

Goethe spürte: Er wollte wissen, was dieser Friedrich aus seinem Gedicht gemacht hatte. Die Neugier wuchs noch mit dem neuen Jahr.

Als der Schnee schmolz, machte er sich auf den Weg nach Jena. Zu Koethe. Zu *Schäfers Klagelied* auf Leinwand.

—

Bei Koethe roch es schon vor der Haustür nach Entsagung. Graupensuppe, angebrannte Milch, Kohl. Ja, Goethe hatte sich nicht getäuscht. Auf Fleisch und vergorene Getränke verzichte er, eröffnete ihm Koethe beim Kamillentee. Noch keine dreißig! Wie sollte so einer eine Frau erobern, eine begehrenswerte?

Das Bild hing in Koethes sogenanntem Salon. Über dem Esstisch, auf dem nichts zu essen stand. Stühle, so bequem wie Kirchenbänke.

Es war acht Jahre her, dass er *Schäfers Klagelied* gedichtet hatte. Trotzdem stand noch jedes Wort in Goethes Kopf. In den Details hatte Friedrich sich an die Vorlage gehalten. Schäfer oben, Blick ins Tal. Die weidende Herde war vorhanden, auch das Haus der Geliebten, nach unbekannt verzogen. *Vielleicht gar über die See.* Die See war auch da. Regenbogen über dem Haus ebenfalls. Dass Friedrich die schönen Blumen aus Strophe drei vergessen hatte, sagte schon einiges. An diesem Bild stimmte fast alles und doch nichts, gar nichts. Weltschmerz statt Liebesschmerz. Und dann dieser Regenbogen! Fahl vor grauen Wolken. Überhaupt: das Bild bestand zu zwei Dritteln aus Wolken, dräuenden Wolken. *Schäfers Klagelied* hieß sein Gedicht, nicht Wolkenklagelied.

Die Figur rechts sei der Künstler, wusste Koethe. Friedrich als Wanderer. Versunken in Gottes großartiges Schauspiel.

Mit den Göttern hatte es dieser Friedrich nicht. Vermutlich hatte er keine Ahnung von Mythologie, deshalb auch kein Herakles damals beim Wettbewerb. Mit olympischer Heiterkeit hatte er es auch nicht. Dafür versank er, laut Koethe, in den Anblick irgendwelcher Naturschauspiele. Aber bitte! Einen Regenbogen, der eine Viertelstunde dastand, schaute doch keiner mehr an. Was sollte das.

Von düsterem Gewölk sei bei ihm nicht die Rede, meinte Goethe.

Kein Regenbogen ohne Regen, kein Regen ohne Regenwolken, sagte Koethe und trank seinen Tee. Kamillentee mit neunundzwanzig.

Koethe. Schon sein Name klang wie ein angestrengtes Echo von Goethe.

Für seinen Kreislauf, sagte der Geheimrat, sei jetzt ein Glas Port oder Rotwein von Vorteil. Die Reise –

Koethe brachte den Port, ein Bodendeckelrest in einer verstaubten Flasche. Immerhin. Aber dann zeigte er auf den Abgrund vor dem Wanderer.

Das symbolisiert den Tod, sagte er.

Der Winter war vorbei. Das Leichentuch weggezogen. Und nun faselte der junge Denker schon wieder vom Ende. Vielleicht eine Folge der Entsagung. Man müsste diesen Verzichtern eine Italienreise spendieren, würde Ärger sparen. Ihnen und allen, mit denen sie zu tun hatten.

—

Goethe schwante, was hier zum Abendessen aufgetischt werden würde. Er war froh, abends im nahen Drackendorf bei den Ziegesars eingeladen zu sein, im Südosten der Stadt. Ein Landgut im besten Sinn. Dass dort der Hungerbach floss, war ein Irrtum der Natur, Gott … nein, den Göttern sei Dank. Der alte Ziegesar verfügte über eine begnadete Köchin und einen Keller, in dem Goethe gerne übernachtet hätte, um seine Französischkenntnisse aufzufrischen.

Der alte Ziegesar? Auch Jurist, auch geheimer Rat und vieles mehr, wichtig, mächtig, drei Jahre älter als er selbst. Aber irgendwie doch deutlich älter. Wie besessen pflanzte er Bäume auf seinem Gut in Drackendorf. Naturpflege statt Naturwissenschaft. Das war ja ehrenwert, aber wie vieles Ehrenwerte einschläfernd. Bäumepflanzen war eine Sache von Männern, die mit dem Akt der Fortpflanzung nichts mehr im Sinn hatten. Männer mit Experimentierfreude setzten nicht, die pfropften wie der Hauptmann in den *Wahlverwandtschaften*. Setzen war doch nur ein Zeichen banaler Hoffnung; wird schon wieder etwas wachsen. Junges Reis auf junge Stämme zu pfropfen war viel mehr. Ein Versuch, neues Leben zu erschaffen, etwas noch nicht Dagewesenes. Wer aus der Natur ein Laboratorium machte, der besaß Zukunft.

Letztes Jahr war die Frau des alten Ziegesar gestorben. Einer wie er dachte nicht an eine neue, nicht im Traum. Nicht mal in Karlsbad oder Marienbad, wo die Träume bei fast allen feuchter wurden.

Juristische Verhandlungen mit Ziegesar über Verwaltungskram liefen nach wie vor frisch geölt. Schon weil erst danach Ziegesars Tochter Sylvie dazustieß, brachte Goethe das zügig hinter sich. Das erste Mal hatte er Sylvie beim Anatomen Loder in Jena gesehen. Genau in dem Jahr, als er *Schäfers Klagelied* über die nicht erreichbare Geliebte dichtete. Das zählte offenbar kaum einer zusammen. Der alte Ziegesar jedenfalls nicht. Kein Gespür für Chemie. Auch gut so. Sylvie? Ja, die hatte es verstanden. Es war ein zauberhaftes Spiel gewesen mit ihr in diesen Karlsbader Frühlingswochen 1802. Ah, und wie sie die Spielregeln beherrscht hatte. Immer leicht bleiben, das Handgelenk locker, die Blicke vielsagend, die Berührungen wie zufällig. Damals war Sylvie siebzehn gewesen. Eine fertige Frau, aus Sicht des Naturwissenschaftlers. Lavoisiers Marie war dreizehn gewesen, als er sie geheiratet hatte. Tja, Frankreich eben.

Vorletztes Jahr, wieder in Karlsbad, hatte Goethe es dann endlich getan: Sylvie direkt angedichtet, eindeutig. Als Tochter, Freundin, Liebchen hatte er sie angeredet. Reaktion? Keine chemische, wie er sie erwartet hatte. Keine unaufhaltsame Anziehungskraft, die gab es nur beidseitig. Immerhin aber auch keine Abstoßungsreaktion.

In Karlsbad hörte man die meisten Wahrheiten zwischen dem Gluckern. Wenn die Kurgäste in der Wandelhalle ihr Heilwasser tranken, kippten, nippten, schlürften, hinunterquälten oder hinunterschütteten. Überlaut hörten sie ihre Schluckgeräusche, auch jedes Knacksen und Knirschen ihrer Gelenke. Aber sie bemerkten nicht, wie laut sie redeten.

Dieser Abstand! Dreiundfünfzig und siebzehn. Lächerlich. Großvater. Maßlos. Ichbittesie. Wasdenktdersichdenn.

Zwischen dem Gluckern und Schlucken hatte Goethe das mehrmals gehört. Lächerlich? Wenn die natürliche Ordnung zwei Elemente zusammenbringen wollte, dann war die moralische Ordnung außer Kraft gesetzt. Aber diese Klatschmäuler hatten keine Ahnung von Naturgesetzen. Dabei wäre es doch ganz einfach: Sie müssten nur ans Urbild Magnet denken. Polarität und Anziehungskraft, das war etwas Elementares. Dagegen waren Priester und Moralbürger machtlos. Das hatte er in seinen *Wahlverwandtschaften* nun vorgeführt, im Laboratorium eines Romans. Jaja, das mussten ihm die Kleinschlucker verübeln. Die hatten Angst vor solchen Kräften. Angst vor einem Naturgesetz, das stärker war als ihre Prinzipien.

In Jena würden sich bestimmt mehr Wahlverwandte finden. Jena war nicht Weimar oder Karlsbad. Hier hatte er schon vor zig Jahren, ohne ein Semester Medizin studiert zu haben, das Seziermesser an eine Leiche setzen dürfen, hier gab es ein anatomisches Theater, naturwissenschaftliche Institute, meteorologische Stationen. Überall hatte er Zugang. Was erotische Chemie war, brauchte er hier keinem zu erklären. Auch Sylvie nicht.

Es dämmerte, als Goethe vor dem Gut der Ziegesars vorfuhr. Die Ruine der Lobedaburg brütete über dem Anwesen, und über der Burg dräuten die Wolken. Düster wie diese Wolken auf Friedrichs Gemälde bei Koethe. Armer Hund, dieser

Friedrich. Der hatte noch nie reines Wolkenweiß auf Azur pur über dem Golf von Sorrent gesehen. Oder olympische Wolken über antiken Tempeln im Klatschmohnrot. Dort war der Himmel ein Fest. Nichts drohte, alles war gesichert, der Frieden, der Genuss.

Sylvies schlanke Absätze ratterten sofort die Treppe herunter, als sie Goethes Stimme im Treppenhaus hörte. Hinter ihr drein in Synkopen die Freundin Pauline Gotter. Auch Freundschaft war eine chemische Verbindung. Sie konnte sich rasch auflösen, wenn die Säure der Eifersucht oder der Missgunst sie zersetzte. Konnte aber auch noch enger werden durch gemeinsame Affinitäten. Chemisch stimmte das vielleicht nicht ganz, aber menschlich.

Kaum hatte Pauline eine Weste für Goethe genäht, hatte Sylvie ihm eine bestickt. Sagte er Sylvie, sie werde immer hübscher, fragte Pauline: Wie finden Sie mein neues Kleid?

Für den alten Ziegesar waren die beiden nur zwei junge Frauen mit erwünschter Wirkung. Elemente mit hoher Bindungsfähigkeit, mit vielen Valenzen für interessante Gäste. Anziehend wodurch? Weil sie jung und schön waren, heiter, aufmerksam oder verfügbar? Eine Option, zwei Optionen. Sicher war, die Anziehungskraft der beiden brauchte Ziegesar, der mit seinen dreiundsechzig eine Fahrstunde außerhalb der Stadt wohnte. Es war mehr eine rhetorische Frage an Ziegesar, ob er denn viel Besuch habe hier draußen. Die jungen Frauen, die ihm und Goethe gegenübersaßen, machten die Frage bereits überflüssig. Außerdem waren da noch der Keller und die Köchin.

Aber ja, sagte Ziegesar, nicht nur Schlegel samt Frau, Koethe und Konsorten seien in letzter Zeit oft da gewesen. Auch dieser Friedrich aus Dresden war mehrmals da. Meistens sei er mit Sylvie hinauf zur Ruine gewandert. Friedrich sei ganz verliebt, ernsthaft verliebt in sie.

Als Goethe den Wein in die Luftröhre bekam, sagte Ziegesar: In die Lobedaburg.

Sylvies weißer Hals über dem weißen Kleid war so gefährlich wie in Karlsbad. Die Korallenschnur, nicht breiter als ein Messerrücken: Trug sie die seinetwegen? Sie machte ihn nervös, diese rote, straff anliegende Schnur. Ständig überlegte er, was passieren würde, risse sie. Konnte Sylvie verliebt sein? In wen denn! Wenn schon kein Geheimer Rat, kam für Sylvie nur ein Gelehrter, ein Professor in Frage, so viel war klar. Ob mit oder ohne Adel. Aber Männern wie Koethe, den neuen Helden in Vielwisserkreisen, fehlte alles, was die beiden Humboldts hatten. Das waren keine Schlafrockhausgeister gewesen, die sich mit Schnupftabak vollsabberten, keine Kohlsuppenesser, keine Kamillenteetrinker. Das waren Champagnerkenner, Risikoartisten, Weltenwanderer, Seelendiplomaten, Handkusssouveräne. Männer von Koethes Sorte hatten keine Ahnung, was eine Frau brauchte. Und dieser Friedrich? Ein Hungerleider. Nur das schreckte nicht jede ab.

Dieser Friedrich, sagte Goethe –

Haben Sie sein Bild bei Koethe gesehen?, fragte Sylvie.

Ein einziger Regelverstoß!, sagte Goethe. Was dieser Koethe nur daran findet! Das sagte er nicht: Regeln. Wer sie befolgte, fand Einlass bei den Geregelten. Goethes Blick ruhte auf dem Teller. Ja, hier stimmte alles. Bei Ziegesars servierten sie die richtigen Kartoffeln, die rotschaligen, weißfleischigen, zum *Bœuf à la mode*. Außerdem den passenden Gevrey aus einem guten Jahrgang. Die Kartoffeln noch mit Biss, das Rindfleisch mürbe, der Burgunder richtig temperiert.

Das sei Friedrich durchaus bewusst, meinte Sylvie, das mit dem Regelverstoß.

An den Weihnachtstagen des vorletzten Jahres hatte sie diesen Friedrich in seinem Atelier besucht, Dresdner Vorstadt, durchratterte Straße, muffiges Treppenhaus, dritter Stock, kaum geheizt. Schwarz, ganz schwarz habe er das Atelier ausgeschlagen. Die Wände, die Staffelei, sogar den Tisch mit schwarzem Tuch verhüllt. Der ganze Raum ein Andachtsraum. Auf dem Tisch zwischen Kerzen sein Andachtsbild für die Schlosskapelle in Tetschen: Kreuz im Gebirge.

Ich habe darüber gelesen, sagte Goethe. Über das Bild.

Goethe hatte Ramdohrs Verriss in der *Zeitung für die elegante Welt* gelesen. Verrisse zu lesen erfrischte. Nur den Opfern waren Verrisseschreiber verhasst.

Sylvie sah Goethe an mit diesem Erwartungsblick.

Ein radikaler Bruch mit den Gesetzen der Zentralperspektive, sagte Goethe. Und diese Sonnenstrahlenbahnen: ein Verstoß gegen alle Regeln der Optik!

Auch Pauline sah ihn an mit diesem Erwartungsblick.

… schrieb Ramdohr, sagte Goethe und aß weiter.

Absicht, meinte Sylvie. Alles Absicht, dass der Betrachter nicht weiß, wo er steht, und nicht weiß, wo der Maler gestanden hat. Der Fels wie aus der Ferne gezeigt und doch in jedem Detail, jeder Scharte, jeder Kante, als stünde man direkt davor. Die Verunsicherung sei gewollt, so viel sei sicher.

Und diese Strahlenbahnen, sagte Pauline, könnten gar nicht gegen die Regeln der Optik verstoßen. Sie seien nicht als echter Sonnenuntergang zu verstehen, sondern als Zeichen.

Warum sie dabei ihren Ausschnitt ordnete und Goethes Blick dorthin dirigierte? Pauline wusste genau, was Blicke anzog. Und dieses Wissen allein zog Goethe schon an.

Anziehungskraft. Der Gedanke ließ ihn nicht mehr los. Eigentlich konnte man damit alles erklären. Eine Welterklärungsformel zu finden wäre doch eine größere Leistung, als noch etwas und noch etwas auf den himmelhohen Stapel der Weltliteratur zu legen. Er spürte, dass er nah dran war, diese Formel zu entdecken. Die Bindungsneigungen der Stoffe. Die Wahl des energetisch besten Bindungspartners. Immer ging es um Anziehung. Aber da steckte noch viel mehr drin. Auch Wolken ließen sich vermutlich damit erklären. Die Form der Wolken konnte nur mit der Erdanziehung zu tun haben.

Sylvie und Pauline saßen eng nebeneinander. Fassten sich am Unterarm an, berührten sich an den Wangen, strichen sich gegenseitig übers Haar. Ah ja, die wussten ganz genau, wie sie damit den Berührungshunger der Männerhände wachkitzelten. Gespielte Unschuld. Wie viel delikater war die als echte. So gesehen gewann der Park an der Ilm auch gegen märkische Äcker.

Sylvie und Pauline redeten einstimmig, zweistimmig, versetzt mit Pausen, versetzt ohne Pausen. Goethe konzentrierte sich darauf, wie sich die Lippen der beiden bewegten. Das war für ihn interessanter als das, was über diese Lippen kam. Immer wieder dieselbe Leier, wieder und wieder. Dass man mit Gewohnheiten, mit Traditionen, mit Vorschriften brechen müsse, um aufbrechen zu können. Zu neuen Ufern, versteht sich. War doch alles kalter Kaffee. Hatte dieser Friedrich ihnen den aufgetischt? Ein Künstler muss sich verändern, von innen heraus, sagten die beiden Hübschen. Auch das hatte Friedrich ihnen vorgesungen, klar. Der Künstler muss wandern, darf nicht stehenbleiben. Muss aufbrechen, ohne zu sagen, wohin.

Der tat sich leicht, dieser Friedrich. Den kannte ja kein

Mensch. Als er, Goethe, sich damals um drei Uhr früh an diesem 3. September 1786 aus Karlsbad weggestohlen hatte, da hatte er auch keinem gesagt, dass es nach Italien ging. Er hatte sich aber als Moeller ausgeben müssen, Maler Moeller aus Leipzig. Als Goethe war er damals schon zu bekannt gewesen, vor bald vierundzwanzig Jahren.

Oje!, jetzt redeten sie auch noch vom Mut, zu wandern. Ohne Mittel, ohne fahrbaren Untersatz, ohne zu wissen, wo man nächtigt. Das imponierte denen offenbar. So ein Maler, der, anstatt sich mit Porträts ordentlich Geld zu verdienen, sich stundenlang in Wolken versenkte, der gab diesen jungen Frauen irgendetwas.

Nur was?

Sie leuchteten beide, als sie von Friedrich erzählten, beinahe aufdringlich erleuchtet, wie frisch missioniert. Dieses Kreuz im Gebirge war als eine Art Altarbild gedacht, für die Kapelle von Graf und Gräfin Thun in Tetschen, Ramdohr hatte sich darüber aufgeregt, maßlos aufgeregt. Da schleiche sich die Landschaft durch die Hintertür ins Religiöse ein. Rückfall in den Mystizismus, hatte er gedröhnt. Übertrieben, die Aufregung, hatte Goethe befunden, damals. War da doch etwas dran? Hatte Friedrich die beiden mystisch infiziert? Wäre schade um die hübschen Köpfe.

Sie ließen vor lauter Reden das Rindfleisch kalt werden. Dieses Rindfleisch wegen dieses Pinslers, als habe der einen Kontinent entdeckt. Ein malender Alexander von Humboldt. Wo war dieser Friedrich schon gewesen! Von Pommern, sächsischem Land, Ostseeküste und Nordböhmen war die Rede. Vermutlich bei schlechtem Wetter. Sonst hätte er nicht ein so schlechtgelauntes Bild aus *Schäfers Klagelied* gemacht. Das war doch kein Lied im Nachtwächterton.

Mit dem Wandern hatte es Goethe seit langem nicht mehr. In Karlsbad ließ er sich mit den anderen Kurgästen die Promenade hinuntertreiben. Angenehm war das, kein Schmutz, keine Steine, keine Gefahren. Ihm konnte niemand mehr einreden, sich durch Schlammfurchen und Geröllhalden zu quälen sei ein unverzichtbares Erlebnis. In sauberen Bädern zu schwitzen, sich Wickel machen zu lassen und hinterdrein zu erfrischen, das hatte Stil. In der Unwirtlichkeit Schweiß auszudünsten war eine Notlösung. Natur war ja erbaulich. Aber die erbaute ihn auch, wenn er in Weimar bei gutem Wetter mit Gästen an der Ilm entlangspazierte, alles in der Ebene. Wozu sich bergauf und bergab schinden. Es genügte doch, dass er es noch leicht alleine schaffte, aus der Badewanne zu steigen. Dieses Es-ist-erreicht-Gefühl durfte man doch als berühmtester Dichter des Kontinents auskosten.

Vor fünfundzwanzig, zwanzig Jahren, ja, da war das noch anders gewesen. In der Schweiz, in Thüringen, im Harz, in Italien, auf den Brocken hinauf, in Tropfsteinhöhlen und Gruben hinunter, Gebirgsgrate entlang, um den Gardasee herum. Drei Mal hatte er den Vesuv bestiegen und nicht mitgezählt, wie oft er die achtundzwanzig Kilometer nach Kochberg zu Charlotte gewandert war.

Wie alt war dieser Friedrich eigentlich? Vor drei Jahren hatte er erst angefangen, in Öl zu arbeiten. Ein Anfänger war er nicht. Trotzdem noch nirgendwo angekommen. Keine Stelle, kein anständiges Zuhause, kein verlässlicher Erfolg. Keine Frau?

Wie – wie ist dieser Friedrich eigentlich?, fragte Goethe.

Uneitel, völlig uneitel sei er. Die Kleider sauber, mehr nicht. Die Hosen geflickt, an den Knien vor allem.

Was trieb der Kerl auf den Knien?, wunderte sich Goethe.

18

Was hatte Sylvie, die Kleider in sämtlichen Schattierungen von Weiß kultivierte, auf einmal gegen Eitelkeit? Goethe trug seinen neuesten Rock und auf der neuen seidenen Halsbinde den neuen Orden von Napoleon am schmalen roten Band.

Ein Mensch, der eitel ist, kann nie ganz roh sein, sagte Goethe. Er will gefallen und macht sich den anderen angenehm.

Die beiden Frauen lächelten. Was war das für ein Lächeln?

Es wurden Armagnac-Pflaumen mit Vanillecreme aufgetragen. Goethe genoss langsam, Ziegesar löffelte rasch. Und die beiden? Redeten weiter von Friedrich. Von seinen Joppen, filzig formlos. Von seinen Hemden, am Kragen durchgescheuert. Von seinen Schuhen, grobgezimmerte Kähne, vermutlich nicht ganz wasserdicht. Aber sie beschrieben die Armseligkeiten mit – ja, mit was? Aufmerksamkeit, sagte er sich zuerst. Frauen achteten eben auf solche Dinge.

Aber diese Begeisterung hatte Goethes Misstrauen geweckt. Er hörte nun genau hin. Kein Ekel, nicht ein Unterton von Angewidertsein in dem, was Pauline und Sylvie von Friedrich erzählten. Nein, es war Zärtlichkeit. Sie beschrieben seine Schuhe, als wären es Wesen, die viel durchlitten hatten und die man schon deswegen lieben musste. Mit ihren Wunden und ihren Narben. Dann fingen sie an, Friedrichs Gesicht abzutasten. Den Wulst in einer Kummerfurche zwischen den staubig weißblonden, struppigen Brauen, den man glatt streichen wolle. Dann den Backenbart.

Ein Mann mit Backenbart konnte diese eidechsenglatten jungen Wesen doch nicht anziehen. Der Gedanke allein, was sich darin verfangen konnte. Tabakkrümel, Brotkrümel, Bierschaum. Alles, was sie von ihm erzählten, hörte sich an nach einem vorgealterten Mann. Einem Weltfremdling, nur in der Einsamkeit zu Hause.

Oh nein, auch noch die Augen. Wenn Frauen von Augen sprachen, wurden sie rührselig. Blau, tiefblau, aha. Jetzt kam sicher etwas mit Weihern und Tiefe und Geheimnis.

Wie dunkle Weiher, sagte Sylvie, irgendwie tief und geheimnisvoll.

Ich finde, es sind Kinderaugen, sagte Pauline. Er sieht die Welt mit Kinderaugen.

Sie wirken, als ob er immer den ziehenden Wolken nachsähe, meinte Sylvie.

Schon wieder diese Wolken.

Goethe schloss eine Wette mit sich selbst ab. Modell *Wahlverwandtschaften*. Hier waren die Elemente des Versuchs S wie Sylvie, P wie Pauline, G wie Goethe, F wie Friedrich. In der Versuchsanordnung würden auf keinen Fall die Elemente S und F oder P und F einander anziehen. Eher S und G oder P und G. Er musste nur den Beweis antreten. Hinweise dafür, dass die Chemie zwischen Friedrich und diesen Frauen nicht stimmte, sammelte er schon. Siehe Backenbart. Nein, da gab es keine aufregenden Reaktionen zu erwarten. Vermutlich reagierte da überhaupt gar nichts.

Narkotisierender Dunst wehe einen von dem Kreuz im Gebirge an, hatte Ramdohr in seinem Verriss geschrieben, das war's wohl. Ein Narkotikum, mehr nicht. Sie waren benebelt. Wieder nüchtern, würden die beiden erkennen: Dieser Friedrich und seine Welt, das war nichts für sie.

Kinderaugen, Friedrichs Kinderaugen: Aus solchen Worten sprach nichts als mütterliche Gefühle, einwandfrei. Es gab schließlich den Typ des greisen Kindes. Unbeholfen, noch oder schon wieder, blieb sich gleich. Blondweiß, weißblond, blieb sich gleich. Jung machte diese Traumverlorenheit nicht, konnte sie gar nicht machen.

Entdeckerdrang hielt frisch. Präzision machte jung. Knackiges Wissen, nicht diese wabernden Ahnungen von irgendwelchen Geheimnissen der Natur. Auch deswegen kamen die Humboldts bei Frauen so gut an. Deswegen hatte dieser Lavoisier eine dreizehnjährige Schönheit erobert. Wenn einer die Weltformel kannte, gab es keine Frau, die nicht bettelte: Erklären Sie mir das unter vier Augen, nur mir. Genies kannten kein Verfallsdatum, die waren mit achtzig noch begehrt.

Ziegesar hatte, schweigend essend, die anderen überholt.

Wolken malen kann dieser Friedrich, sagte er, während ihm Pflaumen nachgelegt wurden. Also, Wolken malt der wie kein anderer.

Goethe schlief miserabel in dieser Nacht. Trotz Eichenbett mit Rosshaarmatratze und Daunenbett in einem Dreifensterzimmer, erste Etage, Gartenblick. Das lag nicht am *Bœuf à la mode* oder am Gevrey.

Was machte einen Wolkengucker begehrenswert? Warum hatte Ziegesar plötzlich angefangen, Friedrich als Wolkenmaler zu loben? Auf dem *Kreuz im Gebirge* waren doch offenbar nur Strahlen und Glut, gar keine Wolken zu sehen.

Goethe trat ans vorderste Fenster und öffnete beide Flügel. Wolkenfetzen vor dem beinahe vollen Mond. Die Nacht war kälter als gedacht. Kalt? Alte Männer froren. Brauchten Wärmflaschen und Kniedecken und Bierwärmer. Junge froren nie.

Die Wolken veränderten sich in aberwitzigem Tempo. Von schwer in schlank, von düster in hell, von geballt in gefiedert. Grenzenlos, pausenlos verwandelten sie sich.

Ihm ließen sie in Weimar nicht das Recht, sich zu verändern. In Weimar? Nein, überall, wo sie Goethe lasen oder auch nur kannten. Sie sprachen ihm die Freiheit ab, zu riskieren und zu experimentieren. Sie verübelten ihm den Versuch der *Wahlverwandtschaften*. Weihevoller und würdevoller durfte er werden. Auch fetter. Lebend sollte er das Denkmal seiner selbst sein. Das wollten sie, das erwarteten sie. Oder Goethe, in Goethesaft konserviert. Alles, bloß nicht sich ändern.

Und nun tief durchatmen, sagte er sich. Er breitete im Nachthemd beide Arme aus. Einatmen, tief einatmen. Freiheit einatmen. Es kratzte im Hals, juckte im Rachen, ließ Wasser in die Augen schießen. Er hustete. Keckernd hustete er ins Freie hinaus. Ein Reizhusten, ließ ihn nicht los. Konnte Sylvie das hören oder Pauline? Sahen sie sich im Auftrag ihres Wanderers die Wolken an, aus einem anderen Fenster, drüber, darunter, daneben? Hörten sein Husten, erwogen sein Alter, seine Hinfälligkeit?

Er presste die Hand auf den Mund, nahm die Wasserkaraffe vom Nachttisch, füllte das Glas, kippte es hinunter, goss nach, leerte, ohne abzusetzen, das zweite Glas, atmete vorsichtig auf Probe, ob der Husten sich gelegt hatte, spürte den Reiz lauern, goss Wasser nach, schüttete das dritte Glas hinab. Atmen, vorsichtig, ganz vorsichtig.

Ah – geschafft.

Kein Geräusch störte. Er schaute und atmete in die Nacht und die Wolken. Was störte, war der Gedanke an Friedrich.

Sein *Kreuz im Gebirge* stand nun doch nicht in der Kapelle in Tetschen, hatten die beiden jungen Frauen gewusst. Die Thuns hatten es in einem Raum neben dem Schlafzimmer aufgestellt, direkt gegenüber von Raffaels *Sixtinischer Madonna*. Nur eine druckgraphische Wiedergabe, trotzdem! Goethe selbst hatte es verkündet: Hätte Raffael nichts außer diesem

Bild gemalt, er wäre unsterblich. Und das nun auf einer Höhe mit Friedrichs Narkosegemälde, ausgestellt, als wären sie gleichwertig. In Dresden lagen zweitausend Meter zwischen der Gemäldegalerie mit Raffaels Madonna und Friedrichs Atelier. Großer Abstand. Recht so.

Schon wieder trieben die Wolken in Goethes Gedanken. Es waren die Wolken unter den nackten Füßen, die aus dieser süditalienischen Mama mit Säugling eine Erscheinung machten. Sie erhöhten das Irdische ins Überirdische.

Die Wolken, sie waren fürs Erheben und fürs Erhabene da. Ein Vehikel fürs Göttliche. Und was transportierte Friedrich darauf? Seine Ideen. Dass die Natur nur in der Natur verstanden werden könne! Was für ein Wahn! Sollten sich etwa alle Maler ins Freie setzen, um Wolken malen zu lernen? Mit nassem Hintern auf Felsen hockend, die Schuhe im Dreck, das Geistige erfassen? Vermutlich bildete sich Friedrich ein, dort sei er im Dialog mit Gott. Ramdohr hatte recht: Hier drohte der Rückfall in den Aberglauben. Diese Friedrichs waren Rattenfänger der Finsternis.

Was den Künstler groß und unverwechselbar macht, kann er nur aus sich selbst schaffen!, erklärte Goethe dem Himmel.

Sylvies Stimme kam aus dem Fenster nebenan.

Sie können auch nicht schlafen? Das muss der Vollmond sein.

II

ER MACHTE ES NICHT, weil sie sich angekündigt hatte. Er machte es, weil er es gerne tat. Jeden Tag fegte Friedrich den Dielenboden in seiner Wohnung in der Pirnaischen Vorstadt in Dresden, dritter Stock, Straßenseite. Er fegte im Atelier, in der Kammer, in der er unter nichts als einer Wolldecke schlief, in der Küche, in der er sich wusch, sich Roggenbrot vom Laib schnitt, Milch einschenkte, Kartoffeln briet und die Pfanne mit einem Leinenlappen auswischte.

Friedrich liebte das Fegen. Der Boden wurde ihm dabei so vertraut. Er begrüßte jede Spalte zwischen den Bohlen, keine glich der anderen, jede abgesprungene Ecke an der Fußboden-leiste, jeden Fleck im Fichtenholz samt seiner Vergangenheit in einer ausgelassenen Speckschwarte, einem Sepiatinten-fass, einer Schlehensaftflasche. Der Rosshaarbesen bewegte sich beim Fegen ähnlich wie Friedrichs Hand beim Zeichnen. Nicht mit Schwung, nein, ganz langsam, zögernd und acht-sam vorrückend. Fegte einen abgesprungenen Knopf unter der Kommode hervor, fegte Krümel unter dem Tisch zu-sammen, fegte Blätter oder Sand oder Erdbrocken weg, die der Wanderer an den Schuhen hereingetragen hatte, Späne von den Föhrenscheiten, die Friedrich für den Herd oder den Ofen gespalten hatte.

Manchmal strandete vor dem Bug der schwarzen Borsten

ein zertretener Regenwurm oder eine tote Spinne. Dann hielt er inne, nahm den Kadaver auf und entschuldigte sich.

Viele wunderten sich, dass er diesen Wulst zwischen den Brauen hatte, meistens gerötet. Es gab doch niemanden, der ihm etwas befahl, ihn mahnte oder quälte. Den Kindern machte dieser Wulst Angst. Wie Gewitterwolken, hatte eines gesagt. Viele wunderten sich auch, dass Friedrich vorgebeugt, mit hängenden Schultern ging, manchmal sogar gekrümmt, auf dem Land immer mit einem Knotenstock in der Hand. Ein Mann von Mitte dreißig, der stundenlang gegen den Sturm anwanderte, Klippen erkletterte, an Steilküsten balancierte, durch Eisbäche auf Steinen watete und durch den schweren nassen Sand am Meer rannte, müsste stark und aufrecht daherkommen. Dass es die Schuld war, die ihm auf den Schultern hockte, in den Unterleib stach und unter der Schädeldecke pochte, wusste niemand, fast niemand. Welche Schuld?, hätten sie gefragt. Aber in seine Vergangenheit und seine Seele brauchte kein Neugieriger seine Nase zu stecken. Schlimm genug, dass er noch in so vielen Nächten den jüngeren Bruder durch die Kälte schreien hörte und im zerborstenen Eis ertrinken sah. Den Bruder, der Friedrichs Leben hatte retten wollen und dabei das eigene verlor.

Sich eine Hornhaut wachsen zu lassen gegen die Rippenstöße des Daseins war Friedrich nie gelungen. Die Bauern auf dem pommerschen Land streichelten keinen ihrer Stallhasen, blickten keinem Kalb in die Augen. Sie hatten keines ihrer Kinder lieb, bis die ersten Lebensjahre überstanden waren. Weil sie es sich mit dem Tod leichter machen wollten. Er beneidete und bemitleidete sie. Beneidete sie, weil sie diese Gefühlsblindheit schützte. Bemitleidete sie, weil sie dadurch das Wesentliche nicht sehen konnten.

Ihn verletzte der Alltag ständig. Für die Schrammen und Wunden interessierte sich keiner. Ein Seifensiedersohn war niemand. Trost erwartete er gar nicht erst von seinen Mitmenschen. Doch es gab die Wolken –

Auf so vieles konnte man sich nicht verlassen. Das hatte er schon mit sieben Jahren eingesehen, als seine Mutter nach der Geburt ihres zehnten Kindes gestorben war. Ohne krank zu sein oder elend auszusehen, war sie gestorben. Den Säugling auf der Brust, hatte sie eines Morgens tot im Bett gelegen. Nicht einmal auf die Reihenfolge der Todesfälle konnte man sich verlassen. Nicht nur drei der vor Caspar David geborenen, auch zwei der vier nach ihm geborenen Geschwister waren schon tot. Sogar auf die eigene Amme, die ihn und alle Geschwister danach gestillt hatte, war kein Verlass. Kummt eten!, hatte sie jeden Tag aus der Küche geschrien, und wenn er es genau so auf seine Tafel kritzelte, traf ihn hart die Hand des Lehrers am Kopf. Auf Wörter war ohnehin kein Verlass. Am besten redete man nur dort, wo alle so viel Bier tranken, dass sogar die Studierten den Halt in ihren Sätzen verloren.

Schreiben war eine besonders unzuverlässige Sache. Mit der Feder in der Hand kam er sich immer noch vor, als wäre er in einen Sumpf geraten, wo er bei jedem Schritt, den er weiter hinauswagte, tiefer sank. Zusammen mit den Wörtern, die glucksend aus dem Morast spotteten. Wie schrieb man das überhaupt: Sunf oder Summf?

Selbst der eigenen engsten Verwandtschaft durfte man nicht trauen. Es war erst eineinhalb Jahre her, im November 1808 war es gewesen, da hatte er seinem Schwager, einem Pastor, bittesehr, ins Gesicht gesagt, dass er ein Schurke sei, der unter dem Güte-Talar seine Niedertracht trug. Der den alten Schwiegervater über den Tisch gezogen hatte, seine

Redlichkeit ausgebeutet. Aber Scheiße! Nicht einmal auf den eigenen Rachedurst war Verlass gewesen. Friedrich hatte zwar seine Fäuste vor der Nase des Schwagers geballt, grobknochige Fäuste vor einer glasdünnen Nase. Zugeschlagen hatte er doch nicht. Nur weil der Schwager auf krank machte.

Am wenigsten Verlass war auf Frauen. Schlimm genug, dass ihr Kichern nie zum Mitlachen gedacht war, vielen rannen die roten Wangen im Regen weg, und manche, die seine Not zu Tränen rührte, rührten dann keinen Finger für ihn.

Doch es gab die Wolken –

Beim Fegen war er so zufrieden wie beim Zeichnen. Er fühlte sich nicht gedrängt, wusste aber, dass er diese Arbeit zu einem Ende bringen würde. Selbst wenn ihm einer gesagt hätte: Heute ist der letzte Tag deines Lebens. Morgen bist du tot. Er hätte nichts anderes getan, als die Böden fertig zu fegen und seine Zeichnung fertig zu zeichnen und jeder Linie die Zeit zu gönnen, die sie verlangte. Ihm entging nichts, und er überging nichts. War er unterwegs, zeichnete er nicht nur das Große und Mächtige von Ruinen und Friedhöfen und Meeresweiten und Gebirgseinsamkeiten. Er zeichnete eine Sense, ein zerrissenes Segel, einen Holzpantoffel, ein paar aufgehängte Wäschestücke oder ein hölzernes Scheißhaus.

Nebensachen? Gibt es nicht, sagte er denen, die sich wunderten.

Aus einem, der sich mit solchen Kleinigkeiten aufhält, wird nichts Großes, hatte er reden hören. Kein Grund, etwas daran zu ändern. Im Gegenteil. Heikel war nur, dass er es zu spüren bekam, wie wenig er vielen galt. Der Monat dauerte immer viel zu lange. In der letzten Woche röstete er regelmäßig die Schalen der Kartoffeln. Er bekam auch zu spüren, dass es ein Hindernis war, keine Briefe schreiben zu können. Briefe, in denen man den Wichtigen sagte, was sie hören wollten, und so Einlass in die Häuser der Wichtigen bekam. Er konnte nur schildern, was war. Dass er seinen Husten überstanden und sich zahnlos grinsend gezeichnet hatte, dass er ein Fenster in seinem Atelier ganz mit Papier zugeklebt hatte und sich im Gasthof zum Braunen Hirschen ein Rindfleisch mit Kohl geleistet hatte. Oder dass sich jemand geekelt hatte, mit ihm zu reden, weil jedes dritte Wort bei ihm Scheißen war. Was konnte er dafür, dass es so oft notwendig wurde.

Also schrieb man einem Goethe besser gar nicht. Auch wenn es hieß: Mit Goethe kommst du überallhin. Er wollte ja gar nicht überallhin. Was sollte er dort.

Meistens machte es ihm nichts aus, wenn sie ihn und seine Bilder nicht verstanden. Meistens. Wenn einer allerdings auf sein ganzes Leben einstach wie dieser Ramdohr, stach der auch auf seine Überzeugungen ein, und da wehrte Friedrich sich. In solchen Zeiten wurde die Sehnsucht heftig nach etwas wie der Ammenhand, früher, auf dem Unterleib, die Schmerzen nach zu vielen grünen Äpfeln einfach wegstrich. Hier in Dresden gab es so etwas nicht, für ihn jedenfalls nicht.

Doch es gab die Wolken –

Sah er zu, wie eine kleine Wolke die große Sonne verdunkeln konnte, fühlte er sich in seinen Visionen von einer gerechten Welt bestärkt. Jeder, den Gott liebte, konnte sich behaupten. David gegen Goliath.

Auch heute würde er nach dem Fegen, vor ihrem Besuch, die Elbe entlanglaufen. So, wie er als Halbwaisenkind jeden Tag zum Greifswalder Bodden gelaufen war und als Hungerstudent in Kopenhagen jeden Tag an den Hafen, bei jeder Windstärke und jeder Temperatur. Fast immer waren sie da, die Wolken. Oft wartete er auch auf sie. Und wenn sie da waren, dann las er in ihnen. Bücher zu lesen strengte ihn an, selbst die von Freunden wie Koethe. Ständig verhakte er sich im Dornengestrüpp dieser Sätze.

Die Wolken machten keine Schererein. In ihnen las er leicht und mühelos.

—

Louise Seidler kam, als er gerade erst den Dreck von seinen Sohlen schabte. Ihr Gesicht war schön wie ein Entenei. Ihr Kleid aus weißem Wollmusselin, reinweißem Wollmusselin, bettete es weich, dieses Ei.

Friedrich führte sie ins Atelier. Er konnte sie nur dorthin führen. Nackt die graugrün gestrichenen Wände, nackt der Dielenboden. Ein ausgeweideter Leichnam, lästerten manche. Kein Sitzmöbel, nichts außer seinem alten harten Stuhl, seiner Staffelei und dem kleinen Tisch mit dem Nötigsten: Pinsel, Palette, ein paar Tuben. Malkasten, Terpentin, Leinwände, Lappen, Firnis, all das war ins Nebenzimmer verbannt.

Die Seidler kam aus einem Maimittag. Sah zuerst einmal nichts, denn hier drin war es dämmrig. Hätte er die Holzläden an dem rechten der beiden Fenster geöffnet oder die Verschalung abgenommen, die am linken Fenster das untere Drittel verschloss, es wäre taghell gewesen. Dann hätte das Licht jedoch doppelte Schatten auf die Leinwand geworfen. Das musste er einer Malerin wie der Seidler nicht erklären. Aber dass ihr Kleid ihm Angst machte, das musste er ihr erklären. Bei ihm lauerten überall Fleckenmacher aus Ruß, Rost, Pech zum Abdichten oder Leinöl. Louise Seidler lachte, als er das sagte. Ihr Lachen wischte seine Angst weg. Nur kam unter dieser Angst die andere zum Vorschein: ihr nichts anbieten zu können. Doch, ein Glas Milch oder einen Schlehensaft, auch ein Solei, eine Salzgurke oder einen Rettich, aber nichts von dem, was eine junge und schöne Frau gewohnt war, die bei Goethe ein und aus ging.

Ja, der Geheimrat, sagte sie, der hat auch Personal. Einen Kammerdiener, zwei Köchinnen, einen Kutscher, ein Hausmädchen und ein Garderobenmädchen, einen Bedienten, einen Laufburschen. Außerdem einen Schreiber.

Aber er kann doch selbst schreiben, sagte Friedrich.

Sie lächelte. Bei Goethe zu arbeiten sei eine Ehre. Da rissen sich die Leute drum. Brächte viel fürs Ansehen. Also für die nächste Anstellung.

Friedrich schwieg. Er verstand das nicht. Warum brauchen sie eine neue Anstellung, wenn sie so gerne bei Goethe arbeiten? Dieser Schreiber vor allem irritierte ihn. Goethe kannte doch sicher nicht das Problem, dass es meistens falsch war, wenn man die Wörter so, wie man sie aussprach, aufs Papier setzte. Schrieb Friedrich: Das mach sein, das ist mechlich, war ihm ungemütlich, und doch wusste er nicht, warum.

Ist das ein Schönschreiber?, fragte er.

Sie nickte.

Dann ist das ja, als würde ich einen Schönmaler beschäftigen. Der würde alles zerstören, was ich gemacht habe. Er sagte es nicht. Stumm sah er die Besucherin an.

Die Seidler hatte ihre Haare an den Schläfen zu langen Locken gedreht. Farbe und Form erinnerten ihn an den geräucherten Bauchlappen des Dornhais, den er besonders gerne aß, zu karamelisierten Steckrüben am liebsten. Sie waren spiralig gerillt und drehten sich unten ein. Manchmal schickte ihm seine Schwester eine kleine Kiste davon. Dann gab er ein Fest im Freien am Elbufer.

Ob sie eigentlich wisse, wie ihre Locken aussehen?, fragte Friedrich. Louise Seidler schüttelte den Kopf. Er sagte es ihr.

Ich würde gern etwas von Ihnen sehen, sagte sie.

Schmecken sehr gut, sagte er.

Können Sie mir etwas zeigen?, sagte sie.

Dumm, wie konnte er nur vergessen, dass Goethe die Seidler vorbeigeschickt hatte. Louise Seidler, hatte Koethe ihm erklärt, sei mit Sylvie Ziegesar befreundet. Die Ziegesars wiederum mit Goethe. Und der alte Ziegesar, Sylvies Vater, hatte anscheinend etwas Nettes über Friedrichs Bilder gesagt. Zu Goethe hatte er das gesagt. Goethe wiederum kannte die Louise und Sylvie ... Aaah, verdammt! Dieses Gesellschaftsgewurschtel. Sollte man sich merken, wer da wen von wo kannte und wie über wen geredet hatte? Musste ein Maler doch nicht kennen, diesen Mist. Die Bilder wurden nicht besser von so was.

Aber Louise Seidler mit ihrem Enteneigesicht und ihrem weißen weichen Kleid, die war so ein Stück reine Welt. Wie ein frischbezogenes Bett mit gebügelter, gestärkter Leinenwäsche. Wenn sie jetzt schon da war –

Friedrich legte einen Stapel Zeichnungen auf das Holzpult auf dem Tisch neben der Staffelei. Bergrücken, Nebelwiesen, Meerblicke, ein enges Tal, eine Beuge Holz, bemooste Steine, eine einsame Fichte, Wurzelwerk, Felsen im Wald.

Sie blätterte im Stehen. Vor und zurück. Dann wollte sie wissen, warum auf fast jedem Blatt das Wort *Horizont* stehe. Bei den Meerblicken sei das ja einzusehen, bei den Bergrücken, den Nebelwiesen. Aber warum bei den Felsen und den bemoosten Steinen?

Verstand sie das nicht? Horizont war doch mehr als die Linie, die Himmel und Erde schied. Horizont war ein Schlüsselwort. Trennte Diesseits und Jenseits, Menschliches und

Göttliches, Beschränktes und Weises. Das, was er verheiraten wollte in jedem Bild. Nur –

Wenn er jetzt versuchen würde, das zu erklären, würde es ihm mit seinen Worten und Sätzen ergehen wie beim Versuch, ein Tablett mit Gläsern zu tragen. Egal wie nüchtern er war: Sie fielen um. Fast immer auf den Boden.

Louise Seidler war ja keine Malerin, die nur malen gelernt hatte. Die kennt Goethe, seit sie laufen kann, hatte Koethe gesagt. Ihr Vater war in Jena Universitätsstallmeister, und sein Haus lag direkt neben Goethes Amtswohnung im Schloss. Friedrich ahnte, was das hieß. Da war die Bildung in das Mädchenhirn hineingesickert wie bei ihm daheim der Gestank nach altem Talg aus der Seifensiederei in seine Schleimhäute. Während sie bis heute diese Luft einatmete, die um Goethe und seine Freunde und Bekannten wehte, diese parfümierte Weltenluft, war ihm schon das Größte, abends im Bayerischen Bräuhaus den Geruch von Malz und geschrubbten Böden, Tabak und Schweinebraten einzuziehen. Doch Koethe hatte ihm eins klargemacht: Die Seidler war die Richtige, um ihn mit Goethe zusammenzubringen.

Ja, Koethe wusste, dass Friedrich sich nicht nach dieser parfümierten Wichtigkeit sehnte. Wusste auch, dass Friedrich sich beschissen gefühlt hätte dort. Ein räudiger Hund zwischen Seidenbeinen. Musste er Koethe nicht klarmachen. Aber Koethe wusste eben auch, dass der Geheimrat mit nichts als seinem Wort Türen öffnen konnte. Türen in Salons. Salons, in denen die Sammler saßen, von denen keiner ahnte, wie geröstete Kartoffelschalen schmeckten. Die sich bei Champagner und Schinken langweilten und lüstern waren auf irgendwas Neues. Mit ihrem Geld würden sie ihm Freiheit zahlen. Das Einzige, was er außer dem Malzeug brauchte.

Zu Goethe reisen, am Frauenplan klingeln? Hätte sich Friedrich nie getraut. Zu hoch droben die Klingel, viel zu hoch, obwohl er über eins achtzig war. Aber über Louise Seidler an Goethe rankommen, das könnte gehen. Sie war näher an Friedrich dran, in jeder Hinsicht. Nicht nur weil sie jetzt in Dresden wohnte. Auch weil Koethe gesagt hatte: Die hat was Trauriges. Was Verwundetes. Wenn es stimmte, was man über sie erzählte, wollte sie als Malerin leben, weil sie sonst nur noch hätte sterben wollen. War verliebt gewesen in einen Arzt, französischer Militärarzt, hübscher Kerl angeblich. Hatte sich mit ihm verlobt. An ihrem zweiundzwanzigsten Geburtstag hatte sie durch andere eine Nachricht über ihn erhalten. Die Todesnachricht. War im Feldlager am Fieber verendet, der Verlobte. Da hatte sie sich ins Malen gerettet. Hierher, nach Dresden, wo in der Galerie die Vorbilder hingen. Wo die Künstler lebten und sich begegneten, ob sie einander grün waren oder nicht. Vom Sehen, aus der Galerie, aus den Läden für Künstlerbedarf kannte Friedrich die Seidler. Nur, der sah man an, dass sie in einer ganz anderen Gesellschaftsetage lebte als er. Wo es niemals stank, keiner zerrissene Jacken flickte, Ritzen neben Fenstern mit Papier abstopfte und beim Käse die Rinde mitaß.

Goethe schickt mich bei Ihnen vorbei, hatte die Seidler Friedrich geschrieben. Dieser Friedrich, habe Goethe ihr gesagt, sei in bestimmen Techniken sehr gut, Sepiazeichnungen vor allem. Da könne sie etwas lernen. Ein netter Brief. Fleckenfrei, bestimmt auch fehlerfrei.

Was sollte die von ihm wollen? Nein, er würde sich nicht in den Sumf oder Sunnf der Wörter begeben. Fragen war immer besser als Antworten geben. Warten brachte mehr als Ungeduld. Das wusste er von den Wolken.

Ob sie sich setzen dürfe, fragte Louise Seidler.

Nicht auf den, sagte er. Ich hol den anderen. Hastete in seinen Schlafsarg, wo sein zweiter Stuhl stand, genauso alt, genauso hart, aber sauber.

Sie saßen im Dämmer und dem Lärm der Wagen, die unten übers Pflaster ratterten. Beide warteten. Friedrich konnte viele Arten des Ratterns vor seinem Haus unterscheiden. Schepperndes, pochendes, gedämpftes, schlagendes, klirrendes, hölzernes, blechernes, metallisches Rattern. Ohne aus dem Fenster zu sehen, wusste er, welcher Karren dort vorbeigeschoben wurde, ob eine Kutsche übers Pflaster fuhr, ein Fuhrwerk, von Pferden oder Ochsen oder von Menschen gezogen, mit welchen Rädern, wie groß, wie schnell, wie langsam. Dieses Rattern war das des Bierkutschers.

Ob sie ein Bier wolle, er könne eins holen, bot er an.

Reden Sie doch mal über Ihre Kunst, sagte sie.

Tut mir leid. Gehöre nicht zu den sprechenden Malern, sagte er. Da müssen Sie anderswo hingehen.

Irgendwas aber müsse er üblicherweise reden, sagte die Seidler. Denn Goethe habe sie vor Friedrichs Reden gewarnt.

Friedrich sah im Rücken der Seidler eine Maus sausen, und was die Seidler sagte, sauste mit.

Was?, sagte er und sah die Seidler an. Was hat der gesagt?

Das Entenei war leicht rosa angelaufen.

Er hat gesagt: Besuchen Sie Friedrich. Aber passen Sie auf ...

Wie aufpassen? Friedrich rieb seine Hände gründlich an der Hose ab. Dass Sie Ihre schönen Sachen nicht versauen?

Das Entenei wurde nun auch noch feucht. Die Seidler schaute irgendwo auf den Boden. Goethe habe sie gewarnt, sagte sie, vor der Ansteckungsgefahr. Sie solle sich nicht, nicht ... na ja, eben von Friedrich anstecken lassen.

Anstecken! Konnte Goethe doch nicht riechen, dass er letzte Woche zu früh hinausgezogen war. Saukalt war es gewesen bei Sonnenaufgang. Friedrich zog den Schleim aus der Nase in den Mund und spuckte in den Napf auf dem Boden, rechts hinter der Staffelei. Leider daneben.

Hat er wirklich anstecken gesagt? Noch einmal zog er den Schleim aus der Nase in den Mund und spuckte. Diesmal traf er.

Die Seidler zog ein Taschentuch heraus und reichte es ihm.

Neinnein. Er … also, wörtlich hat er gesagt: Passen Sie auf, dass er Sie nicht verführt.

Friedrichs Blick prüfte das Gesicht der Seidler. Diese Augen, wie ein Forellenbach. Die log nicht, nein, bestimmt nicht. Verführen? Er die Seidler verführen! War wohl verrückt, dieser Goethe. So was würde er nicht mal anfassen, so was Weißverpacktes und so ein zerbrechliches Entenei. Vielleicht wenn er einmal Professor würde an der Akademie und eine Wohnung hätte mit einem Wohnzimmer wie Koethe. Mit Sofa, einem Porzellanservice im Vertiko und silbernen Löffeln in der Schublade, dann würde er sich trauen, eine wie die Seidler zu fragen, ob sie zum Tee käme. Vielleicht trauen. War aber weit weg, so ein Dasein. Goethe musste verrückt sein. Aber jetzt zu sagen: Der spinnt, dieser Goethe, war nicht schlau. Oder hatte Goethe mit verführen reinlegen gemeint? In Greifswald hatte ein Offizier von der Kavallerie die Apothekerstocher von nebenan geschwängert, und bei Friedrichs zu Hause hatte es geheißen: Der hat sie mit Champagner verführt.

Ich habe gar keinen Champagner, sagte Friedrich.

Louise Seidler sah ihn an. Sie kicherte. Das Entenei wurde wieder eierschalfarben.

Nun wollte sie doch etwas, Schlehensaft. Als der Becher leer war, war ihr Mund blaurot, und ihre Zähne waren es auch. Von diesen blauroten Lippen kam es: Er hat mich ermahnt, mich bloß nicht verführen zu lassen …

Sie schaute auf die Zeichnungen auf ihrem Schoß.

… von Ihren verderblichen Reden. Verderblich, hat er gesagt.

Friedrich spürte, wie sein Unterkiefer starr wurde und die Zunge pelzig. Verderbliches reden hieß doch, jemanden in sein Verderben führen. Ihm Übles wollen. Schlimm, dieser Vorwurf, ganz schlimm. Wie konnte Goethe ihm so was vorwerfen? Er wollte doch jedem Regenwurm nur das Beste. Goethe musste mit verderblich etwas Verdorbenes meinen. Etwas Stinkendes. Von Mist und Dreck und Scheiße, da redete Friedrich oft. Passierte halt. Vor allem nach dem dritten Bier am Stammtisch im Bräuhaus. Aber halt! Nääh, von denen sagte keiner was weiter. Wäre auch nie zu Goethe durchgedrungen. Wie denn. Kannte doch keiner Leute aus so einer Beletage. Wo Goethe unterwegs war, da war Friedrich nicht zugange. Aaah, hoppla, doch. Die Körners. Minna und ihr Mann? Christian Gottfried Körner, der Schiller-Herausgeber. Schon seinem toten Freund Schiller zu Ehren tauchte Goethe dort auf, wenn er in Dresden war, wusste jeder. Die Körners hatten aber auch keine Angst vor Menschen wie einem Friedrich. Da konnte er reden, wie ihm der Schnabel gewachsen war. Hatte sich aufgeregt über diese verwöhnten Taubenbrustfresser und Seidensockenträger, die auf einfach machten, wenn es gut ankam.

Wenn große Leute wie Kinder in die Stube scheißen, hatte er gesagt, um damit ihre Unschuld oder Schuldlosigkeit zu beweisen, möchte das nicht gut aufgenommen werden. Hatte er gesagt, ja. War's das, was Goethe mitgekriegt hatte?

Nein, danach konnte er die Seidler nicht fragen, weil Scheißen vorkam. Aber verdammt noch mal. Konnte ja auch ganz was anderes sein. Verderber ... Sittenverderber, das war doch ein Wort, das die Richter benutzten. Goethe war Jurist. Kannte Gesetze. War ihm da was zu Ohren gedrungen? Seinen Zeichenschülern, waren ja nicht viele, sagte Friedrich: Merkt euch eins: Des Künstlers Gefühl ist sein Gesetz. Sonst nichts.

Hörte sich für Goethe vielleicht nach Revoluzzer an. Für Goethe ist in der Kunst nur Gesetz, hatten sogar die Körners gelästert, was sein Kunstfachmann Meyer sagt. Trotzdem, so ein Satz führte doch keinen ins Verderben!

Louise Seidler betrachtete seine Disteln und Findlinge, seine abgestorbenen Eichen, sein Brackwasser und seine Dünen. Wirkte, als würde ihr das gefallen.

Also was für Reden von mir hält Goethe denn für gemein?, fragte Friedrich.

Nein, nicht gemein, verderblich, sagte die Seidler, ohne von den Zeichnungen aufzublicken. Zum Beispiel, dass man die Natur nicht nach Kunstwerken studieren dürfe, sondern sie aus der Natur selbst erkennen und lernen müsse.

Friedrich spürte, wie der Wulst zwischen seinen Brauen anschwoll. Wenn Goethe so was für verderblich hielt, dann hielt er auch die Natur für verderblich. Vielleicht sogar für verdorben. Dabei war es genau andersherum. Wenn Friedrich sich müde gesehen hatte an den Gesichtern der Menschen, verdorben vom Alleshaben, bis zu den Rändern voll mit Undankbarkeit, dann wandte er seinen Blick zu den Wolken. Musste doch jeden dankbar machen, was die Wolken taten und tun würden in alle Ewigkeit. Regen spenden und Schatten. Der Phantasie neue Bilder schenken und den Gedanken Freiheit.

Von fernen Ländern erzählen und von Gott. Ja, es gab Menschen, für die Wolken böse waren, wenn aus denen Hagel auf ihre Felder prasselte oder ein Blitz fuhr, der ihre Scheuer brennen ließ. Nur, das waren arme dumme Menschen.

Es gibt keine böse Natur, keine bösen Wolken, kein böses Meer, es gibt nur – wollte Friedrich losschlagen.

In diesem Augenblick stand wie ausgespuckt eine der Weißnäherinnentöchter aus dem Haus gegenüber im Atelier. Sie kamen alle oft, sie besonders. Er mochte ihr gesprenkeltes Gesicht, ihre Karottenhaare, vor allem aber ihre Augen, die zweierlei Farbe hatten. Mit schlotternden Strümpfen um die Steckenbeine stand sie da und beobachtete, wie Louise Seidler in die Zeichnungen schaute. Ob die Frau da etwa die Bilder kriege, wollte die Karottenhaarige wissen. Oft schon hatte ihr Friedrich eine kleine Skizze geschenkt, einfach um ihr etwas zu schenken, weil dann das Licht anging in den zweierleifarbigen Augen.

Die Seidler sagte Nein.

Friedrich griff in den Kasten mit kleinen Skizzen, Fundstücke von unterwegs. Viele waren nicht mehr drin. Das Nachbarskind war in dieser Woche jeden Tag gekommen, an manchen sogar mittags und abends.

Die Kleine sei schon zum fünften Mal da diese Woche, sagte Friedrich der Seidler. Nur um sich ein Blatt mit einem Kiesel oder einer Rinde zu erbetteln. Und grad froh sei er darüber. Der Hunger auf Kunst kenne kein Sattwerden. Schön sei das und gut. Er händigte ihr ein Stück Schotterweg aus.

Was machst du eigentlich damit?, fragte Louise Seidler.

Ich wickle meine Sachen ein, sagte das Mädchen und zog ab.

Gut so, sagte Friedrich.

Lieber Friedrich, Sie brauchen Goethe, sagte die Seidler. Und dann, als eine Wolkenstudie obenauf zu liegen kam: Das verbindet Sie, die Wolken verbinden Sie mit Goethe.

Seit wann hat der es mit den Wolken?, fragte Friedrich. Warum auf einmal?

Weil Goethe nach der Farbenlehre eine Witterungslehre plane. Die Pläne des Geheimrats kannte Louise Seidler so gut wie seine Selbsteinschätzung als Forscher. Die Farbenlehre halte er für sein größtes Werk. Die sei ihm selbst wichtiger als seine Dichtung. Gute Dichter habe es vor ihm gegeben, gebe es neben ihm, werde es nach ihm geben. Aber in seinem Jahrhundert sei er in der schwierigen Wissenschaft der Einzige, der das Richtige wisse. Mit aller Jugendkraft wolle Goethe sich nun in die Meteorologie werfen, sagte Louise Seidler. Dort dasselbe leisten. Das Wissen sortieren.

Friedrich glotzte sie an. Sortieren? Etwa die Wolken sortieren in besser und schlechter? Friedrich schloss die Augen. Sie zogen an ihm vorüber. Die nachtschwarzen und die rotgolden geränderten, die ausgefransten und die schafwolligen, die mit Bäuchen und die dünnen. Er liebte sie alle.

Stumm schüttelte Friedrich den Kopf. Wie konnte man etwas sortieren, was vom Himmel kam? Wolken, das waren die Sätze Gottes, wenn er mit den Menschen redete. Ich bin, der ich bin, hatte Gott gesagt und schon den Kindern Israels verboten, ihm einen Namen zu geben. Deswegen sprach er auch nicht in Worten, sondern in Zeichen. Zeichen wie den Wolken.

Wie Goethe denn die Wolken sortieren wolle?

Sie zuckte mit den Schultern, sank auf dem Stuhl zusammen und schwieg. Er schwieg ebenfalls. Was sollte er sagen! Tat ihm leid, dass er irgendwie alles zerschlagen hatte mit seiner Goethe-Wetterei. War doch eine Feine, die Seidler. Friedrich lächelte sie an.

Sie richtete sich auf. Fing mit geschlossenen Lidern zu sprechen an.

Wenn in Wolken und Dünste verhüllt, die Sonne nur trübe Stunden sendet, wie still wandeln die Pfade wir fort! Dränget Regen den Wanderer, wie ist uns des ländlichen Daches Schirm willkommen! Wie sanft ruht sich's in stürmischer Nacht! Aber die Göttin kehret zurück! Schnell scheuche die Nebel von der Stirne hinweg! Gleiche der Mutter Natur.

Von ihm?, fragte Friedrich.

Von ihm, sagte sie.

Bis auf die Göttin gelungen, dachte Friedrich. Vielleicht würde doch noch etwas aus der Sache mit Goethe.

III

IN DER VERGLASUNG DER Vitrine sah Goethe sich sitzen. Im Ledersessel, ein Glas in der Hand. Die Kirschholzstreben teilten sein Bild in vier Teile. Trotzdem: ein ganzer Mann! Er hob das Glas und prostete sich zu.

Jeder andere hätte aufgegeben. Erst recht in seinem Alter und seiner körperlichen Verfassung. Die Dummheit hat sich gegen mich verschworen, hätte jeder andere gesagt. Missgunst bespuckt mein Werk. Ich werde weggesperrt von den Vordenkern. Die Zukunft speit mich aus.

Der Madeira hatte alles, was ein guter Madeira brauchte. In seinem Karlsbader Stammgasthof kannte man den Geschmack des Geheimrats. Goethe sog den Duft ein. Etwas bittere Schokolade, Orangenschale, geröstete Walnüsse und Karamell. Er trank das Glas in kleinen Schlucken leer. Auf dem Tisch zu seiner Rechten stand die Flasche, tiefdunkelgrün mit Kellerpatina. Er schenkte sich nach. Das hatte er verdient.

Ja, jeder andere wäre zurückgekrochen ins Ehebett, auf die alten, durchgesessenen Bewunderersofas. Hätte sich in seinem Pensionärsmief eingerichtet und die Fenster nicht mehr geöffnet. Draußen pfiff ein kalter Wind, vor allem in der Naturwissenschaft.

Jeder andere. Nicht er. Nein, ein Goethe nicht. Obwohl alles in den Graben gegangen war. Ohne seine Schuld natürlich. Prost, Herr Geheimrat, sagte er.

—

Er hatte Jena schon am 16. Mai 1810 in Richtung Karlsbad verlassen. Befreiungstag hatte er diesen Tag genannt. Der Aufbruch war mühsam gewesen. Christiane war nach Jena gekommen und hatte ihm Eifersuchtsszenen gemacht, vor Zeugen. Auf einmal, mit fünfundvierzig! Davor nie. Immer hatte sie ihn bisher in Ruhe und allein gelassen. Dafür, ohne zu jammern, von Weimar aus mit allem beliefert, was er brauchte. Er brauchte einiges, um in dieser Schweinefleischfresserstadt geistig leistungsfähig zu bleiben. Lammkeule, Räucherlachs, Roastbeef oder Kaninchen. Diesmal nun plötzlich der Versuch, ihn mit Tränensturzbächen an der Abreise zu hindern. Auch das Wetter hatte die Abreise erschwert, der Ischias, das Ziehen in der rechten Schulter und die geschwollenen Zehenknöchel. Nur mühsam war er in seine Schuhe hineingekommen. Trotzdem war er bester Stimmung gewesen.

Nun, zweieinhalb Wochen später, saß er in seinem gewohnten Karlsbader Eckzimmer, erste Etage, Ende des Flurs, Blick ins Grüne, beim nachmittäglichen Madeira. Um sich von innen heraus zu wärmen. Ihn fror, wenn er daran dachte, was seit diesem 16. Mai geschehen war. An diesem Tag selbst war schließlich doch noch alles gutgegangen. Zügig war er losgekommen von seiner verheulten Frau. Energisch hatte er sich aus ihrem Klammergriff befreit. Aber nicht deswegen hatte er den 16. Mai Befreiungstag genannt. Auch nicht aus irgendwelchen politischen Gründen. Mit Napoleon hatte das nichts zu tun. Nein, weil an diesem Tag das Werk erschienen war, das die ganze Menschheit von einem Wahn befreite. Sein Werk, sein größtes.

Mehr als hundert Jahre lang war dieser Wahn als Wahrheit in die Köpfe geblasen worden. Seit dieser englische Irre namens Newton behauptet hatte, Licht setze sich zusammen aus allen Farben des Regenbogens. Nur durch die Brechung des Lichtes bekämen die Erscheinungen ihre vermeintliche Farbe. Goethe lachte ins Leere. Dadurch werde also die Tanne grün, der Wein rot, die Quitte gelb, der Himmel blau. Alle hatten es nachgebetet, alle hatten es geglaubt. Unfasslich!

Er hielt das Glas gegen die Lampe. Die Farbe des Madeira stimmte auch. Ein bräunliches Rot, an den Rändern golden. Genuss, tja, von dem hatte dieser Newton nichts verstanden. Engländer eben.

Schon das Experiment, mit dem Newton seine Theorie untermauert hatte! Die reine Inquisition. Er hatte die Natur so lange gefoltert, bis sie preisgab, was er wollte. Gnadenlos hatte er das Licht reduziert, sodass der farblose Lichtstrahl in verschiedenfarbige Strahlen zerlegt wurde. Dann hatte er durch eine Linse die farbigen Strahlen wieder zusammengequetscht zu farblosem Licht. Newtons sogenannte Entdeckung war eine Unverschämtheit. Die Entmachtung des menschlichen Auges und damit des Menschen selbst. Ungeheuerlich! Vermessen! Wer nur ein bisschen nachdachte, musste doch einsehen, dass es die Vermittlungskunst des Auges war, die Mensch und Welt verband. Die Farben bewiesen das. Das Schlimmste aber: Keiner hatte Newton widersprochen. Bis zu diesem 16. Mai 1810.

An diesem Tag war Goethes *Farbenlehre* herausgekommen. Sie lag neben der Madeiraflasche, gestapelt. Drei Bände, um die tausend Seiten. Der erste Band didaktisch, der zweite polemisch, der dritte historisch; endete selbstverständlich bei Goethe. Eine Breitseite. Und: eine todsichere. Goethe tätschelte den obersten Band und griff ihn sich. Es tat gut, sich zu vergewissern; ja, er hatte alles richtig gemacht, idiotensicher. Die wichtigsten Teile von Newtons *Opticks* hatte er übersetzen lassen und kommentiert. Sah gut aus so, zweifellos: Newtons Text ameisenklein gedruckt, sein Kommentar fingernagelgroß gedruckt.

Was dieser Befreiungsschlag mit Newtons Lehrgebäude anrichten würde, hatte Goethe im Vorfeld angekündigt. Zusammenfallen würde es wie eine morsche Mauer. Er klappte das Buch energisch zu. Konnte ja noch kommen. Große Einsichten brauchten ihre Zeit, um sich durchzusetzen. War Galilei ja auch nicht anders ergangen.

Der Mann, der ihm aus der Vitrine entgegensah, wirkte nach wie vor kämpferisch. Unerschrocken. Stark in seinem Bewusstsein der Überlegenheit. Einer unter Millionen, der das Richtige erkannt hatte.

Prost, auf dein Wohl!, sagte Goethe.

Es hatte ihm gutgetan, gegen Newton anzutreten. Zum Zweikampf gegen einen Wissenschaftler, der unbesiegbar schien. Nun fühlte Goethe sich jedem Forschungsathleten gewachsen, jedem. Auch nach dem, was seit dem 16. Mai passiert war. Die Wissenschaftler waren über ihn und sein Lebenswerk hergefallen. Tranchiert hatten sie ihn. Und die, die ihn nicht tranchiert hatten, waren noch schlimmer. Sie hatten ihn ignoriert. Die Laien? Keinen Deut besser. Der Dichter solle dichten, nicht forschen, hatten sie erklärt.

Goethe, bleib bei deinem Griffel.

Eigentlich hätte das alles nicht passieren können. Dass Newton und er zu zwei unvereinbaren Ergebnissen gekommen waren, hatte einen simplen Grund. Konnte jeder nachlesen in seinem Werk. Es gab eben zwei gegensätzliche Sorten Forscher. Die einen genial, produktiv und gewaltsam. Brachten eine Welt aus sich hervor, ohne zu fragen, ob sie mit der wirklichen in Einklang zu bringen sei. Die anderen geistreich, scharfsinnig, behutsam. Beobachteten genau, experimentierten sorgfältig und hatten geduldig zahllose Erfahrungen gesammelt. Eigentlich klar, wer wohin gehörte, oder? Aber man konnte nie wissen. Also hatte Goethe es ausdrücklich in seinem Werk gesagt: Newton gehörte zu Sorte eins, er selbst zu Sorte zwei.

Er lehnte den Kopf zurück. Versuchte, seinen Nacken zu lockern. Aaah, was war das? Unter dem untersten Rippenbogen stach es. Magen? Zwölffingerdarm? Wäre nicht erstaunlich.

Er stand auf und sah hinaus. Trübe, offenbar kühl. Nur wenige waren unterwegs, in Mänteln, mit Schirmen und Hüten.

Karlsbad hätte den ganzen Ärger wegschwemmen können. Seit Jahren hatte Karlsbad zuverlässig gewirkt, absolut zuverlässig. Bei jedem Aufenthalt hatte es Goethes Laune prickeln lassen. Als sprudelten die heißen Quellen in ihm drin. Ihr Strahl hatte die Krusten des Gewohnten weggerissen, das Hirn von Hemmungen befreit. Keinen einzigen Gedanken verschwendete Goethe hier sonst ans Gewesene. In nur acht Wochen hatte er vorletztes Jahr in Karlsbad die erste Fassung der *Wahlverwandtschaften* heruntergediktiert. Es war ihm leichtgefallen, an diesem Ort über die Macht des Begehrens zu schreiben. In Karlsbad sah er seine Jugendkraft im Spiegel schöner Frauengesichter. Vorletztes Jahr war es das Gesicht von Sylvie Ziegesar gewesen. Und irgendwelche Sylvies gab es immer, nicht dieselbe Qualität, trotzdem.

Die Anwürfe hatten die Wirkung von Karlsbad jedoch zunichtegemacht. Dann kam noch dieses Wetter dazu.

Goethe beschloss, dennoch spazieren zu gehen. Die ungepflasterten Wege waren aufgeweicht, die gepflasterten überschwemmt. Besser also ins Trockene. In der Trinkhalle wogte wie üblich der Klatsch. Aber die Schaumkronen fehlten. Er gluckerte nur wie Wasser im Ausguss. Die Flaneure unter den Kolonnaden gingen langsam. Eigentlich wie immer, aber doch anders. Die Langsamkeit hatte alles Laszive verloren. Sie war einfach nur schwer und müde und enttäuscht. Goethe schlenderte ins Foyer des Grandhotels. Die Damen in den Fauteuils mondän wie gewohnt. Er suchte sich einen Platz in der Kreuzung vieler Blickbahnen. Keine der Damen räkelte sich, keine dehnte sich. Sie hingen alle nur schlaff in ihren Polstern. Die Pendeluhr auf der Konsole schlug fünf Uhr. Aus den Teetassen stieg Rumaroma. Über die Ränder der Tassen hinweg erkundeten die Augen sonst die anwesenden Herren, weit offen, glitzernd vor Neugier. Nun waren sie stumpf. Auch in den Gesichtern der Damen konnte sich keiner spiegeln, die Spiegel waren beschlagen.

Das Wetter, die Wolken, welche Macht besaßen sie!

Goethe verließ das Foyer nach fünfzehn Minuten. Der Himmel war nach wie vor verhangen. Keine Stunde war es in den letzten Wochen tagsüber richtig hell geworden. Auch heute nicht. Es fing an zu regnen. Mit raschen Schritten ging Goethe zurück. Der Madeira war noch nicht geleert.

Wieder saß er in seinem Ledersessel. Wieder hatte er ein Glas in der Hand. Aber nicht einmal der Madeira vermochte ihn aufzuheitern.

Dass es mal drei, vier, auch sieben Tage regnete, kannte Goethe von seinen früheren Besuchen. Er hatte Regenschauer, Platzregen, nasse Sturmböen, leises Nieseln, Wolkenbrüche erlebt. In diesem Frühsommer hatte selbst der Regen vergessen, was Abwechslung war. Gleichmäßig ging er nieder. Goethe schloss das Fenster. Das Geräusch erinnerte ihn an das Geflenne einer verbitterten Frau. Es verfolgte ihn. Auch an den folgenden Tagen. Er hörte es den Vormittag über, ob er badete, diktierte oder las. Er hörte es während des Mittagessens, das schon deswegen schal schmeckte. Er hörte es während der Nachmittagsruhe, sogar am Abend durch die Streichquartettklänge im Böhmischen Saal hindurch. Er hörte es, wenn er seine Hose aufknöpfte und seine Socken von den Haltern löste. Dass ihm jeden Abend eine kupferne Wärmflasche in weichem Molton unters Federbett gelegt wurde, half nichts. Die Feuchtigkeit sickerte in die Gedankengänge. Kein Wunder, dass sogar die Koketterie muffelte. Wenn sich wenigstens das Temperament eines Unwetters entladen hätte. Aber nein, keine Gewitterwolke, keinerlei bemerkenswerte Bewegung dort oben.

Mitte Juni lag der Weizen schlapp auf den Feldern. Goethes Arbeitskraft war ebenfalls zum Erliegen gekommen. Er dachte nicht mehr nach über den Aufbau von *Dichtung und Wahrheit*. Er konnte nur noch an eines denken: das Geschehen am Himmel. Was hinderte die Wolkendecke daran, aufzureißen? Der Himmel musste doch klar und blau dahinterliegen. Oder darüber. Irgendwie waren die Menschen überzeugt, dass diese Art Wolken für den nächsten Tag wieder Regen androhte. Nur warum? Wie sahen überhaupt Wolken aus, auf die gutes Wetter folgte? Ließ sich an Wolken eine zuverlässige Prognose ablesen? Gewitterwolken, ja, die kannte jeder halbwegs. Aber sonst? Hatten die Formen irgendetwas zu bedeuten?

Die Fragezeichen bohrten sich wie Fleischerhaken in seinen Nachtschlaf. Goethe brauchte ein Gegenüber.

Der alte Bibliothekar in Karlsbad hatte sich in den letzten Jahren als guter Gesprächspartner erwiesen. Die weißen Frankenweine und die roten Languedocs in seinem Keller waren gut gelagert, sein Verstand war scharf. Schon die ersten Sätze zeigten das jedes Mal.

Genial, Herr Geheimrat. Genial! Sie haben völlig recht, sagte er. Was für ein Versäumnis! Jeder könnte drauf kommen. Aber es braucht einen Goethe, um das zu erkennen.

Gemeinsam hechelten die beiden durch, was belegte, dass Goethe eine sensationelle Lücke entdeckt hatte: Die Welt der Wissenschaft hatte die Wolken verschlafen.

Was hatten die Astronomen in den letzten beiden Jahrhunderten am Himmel nicht alles erforscht! Tycho Brahe und die Supernova von 1572, Tycho Brahe und die Positionierung des Mars, das waren ja schon alte Geschichten. Dann Keplers Gesetz der Planetenbahnen. Zweihundert Jahre war es bereits her, dass Galilei durchs Fernrohr Jupitermonde, Venusphasen und Mondgebirge entdeckt, die Milchstraße als Sternenanhäufung entlarvt hatte. Es waren Sonnenflecken ausgemacht, Spiralnebel, Gasnebel erkannt worden, die Periode der Sonnenrotation bestimmt und das Nordlicht systematisch beobachtet worden. Vor hundertfünfzig Jahren schon hatten sie die Mondoberfläche beschrieben und die Gestalt des Saturnrings, sogar den ersten Saturnmond ausgemacht. Licht war als Wellenbewegung gedeutet, die Lichtgeschwindigkeit berechnet worden aus der Verfinsterung der Jupitermonde. Halley hatte einen neuen Kometen gesehen und dessen Wiederkehr vorhergesagt. Man wusste Bescheid über die Eigenbewegungen der Fixsterne, hatte von Greenwich bis Paris Sternwarten eingerichtet und die Teleskope verbessert. Vor neunzig Jahren war bereits der erste Sternenatlas erschienen.

Aber keiner hatte sich um die Wolken gekümmert. Keiner hatte bei den Wolken einmal aufgeräumt, keiner kategorisiert, keiner beschriftet. Die Wolkenforschung war eine Schmuddelecke der Erkenntnis geblieben.

Der Bibliothekar blickte Goethe von unten an. Er war größer, hatte sich aber wie immer in den niedrigeren Sessel gesetzt.

Ja, Herr Geheimrat, sagte er. Dieser Tag wird in die Geschichte eingehen: Heute hat Goethe die Entdeckung der Wolken eingeläutet.

Das war ihm einen großen Jahrgang wert.

Als der Bibliothekar erklärte, Goethe sei der legitime Erbe von d'Alembert, der die Systematisierung allen Wissens gefordert hatte, meinte Goethe, es werde heller draußen. Der Regen lasse nach.

Ja, d'Alembert! Die *Encyclopédie*! Vor fünfzig Jahren hatten große Geister noch Licht ins Dunkel gebracht. Hatten verlangt, jedes Fundstück zu benennen. Nun behinderten Neider einen Lichtträger wie Goethe.

Und die Wolken trieben noch immer namenlos durch die Weltgeschichte.

—

Je länger Goethe über den Corpus der Wolken nachdachte, desto mehr reizte es ihn, hier das Seziermesser anzusetzen. Wer, wenn nicht er, war dazu bestimmt, die Atmosphäre zu erforschen. Er, der Schiller schon von seinem Plan eines Weltgedichtes erzählt hatte. Er, der einen Roman über die

Chromatik entworfen hatte. Schon der Begriff des Atmosphärischen verriet es: Witterung und Seelenleben hingen zusammen. Das war kein Gegenstand für engstirnige Wissenschaftler. Nein, das war ein Thema für den forschenden Dichter. Oder den dichtenden Forscher. Für ihn jedenfalls. Es durfte ihn nicht kratzen, dass viele meinten, Poesie und Wissenschaft seien nicht zusammenzubringen. Es musste ihn kaltlassen, dass nun auch Kleist in seiner Zeitschrift *Phöbus* gespottet hatte über Goethes Altersbeschäftigung als Farbenzerleger. Als würde ein Greis tattrig an der Wissenschaft herumfingern. Was für eine erbärmliche Revanche. Jeder musste das durchschauen. Jedenfalls jeder, der wusste, dass Kleists *Zerbrochner Krug* an Goethes Theater in Weimar ausgebuht worden war.

Aus gutem Grund, hatte Theaterdirektor Goethe erklärt. Auf dem Papier sei das Stück noch erträglich. Auf der Bühne? Einfach gähnend langweilig.

Durch Goethes Intrige!, hatte Kleist geschrien. Der Theaterdirektor hatte im Vorspann eine Oper aufführen lassen, eine ganze Oper. Und in Kleists Stück eigenmächtig zwei Pausen eingebaut.

Aber warum jetzt an diese Jammerlappen denken? Freudlose Existenzen von Mitte, Ende dreißig. Vermutlich lief bei denen mit Frauen auch nichts. Bei Kleist so wenig wie bei Friedrich. Wer wollte so einen schon, der sich vor dem Fortschritt fürchtete? Fortschrittsangst machte alt und impotent.

Draußen war es nach wie vor trüb. Goethe aber sah klar. Seine Neugier erhob sich, schüttelte die Glieder aus und brach auf. Raus hier. Hinaus ins Morgen. Dabei sein, egal was passierte.

Letztes Jahr war hier in Karlsbad der Sprudel explodiert, der Schlossbrunnen versiegt. Einheimische wie Fremde hatten Angst, die Quellen könnten nun ganz versickern. Gelähmt vermieden sie jede Planung neuer Einrichtungen. Diese Zukunftsfeiglinge! Es war doch durch diese Erschütterung eine neue Quelle ausgebrochen, Hygieia genannt nach der Göttin der Gesundheit. Goethe bedauerte nur, dass er nicht Zeuge der Explosion gewesen war. Er fragte herum.

Die Spuren der Zerstörung, sagte man ihm, die seien noch zu sehen.

—

Vergnügt machte Goethe sich auf den Weg zum Ort des Unglücks, die Zeichenmappe unter dem Arm.

Aus den hinteren Fenstern vom Weißen Hirschen haben Sie einen guten Blick, hatte man ihm gesagt. Kurgast Goethe kam überallhin.

Ja, von hier am besten, genau von hier. Stuhl gepolstert oder nicht? Gerne, Herr Geheimrat. Beistelltisch rechts oder links? Wasser oder Wein oder gemischt? Gerne, Herr Geheimrat.

Nicht spektakulär, was zu sehen war. Ein Bretterverschlag als Notlösung. Zu retten war da nichts mehr. Der Sprudel quoll oben, gewaltsam hochgedrückt, aus dem hölzernen Kasten und trielte von dort in den Bretterritzen herunter. Unten pressten die Kurenden ihre Becher hin. Sie mussten lange warten, bis die Becher vollgelaufen waren. Trostlos, das Ganze.

Die anderen lamentierten. Goethe dokumentierte. Zeichnen hatte er früh geübt, um die Augenblicke seines Lebens festzuhalten. Schon dadurch wurde jeder dieser Augenblicke wichtig. Zeichnungen waren notwendig als Ergänzung zu seinem Tagebuch. Seit vierunddreißig Jahren führte er es. Seine einzige Möglichkeit, der Nachwelt ein wahres Bild von sich zu hinterlassen.

Den Bleistift zu umfassen strengte Goethe an. Eigenartig. Offenbar waren die Stifte dünner als früher.

Nein, Herr Geheimrat, sagte der Diener. Die Stifte sind wie immer.

Das konnte nicht sein. Der Ellenbogen rechts und das Handgelenk sperrten sich beim Schraffieren. Daran konnte nur der Stift schuld sein. Völlig verkrampft, diese erzwungene Haltung. Goethe nahm die Feder. Derselbe Schmerz.

Sein Diener musste den Federhalter ausgetauscht haben. Ach was, das brachte nichts, ihn danach zu fragen. Sie logen alle. Sogar die Wäscherin in Weimar. Als er sie befragt hatte, warum seine Westen auf einmal enger waren, und zwar alle, hatte sie jede Schuld geleugnet. Nie hätte sie zugegeben, dass sie das Wasser zu heiß gemacht hatte.

Ihre Gelenke, Herr Geheimrat, sagte der Diener. Sie wissen –

Weniger Roastbeef, weniger Rinderlende, weniger Lammkeule, keine Knackwurst zum Frühstück, hatte der Bäderarzt gesagt.

Kein blauer Himmel, kein regenfreier Tag, keine Sylvies und keine Knackwurst zum Frühstück? Wie stellte der sich das vor! Am vegetarischen Gedanken konnten sich vielleicht Entsagungsartisten wie dieser Koethe emporranken.

Goethe fing an, mit Sepia über die Zeichnung zu gehen. Es floss, endlich, ja. Aber es gelang nicht. Tja, dieser Friedrich, der konnte mit Sepia umgehen wie kein anderer. Leider. Warum war dieser Kerl nur so stur! Pinselte und zeichnete nichts als Einsamkeiten und Trostlosigkeiten. Bestenfalls von ein paar Mönchen besiedelt. Warum malte er nicht Landschaften, in denen der Betrachter spazieren gehen konnte? Warum keine toskanischen Hügel unter blauem Himmel? Was hatte dieser Esel nur gegen die Idylle! Na ja, wenn einer es verweigerte, nach Italien zu reisen, waren Hopfen und Malz verloren. Aber vielleicht könnte man ihn bekehren. Zurzeit wanderte Friedrich angeblich durchs Riesengebirge, keine halbe Tagesreise von Karlsbad entfernt.

Während Goethe mit der braunen Tinte lavierte, entfernte sich seine Aufmerksamkeit von dem, was er tat. Sein Körper zog sie auf sich und sog sie auf. War das ein Juckreiz in der Armbeuge? Masern konnten es nicht sein, Windpocken auch nicht, hatte er längst hinter sich. Es juckte auch am Handgelenk. Nicht kratzen, sagte er sich. Das machte den Juckreiz aber nur schlimmer. Er starrte auf seine Zeichnung, auf die Tinte, aber er sah nur, was er gar nicht sehen konnte: Es musste etwas an seinem Hals los sein, rechts unterm Ohr. Dort brannte es. Kein Wunder, da hatte er einmal ein offenes Geschwür gehabt. Goethes Hand arbeitete weiter, aber sie zitterte. Schuld war der Hustendrang, der in seiner Luftröhre kratzte. Tja, nach drei Bronchialkatarrhen …

Als die Zeichnung fertig war, beeilte sich Goethe, seine Siebensachen zusammenzupacken. Höchste Zeit, in sein Zimmer zurückzukommen. Dringend musste er die Schmerzen des Tages protokollieren, solange sie noch präsent waren. Täglich notierte er sein Befinden, von Stuhlgang bis Stimmung, von fliegender Hitze bis Herzrasen.

Unter der Tür des Weißen Hirschen blieb er stehen und schaute hinaus ins Dauergeriesel. Karlsbad gähnte und zeigte seine faulen Zähne. Man sah das Marode durchs Weißangestrichene hindurch. Den Rost an den Gusseisensäulen der Pavillons. Der Sechser unten rechts und der Fünfer oben links, beide hatten Goethe wegen Vereiterung gezogen werden müssen, dann vor zwei Jahren auch noch der Vierer oben links und leider auch der gut sichtbare Zweier unten. Porzellanprothese, hatte sein Zahnarzt ihm geraten. Prothese! Hörte sich an, als fehlte ihm etwas zur körperlichen Unversehrtheit. Das Wetter war schuld, dass er daran dachte. Dieser triste Himmel, der nur einem Friedrich gefallen konnte.

Würde er aufreißen, wenn sie kam? Die Karlsbader glaubten es. Hofften es zumindest. Für Mitte Juni war Maria Ludovica angekündigt, dreiundzwanzig, seit kurzem dritte Frau des Kaisers von Österreich. Nicht schlecht für den Kaiser, diese ehelichen Todesfälle. Die Neueste war zwanzig Jahre jünger als die Erste. Eine Principessa d'Este. Alles Italienische war ein Jugendelixier. Italienischer Wein, italienisches Licht, italienische Landschaft, italienische Gerüche. Die Bürgerschaft von Karlsbad hatte Gedichte auf die Frau des Kaisers bei ihm bestellt, offiziell. Mit Liefertermin. Daran würde sich keiner dieser Chaotenköpfe wie Arnim oder Brentano halten. Aber die fragte ja auch keiner.

Die Nacht, die auf den Zeichennachmittag folgte, war schlecht. Reißen in der Nierengegend, Wälzen von der rechten auf die linke Seite und zurück. Zum Frühstück Suppe und Gesundheitsbrezel, sonst nichts. Danach eine Viertelstunde im Kabinett auf Erlösung warten. Habituelle Obstipation verlangt Geduld, Geduld, Geduld, hatte der Bäderarzt gesagt. Ja, der hatte mit seinen fünfunddreißig gut reden. Mit jedem Jahr wurde Goethes Geduld weniger.

Dann dieser Sekretär, zum Diktat bereit. Sein Gesicht leer wie ein Sanitärbecken. Aber das Dichten ging flott voran. Wenn die Verdauung nur liefe wie das Reimen! *Feste/Kränze/ Gäste/erglänze/Söhne/verschöne/Frühling weht/Majestät.*

Trotzdem, bei der sechsten Strophe verspürte Goethe Übelkeit. Als der Sekretär ihm das Ganze nochmals vorlas, sogar einen leichten Brechreiz. Das Frühstück konnte es nicht sein.

Meisterhaft, sagte der Sekretär. Dieser Schluss! *Alle Lust, die hier erschollen / Ruft herab mit feuervollen / Segenwünschen ihr zum Heil.* Meisterhaft, Herr Geheimrat.

Halten Sie das Maul. Sie sind dumm oder verlogen. Das ist eine erbärmliche Ausscheidung der Lustlosigkeit.

Hätte er sagen sollen. Vielleicht wäre das Problem mit der Verstopfung gelöst gewesen.

Goethe trat ans Fenster. Es schneeregnete. Man würde einheizen müssen. Weit war es nicht entfernt, das Riesengebirge. Diesen Friedrich hindere nichts am Wandern, hatte die Seidler gesagt. Kein Hagelschlag, keine Schlammschwemme, keine Windstärke. Vermutlich sah er auch so aus. Er sei noch immer ohne Frau, wusste die Seidler.

Möglich, dass dieser Friedrich jetzt die Schneekoppe bestieg, Gipfel des riesigen Gebirges, höchster Berg im mittleren Europa diesseits der Alpen. Tief verschneit wahrscheinlich. Wandern im Schnee? In diesem Alter keine Kunst.

Die Schneekoppe. Goethe stutzte. Himmel noch mal, wie lange war das bei ihm her? Zwanzig Jahre, konnte das sein? Doch, genau, einundvierzig war er damals gewesen. In einer Vollmondnacht war er aufgestiegen. Im Heu hatte er übernachtet. Dann war er um fünf Uhr losgezogen zum obersten Grat der Schneekoppe. Den Blick ins Weite gerichtet, hatte er dort droben geschrieben. Keine Schleimreime. Ein Epigramm in die Morgenwolken hinein.

Nun erscheint ihr mir, Boten des Tags, ihr himmlischen Augen / Meiner Geliebten, und stets kommt mir die Sonne zu früh.

Ach ja, seine Liebesverhältnisse hatten ihn damals gewaltig umgetrieben. Und nun? Trieben ihn nur die Missverhältnisse der Geldwirtschaft um. Fünfundachtzig Millionen Franc hatten die Österreicher laut Friedensbeschluss als Kriegsentschädigung zahlen müssen. Große Gebiete hatten sie verloren. Der Finanzminister hatte im Frühjahr versucht, die Flut von Falschgeld und die Inflation zu dämmen. Vergebens. Das Auf und Ab des Kurses verteuerte den Aufenthalt in Karlsbad erheblich. Vierhundert Guldenscheine hatte man für hundert Silbergulden hinzublättern. Keiner wusste, was billig und was kostspielig war. Wie sollte er denn bitte gesund werden, wenn er sich krankärgern musste! Und dieser Friedrich, ganz in der Nähe unterwegs? Den kümmerte das alles einen Dreck. Kannte nichts als Wind und Wetter und Wolken. Ein Wolkengucker.

Der Schneeregen war in Schnee und dann, nach erneutem Schneeregen, wieder in Regen übergegangen, als Goethe Ende Juni *Der Kaiserin Abschied* besang. Das Loblied geriet ihm meteorologisch, kein Wunder. Auf *Muse, zu verkünden* reimte er *alle Nebel schwinden*, auf *dir aufgetragen* reimte er *schönste Sonne tagen*.

Während des hohen Besuchs war Goethe überall dabei gewesen. Hatte Nachmittage lang in den Puderwolken und Parfumwolken flach geatmet, bis es ihn in die Frischluft trieb. Die Treppen hinauf zu den Anhöhen ringsum war es erstaunlich leicht gegangen. Aber bergab! Bei jedem Auftreten hatte es ihm ein Stechen ins Schienbein gejagt. Die Kniegelenke hatten geknirscht. Bei jeder ungewohnten Bewegung war ein Schmerz in die Innenseite der Schenkel geschossen, manchmal auch noch in die Leistengegend. Bei ihm wie bei jedem Mann eine empfindsame Region.

Jetzt hatte die Bürgerschaft von Karlsbad auch noch ein Loblied auf den Kaiser geordert. Diesen Zensurbesessenen mit seinem Rechthabermund. Steril und trocken, dieser Mann. Was war ein Napoleon dagegen! Welch kühne Physiognomie! Welch dampfendes Charisma!

Zum Diktat bereit. Es floss aus Goethes Mund direkt in die Feder des Sekretärs. *Wie unsre Brunnen immer treu gequollen / So unser Herz dem, der das Zepter führt.*

Nach dem Diktat wieder diese Übelkeit, nicht lokalisierbar. Und eine Trübung des Blicks.

Wie vernebelt, sagte er dem Bäderarzt.

Wie viel Wein?, fragte der zurück.

Ach, der Wein, winkte Goethe ab. Vermutlich sei mit dem Heilwasser, von dem er bis zu zweiundzwanzig Becher hinunterzwang, seit der Explosion etwas nicht mehr in Ordnung. Düster, sagte er dem Arzt, sei ihm zumute. Täglich düsterer.

Bewegung, Herr Geheimrat, sagte der Arzt.

Bewegung? Goethes Blick musste ihm genügen. Der Kerl wusste doch Bescheid.

Veränderung, korrigierte sich der Bäderarzt, Luftveränderung, Ortsveränderung. Vielleicht Teplitz, sagte er schließlich.

Warum nicht früher? Was Goethe vom Nachbarbad wusste, war ganz nach seinem Geschmack. Vor siebzehn Jahren hatte es dort gebrannt. Schlimm, vom Brand zerstört, sagten die Zukunftsfeiglinge, für immer verloren.

Verloren? Aus der Asche neu geboren, fand Goethe. Wie der Vogel Phoenix. Nur wer so dachte, war fürs Morgen gerüstet. Er war es.

IV

DIE BESSERE LAUNE WEHTE Goethe in Teplitz sofort ent-
gegen. Es hatte aufgeklart. Wolken, die im Hellblauen um den
Bergkegel am Horizont schwammen, schienen Schönwetter
anzukündigen.

In seinem Gasthofzimmer wartete auf ihn eine Flasche mit
Selterswasser. Sie wartete auf einem Silbertablett, aber schon
zu lange. Es roch nach faulen Eiern.

Ein Glücksmoment für Goethe. Nur ein Griff in die Tasche,
die kleine Dose, zwei Prisen Kohlenstaub ins Selters, schon
roch es gut. Frische war machbar, wenn man mit den Mög-
lichkeiten des Fortschritts vertraut war. Jahaaa. Den zu tun
trauten sich diese romantischen Chaoten, die schreibenden
wie die malenden, nicht. So würden sie nie über den Graben
kommen, der sie von Goethe trennte, sie, die angeblich Jun-
gen. Fortschreiten ins Neuland, das war's. Ins Neuland der
Witterung. Mit den neuesten Hygrometern, Barometern,
Thermometern. Der Kegel am Horizont schien ein lohnendes
Objekt. Um ihn her war am Himmel ständig etwas los. Nebel-
schwaden senkten sich und hoben sich. Wolken zogen um
ihn, mal schneller, mal langsamer, wurden dichter und lösten
sich wieder auf.

Milleschauer heißt der Berg, sagte der Kurdirektor, als er
den Begrüßungschampagner brachte, auch Donnersberg.

Herr von Humboldt, der Jüngere von beiden, hat gesagt: Von dort hat man den schönsten Ausblick der Welt.

Den drittschönsten, sagte Goethe.

Sie kennen den Blick vom Milleschauer?

Nein, aber ich kenne Alexander von Humboldt, sagte Goethe. Der verteilt Superlative so freizügig wie seine Visitenkarten als neuer Kolumbus.

Vor allem, wenn er dafür mit einer Einladung bezahlt wird. Das sagte er dann doch nicht.

———

Teplitz war viel kleiner als Karlsbad, die Promenaden waren kürzer, also auch die Spaziergänge jeden Tag. Weniger Leute unterwegs, weniger Trubel. Hier fiel es leichter, stehen zu bleiben und in den Himmel zu schauen. Eins war allerdings wie in Karlsbad: Jeder kannte Goethe. Blieb er stehen, legte den Kopf in den Nacken und schaute in den Himmel, dann blieben alle, die hinter ihm gingen oder ihm entgegenkamen, ebenfalls stehen, legten den Kopf in den Nacken und schauten zuerst in den Himmel und sahen dann Goethe beim Schauen zu.

Doch, kein Zweifel, Teplitz tat gut. Die Starre schwand. Aus Goethes Gelenken, aus dem Alltag. Es geschah etwas am Himmel. Dann würde auch unten etwas geschehen.

Am 11. August war es so weit. Am frühen Abend gegen sieben. Die äußere Tür zu seinem Zimmer wurde aufgerissen. Für Sekundenbruchteile Schreck mit allen Optionen. Niemand hatte sich angemeldet, niemand angeklopft. Ein Irrläufer aus dem Haus? Ein Betrunkener? Ein Gast, der die Etage verwechselt hatte? Ein pistolenbewaffneter Aristokratenhasser auf der Jagd nach des Kaisers Lobredner? Ein haltloser Verehrer, vielleicht weiblich? Die innere Tür. Jetzt –

Aaah, sie! Bettine!

Schon war sie auf seinem Schoß, an seiner Brust, an seinem Hals. Nicht unangenehm, dieser Überfall, so ganz unbeobachtet. *Sie fünfundzwanzig, er einundsechzig!* Hier raunte keiner, hier nicht. Sie war besser frisiert, eigentlich nur gekämmt, besser angezogen als beim letzten Besuch in Weimar. Besser war nicht schwierig, immerhin. Dieses Mal sah Bettine nicht aus, als wäre sie gerade erst vom Apfelbaum heruntergestiegen. Roch auch nicht zwiebelig wie sonst, weil sie zu schnell durchs Dasein rannte. Ihre Haut duftete süß. Kinder- und Jugendduft. Warum rochen alte Menschen sauer? Auch Parfum half nichts dagegen, das Säuerliche drang durch. Morgens aufzuwachen neben einer älteren Frau, das war ein saurer Beginn des Tages. Goethe schwieg, die Nase an Bettines Wange gedrückt, und atmete ihren Hautgeruch ein.

Ich bin von Beethoven aus Wien angereist, tuschelte Bettine. Stell dir vor! Ganz nah von ihm, ganz nah zu dir.

Ungepflegt und unwirsch sei er, dieser Beethoven. In Wien wegen seiner Wutanfälle gefürchtet. Anfangs habe er sich auch ihr gegenüber widerborstig benommen. Dann habe sie Beethoven weichgekriegt. Sie habe ihn davon überzeugt, Goethes *Egmont* zu vertonen.

Um das zu erreichen, sagte Bettine, habe ich an Beethovens Brust gelegen. Nur für dich. Obwohl seine ganze Haut nach Knoblauchsalami und altem Gorgonzola stinkt.

Na ja, sie hatte wohl eher zu Beethovens Füßen gelegen. Vor großen Männern warf sie sich dort oft hin. Bettine Brentano war süchtig nach Genies, das war bekannt von Berlin bis Wien. Ein erfahrener Mann las die Sucht schon in ihren Augen, dunklen, glänzenden Augen, die Iris kaum von der Pupille zu unterscheiden. Italienisch eben, die Brentanos, irgendwo aus der Nähe von Como. Aber Bettines Augen glänzten nicht wach und witzig wie die einer schönen Marktfrau in Rom. Zu solchen Augen gehörten Hände, die ein scharfes Messer führten, einen Fisch schuppten, mitten ins saftige Leben griffen. Bettines Augen glänzten so, als könnten sie jederzeit überlaufen. Meistens bettelten diese Augen. Jetzt auch: Erhebe mich auf die Höhe deines Genies.

Tja, da kam sie eben aus eigener Kraft nicht hin. Goethes Du hatte sie ergaunert. Ihre Gegenleistung: Kohlenstaub ins Stimmungswasser. Bettine brachte Frische in sein schales Dasein. Aber Vorsicht war geboten.

Ihr Atem erhitzte seine Ohrmuschel. Einen Hochzeitsantrag von Beethoven habe sie bekommen. Goethe schwieg. Sollte ihn das anheizen? Ein Sonett habe Beethoven auf sie gedichtet. Er auf sie? Vermutlich hatte sie das selbst gereimt. Vorsichtvorsicht. Wenn sie schon das Beethoventreffen zum Liebesrausch aufblies, wie dann erst das jetzt hier mit ihm.

Vielleicht wäre es klüger, das Fenster zu schließen.

Goethe kramte in den Gesprächsfetzen von damals am Frauenplan, bei ihrem letzten Besuch. Er hatte ihr wohl gesagt, eine Liebschaft sei das Einzige, was die Langeweile im Bad erträglich mache. Pass auf!, sagte sich Goethe.

Die Arme um seinen Hals fühlten sich an wie die von Sylvie. Forellenglatt, kühl und festfleischig. Forellen sind gesund, hatte der Bäderarzt ihm eingeschärft.

Bettina auf seinem Schoß. Was würde sie daraus machen? Sie schrieb, das war nicht ungefährlich. Weil sie ihn duzte, wurde das, was sie schrieb, noch gefährlicher. Bekam etwas Authentisches. Dieses Du hatte sie sich über Goethes Mutter erschlichen. Frau Rat war einsam gewesen in Frankfurt.

Kränkelnde alte Menschen besuchte ihr Sohn nicht, auch wenn es die eigene Mutter war. Bettine hatte sich eingenistet in den vereinsamten Herzkammern der alten Dame. Und die Mutter? Hatte Bettine zu ihrem Sohn nach Weimar geschickt. Angekündigt als ihre Tochter, seine Schwester. Seine Schwester! Sechsunddreißig Jahre jünger. Das war dann doch zu verlockend gewesen. Ein Kuhhandel leider. Goethe hatte eingeschlagen. Aufgabe von Distanz gegen etwas Kohlenstaub zur Auffrischung des Lebenswassers. Tja, selbst schuld. Älterwerden machte anfällig für solche Geschäfte.

Bettines Haar roch nach Heu. Wohl ein Souvenir von Bukowan, dem Familiengut der Brentanos. Es lag nicht weit von Pilsen, am Weg zwischen Wien und Teplitz.

Heuerntezeit. Der Heugeruch schleuderte Goethe Jahrzehnte zurück. Dorthin, wo die Begehrlichkeit kein Bett und keinen Champagner gebraucht hatte. Wo sie auch im Heuhaufen lebte und aufrecht stand.

Eins musste er zugeben: Bettine brachte immer etwas Brauchbares an. Aus ihren Briefen hatte er viele Sätze für seine Sonette an Mine Herzlieb verwenden können. Mine, eine der Jenaer Mädchenrosen, die sich ihm selbst ins Knopfloch steckten. Leider war Mine eine keuschheitsdornige. War nur zu hoffen, dass Mine Goethes Sonette nicht Bettine zeigte. Die Mädels schwatzten, ganz klar. Pauline mit Mine und Mine mit Sylvie und Sylvie mit Louise und alle zusammen mit irgendwelchen anderen -ines und -anes. Und Bettine? Schwatzte mit Männern. Solchen, die sie für Genies hielt. Solchen, die wirklich welche waren. Aus Bettines Mund hatte Goethe erfahren, was Charlotte Stein über ihn absonderte.

Goethe? Entsetzlich. Unförmig dick, die kurzen Arme ausgestreckt in den Hosentaschen. Entsetzlich!

Und dann wunderten sich diese Damen, diese bejahrten, dass er stumm und steif war ihnen gegenüber. Dass er von ihnen nichts wissen wollte, aber für die jungen Frauen jede Verrenkung machte und Sonette dichtete.

Der Heugeruch. Goethe sog ihn ein und lag in der Schweiz auf einer Wiese. Die Arme unter dem Kopf, den Blick in die Wolken. Damals hatte er sich Gedanken und Notizen dazu gemacht. Später hatte er sich fast nur noch um unechte Wolken gekümmert. Um solche, aus denen die Musen herabstiegen. Um Wolken für griechische Götter und Helden in Jamben oder Hexametern.

Bettines Körper wog wenig. Das gab ihm selbst das Gefühl, leichter zu werden. Hach herrje, das Leichte, das fehlte in seinem Denkmalsdasein. Die Wolken, was für ein Thema!

Bettines Mund war immer noch ganz nah an seinem Ohr. Ihr Oberkörper pochte an seinem. Später würde man vermutlich in ihren Memoiren nachlesen können, dass sie ihr Kleid geöffnet und Goethe ihre Brüste geküsst habe. Durch das offene Fenster sah Goethe die Sonne untergehen. Grässlich, sich vorzustellen, was sie aus dieser Situation machen könnte. In der Abendglut würde sie ihr Kleid geöffnet, würde er ihre Brüste geküsst haben. Es war nicht zu verhindern. Bettine überlebte ihn mit Sicherheit. Aber er musste irgendwie an sich selbst und seinen Ruf, das Gerede denken.

Alles Selbstdenken kommt mir wie blind vor, wenn ich in der Natur bin, sagte Bettine. Laut, zu laut, so nah am Ohr. In Bukowan habe sie nur mit der Natur geredet, tagelang.

Offenbar war die Natur unempfindlicher als sein Trommelfell.

Ja, die Natur, sagte Goethe.

Bettine stand auf, schlampte die Schuhe von den Fersen,

ging barfuß Richtung Fenster. Sie tappte auf das Wetterglas neben dem Fensterrahmen.

Ist das hier dein Barometer?

Sie haben mir eins hergehängt. Nennen es sogar Goethe-Barometer.

Sein Barometer? Na ja, erfunden hatte er das nicht, gefunden auf Reisen. In den Niederlanden war es seit dreihundert Jahren verbreitet, das Wetterglas der Seefahrer. Wusste in Weimar keiner, musste auch keiner wissen. Bei hohem Luftdruck sank der Flüssigkeitsspiegel im Schnabel, bei niedrigem stieg er. Es funktionierte nur bei gleichbleibender Raumtemperatur zuverlässig, also selten. Wettermessen war mühsam.

Warum?, fragte sie und legte die Hände auf das Barometer, als wollte sie es wärmen. Willst du dich hier Wetterstudien widmen?

Woher hatte sie das!

Natur ist jetzt das große Thema, sagte sie, ohne ihre Finger von dem Wetterglas zu nehmen. Aber wir brauchen einen neuen Begriff von Natur und ein Recht auf Phantasie.

Goethe schwieg. Er spürte, dass sie mehr loswerden wollte.

Das stand im *Phöbus*, sagte Bettine. Ich weiß, dass du ihn nicht liest.

Sie schlingerte durchs Zimmer, als wäre es ihr eigenes. Nahm ein aufgeschlitztes Couvert vom Schreibtisch, drehte es um, las den Absender, krauste die Stirn. Riss eine Blüte von den Levkojen in der Vase ab, steckte sie hinters Ohr. Nahm die Karaffe mit Madeira in die Hand, zog den Stöpsel heraus, roch daran. Pickte Konfekt aus der Kristallschale auf seinem Nachttisch, griff das Buch daneben. Vermutlich mit klebrigen Fingern.

Die Wolken von Aristophanes. Ist das eine Komödie? Hat sie jemand neu übersetzt?

Ja, Geheimrat Wolf, der Übersetzer. Der sei hier gerade auch in Teplitz auf Kur.

Und was sagt Aristophanes zu den Wolken? Bettine blätterte im Buch, mit den vermutlich klebrigen Fingern.

Das mit den Wolken sei in diesem Stück mehr allegorisch zu verstehen, sagte Goethe und trocknete mit einem Taschentuch seine Stirn und sein Kinn. Der Chor der Wolken meine die Eingeweihten, die den Anfänger in die Philosophie einführen.

Langweilig, sagte Bettine und legte das aufgeschlagene Buch auf den Bauch. Drückte auch noch mit der Hand auf den Rücken. Stubenhockerzeugs, so was. Weit weg vom Leben.

Sie stand nun mitten im Zimmer, drehte sich mit ausgebreiteten Armen um die eigene Achse und redete, ohne Goethe anzusehen.

Weißt du, die jungen Maler und Dichter nehmen die Wolken ernst. Die gehen raus ins Freie und studieren die Wolken in der Natur. Sie geben den Wolken eine ganz neue Bedeutung. Sie sehen in ihnen die Wahrzeichen der Phantasie, der freien Phantasie.

Hatte Bettina das auch aus Kleists *Phöbus*? Oder von ihrem Bruder Clemens und dessen Freund Arnim? Es könnte aber auch von Friedrich stammen. Kleist, Brentano, Arnim, Friedrich – war da eine neue Front entstanden, eine Wolkenfront?

Ehemmmm, beschäftigst du dich neuerdings mit Landschaftsmalerei?, fragte Goethe.

Und wie!, kam es von ihr, drei Töne höher als vorher. Da ist alles drin, alles. Und wer es für unmöglich hält, mit einer Landschaft Empfindungen und Ideen auszudrücken, den hat die Natur nie gerührt. Nie.

Goethe stand auf, klappte *Die Wolken* von Aristophanes zu, wischte mit dem Taschentuch die Buchdeckel ab.

Von dir?, fragte er.

Sie schlingerte weiter, dorthin, wo Sylvies Locke vom vorletzten Sommer in einem Lederetui lag. Nichts war vor der kleinen Brentano sicher.

Ich … ich weiß nicht, ich glaube, das ist von Kleist oder so. Sie blieb stehen und starrte ihn an. Stimmt es eigentlich, dass du Kleists *Käthchen von Heilbronn* ins Feuer geworfen hast? Sie nahm das Lederetui in die Hand und öffnete es.

Ja, allerdings, sagte Goethe. Das ist ein Gemisch aus Sinn und Unsinn. Die ganze verfluchte Unnatur steckt da drin.

Kleists *Käthchen* hatte schlecht gebrannt. Das Feuer war ausgegangen, musste neu geschürt werden. Goethe entwand Bettine das Lederetui.

Von wem?, fragte sie.

Was sie auf einmal mit Kleist habe?, fragte Goethe.

Der wohne in Berlin jetzt ganz nahe bei ihrem Bruder und Arnim, summte sie mehr, als dass sie es sagte. Alle drei wohnten in der Mauerstraße, Nähe Gendarmenmarkt. Kindgut sei er, der Kleist. Aber jammereinsam und schreiend arm. Jammerjammereinsam, sang sie auf irgendeine Volksliedmelodie. Jammerjammereinsam.

Bettine warf sich auf Goethes Bett und holte Atem. Dann verschränkte sie die Arme hinter dem Kopf und sprach zur Zimmerdecke.

Tage verbringt er im Bett, Tage mit … mit niemand anderem …

Sie wartete.

Goethe ließ sich auf der Bettkante nieder. Bettine setzte sich auf.

… mit niemandem als seiner Pfeife, sagte sie, schwang ihre nackten Füße und Beine an Goethe vorbei und stand nun barfuß auf den Dielen vor ihm.

Arnim habe ihr einen Heiratsantrag gemacht, schriftlich. Der Brief habe sie in Bukowan erreicht. Sie werde ihn wohl heiraten, sicher, ziemlich sicher, also, wahrscheinlich jedenfalls.

Wieder eine verloren. Und dann auch noch an einen dieser romantischen Chaoten.

Bettine hatte sich ans Fenster gestellt. Draußen dämmerte es. Lindenblüten dufteten herein. Die Vögel sangen. Bettine sah eine Weile hinaus. Dann drehte sie sich zu Goethe um. Weißt du, uns verbindet die Natur. Wir sitzen oft stundenlang stumm beieinander und hören ihr zu.

Goethe schwieg. Bettine redete, als stünde sie auf einer Bühne.

Alles ist Mitteilung in der Natur, alles hat Flammenzungen.

Goethe hasste diesen schwärmerischen Ton an ihr. Sie kannte dann kein Halten mehr.

Wenn man nichts sagt, hört man sie reden. Und wenn man das Dumme und Gewöhnliche nicht sieht …, Bettine drückte ihre Daumen auf die Augen, … dann sieht man die ganze Natur an sich vorüberziehen. Die Meere, die Berge, die Wälder, die Wolken.

Goethe stand auf, machte die paar Schritte zum Fenster und rüttelte Bettine an den Schultern.

Sie nahm die Daumen von den Lidern und sah ihn an. Und die Wolken sagen mir, dass sich alles verändert und vorüberzieht und wir's nicht aufhalten können.

Sie griff ihre Schuhe, drückte sie mit einer Hand an die Brust, stürzte zur Tür, riss sie auf und verschwand.

Eigentlich sei alles in Ordnung, sagte der Teplitzer Bäderarzt. Er hatte Goethes Oberkörper abgeklopft und abgehört, in seinen Rachen, seine Ohren, seine Augen, seine Nasenlöcher geguckt und seine Zunge studiert.

Aber ich fühle mich schlecht, schlechter als vor einer Woche, sagte Goethe. Nein, es habe keinen Zwischenfall gegeben. Keinen Sturz, keinen Zug, keinerlei Überanstrengung, keinen verdorbenen Magen. Was sollte er dem erzählen von Bettine. Davon, wie es sich anfühlte, wenn einem die Jugend durch die Finger flutschte und weg war sie. Dieser Arzt war selber bestenfalls Mitte dreißig. Goethe sagte irgendetwas von Engegefühl, von Atemnot.

Machen Sie einen Ausflug, sagte der Bäderarzt und wusch sich die Hände.

———

Am nächsten Morgen brach Goethe auf nach Dux. Graf Waldstein, dem das Schloss dort gehörte, hatte ihn schon lange eingeladen.

Das Schloss lag so schwer und vollgefressen da, wie Goethe sich fühlte. Vielleicht doch keine so gute Idee. Graf Waldstein stand bereits am Tor, als Goethe vorfuhr, auch schon ein Mittfünfziger. War er nur noch von Alten und Alternden umzingelt?

Die Backen von Graf Waldstein glänzten rosa, fast jugendlich rosa. Aufregung über den berühmten Gast? Oder einfach Rouge?

Waldstein führte Goethe sofort herum. Das Grab von Casanova? Er lachte. Casanova! Ach, der –, sagte Waldstein.

Er selbst hatte den Abenteuermüden auf Stellungssuche als Bibliothekar nach Dux geholt. Damit Casanova dort in

Frieden seine Flucht aus den Bleikammern Venedigs erzählen konnte, seinen fünfbändigen Utopieroman, seine Lebensgeschichte schreiben. Außerdem sollte er eine Attraktion sein für Fremde und Junge, die begierig waren, eine Legende zu besichtigen.

Hätte er können, hätte Casanova alles können, sagte Waldstein. Aber er hat sich hier nichts als Streit und Feinde eingehandelt. Niemand habe es ihm recht machen können. Der Kaffee zu dünn, die Milch zu lau, die Makkaroni zu weich. Und vor allem die Jugend! Die Dienstmädchen unverschämt, ihre Taillen zu fett, die Diener zu dreist, die adligen Hausgäste zu ungebildet und zu eingebildet.

Goethe sah den alten Casanova vor sich, verbittert, vermutlich auch verwahrlost. So konnte es aussehen, das Alter eines einst berühmten Manns. Vielleicht hätte Casanova besser geredet über die Jungen, die Dienstmädchen, hätten die ihn rangelassen. Hatte ja kein Geld mehr, sagte Waldstein, keinen Heller.

Goethe ging schweigend neben Waldstein her auf der Suche nach Casanovas Grab. An einem unkrautüberwucherten, halbverfaulten Holzkreuz blieb er stehen. Zurrte ein paar Efeuranken hoch, schüttelte den Kopf. Nein, ein Stein sei es wohl schon gewesen. Oder doch nicht? Zwölf Jahre erst war Casanova tot. Doch keiner wusste mehr genau, an welcher Stelle des Friedhofs man seine Überreste verscharrt hatte. Selbst Waldstein nicht. Es frage ja auch keiner danach.

Welcher Absturz! Casanova, ein Weltenwanderer, Doktor des kirchlichen und des weltlichen Rechts. Ein Ausbrecherkönig, vom Papst zum Ritter geschlagen, Traum ungezählter Frauen, Legende des Abendlandes. Um dann langsam und lächerlich zu verenden. Verhöhnt und gemieden von allen, denen die Gegenwart gehörte.

Wie alt er gewesen sei? Waldstein blieb stehen. Wann – als er herkam? Na ja, so Anfang sechzig wird er gewesen sein, ungefähr wie Sie jetzt.

Mir ist nicht wohl, sagte Goethe. Lassen Sie uns zurückwandern und von Ihren Zukunftsplänen reden.

Waldstein lief vor Begeisterung über. Er beginne seinen Großumbau nächstes, spätestens übernächstes Jahr. Radikal. Werde die Schnörkel abschlagen, die barocken Vasen vernichten, diesen ganzen fetten Kurvenpomp zertrümmern.

Er beschrieb mit den Armen Rechtecke in die Luft. Und dann nur noch gerade Linien, große Fensterscheiben, viel Weiß.

Waldstein blickte in den Himmel.

Licht, Licht, Licht. Und leicht, verstehen Sie? Leicht muss es sein. Die Zukunft will es hell.

Tja, recht hatte er. Das Achtzehnte war vorbei. Casanovas Grab war vergessen.

Gut, ein Geheimer Rat, Minister und Dichter von Weltruhm musste nicht befürchten, dass zwölf Jahre nach seinem Ableben keiner mehr sein Grab fand. Davor war er sicher. Aber vor dieser Lebensabendnot, war er auch davor sicher? Vor der Lächerlichkeit? Die Niederländer der sogenannten Goldenen Zeit hatten es festgehalten, in Meistertechnik auf Leinwand. Zahnlose Greise, die Mädchenbrüste befingerten, während die Mädchenhände den Geldsack des Greises griffen. Könnte ihm nicht ebenfalls –

Aberherrgeheimrat! In Weimar würde jeder schon über die Frage empört sein. Wiekönnensiesowasdenken!

Goethe wusste Bescheid. Auswärts wurde längst darüber

geredet, wie es um ihn stand. Hatten sie sich bei ihm zu Hause durchgesoffen und durchgefressen, die sogenannten Verehrer aus Berlin oder Paris oder sonstwo, verbreiteten sie Neuigkeiten über den Alten am Frauenplan. Meinten, er bekäme keinen Wind davon. Sogar die Humboldts hatten mitgemacht. Kaum auf der Straße stadtauswärts, streuten sie schon aus, Goethe sei einsam und gallebitter geworden. Es tat weh, wenn schon die Jüngeren, nicht mal die ganz Jungen, Salz in diese Wunde streuten, die das Alter aufgerissen hatte. Oder war das Altsein gar nichts anderes als eine große Wunde? Egal, es tat jedenfalls weh, was die sagten.

Weil es stimmte.

Sah er morgens, bevor er sein Haar kämmte und sein Gesicht puderte, in den Spiegel, blickte er ihm entgegen: dieser einsame und gallebittere Goethe, gelb und gezeichnet. Dieser Goethe, den er zu verstecken gelernt hatte hinter einem Auftritt, an dem alles glänzte. Der Blick, die Manieren, die Orden, die silbernen Schuhschnallen. Schön, hieß es dann, schön sei er.

Aufbruch! Nur der Aufbruch konnte ihn retten. Raus aus dem Goethemuseum, hinein in die Welt der Wissenschaft, der Jungen, der anderen Ideen. Wolken! Es gab kein besseres Terrain für seine Neugier.

Eine junge Frau in rosafarbenem Kleid kam ihnen entgegen.

Meine Tochter, sagte Waldstein. Sie blieb stehen. Begrüßte Goethe, sagte dem Vater, ihr sei langweilig, gähnend langweilig, sah Goethe an. Langweilig, wiederholte sie, weil hier nichts los ist.

Goethe zwinkerte ihr zu.

Ihnen ist was ins Auge geflogen, sagte Waldsteins Tochter und ging weiter.

Er sei glücklich über seine Kinder und seine Enkel, sagte Waldstein. Das Gefühl, gebraucht zu werden, halte ihn jung.

———

Als Goethe zurück nach Teplitz fuhr, sah er Bettine vor sich, wie sie mit ihrem Arnim auf irgendeiner Wiese hockte und beide ins Blaue redeten. Diese Romantiker waren stümperhafte Aquarellisten. Sie malten ihre Ideen aufs durchnässte Papier ihrer Gefühlsduselei. Kein Wunder, dass die Ideen in der Formlosigkeit zerrannen. Ja, sie brauchten ihn. Seinen gestaltenden Geist. Seinen entschlossenen Zugriff. Die Wolkengucker hatten ihn nötig.

V

ICH BIN REICH!, sagte Friedrich.

Nur wenn er alleine war, sagte er das.

Die Frau mit den blauroten Händen, in deren Laden schräg gegenüber er anschreiben ließ, hätte ihn sonst für geisteskrank gehalten. Wochen musste sie oft warten, bis Griebenschmalz, Buttermilch und Schwarzbrot bezahlt wurden. Auch sein Bruder in Greifswald, der ihm Seifensiedergeld schickte, wenn Leinwand, Farben, Tinten aufgebraucht waren, hätte ihn für verrückt erklärt.

Ich bin reich!, schrie Friedrich gegen den Wind, murmelte er in die Dämmerung, brüllte er in den Sturm, flüsterte er in die aufgehende Sonne.

Seit der Wanderung durchs Riesengebirge war er noch reicher. Er merkte es, wenn er vor der Staffelei saß. Der neueste Beweis für seinen Reichtum war ein Meter zweiundsiebzig breit und ein Meter zehn hoch.

Viele mochten das Bild nicht, auf dem sie außerdem nichts vom Riesengebirge wiedererkannten. Selbst unter den Vertrauten grassierte der Widerwillen. Die Frau seines Malerfreundes Kügelgen hatte es ihm wie die meisten nicht ins Gesicht gesagt. Hintenherum hatte er es trotzdem erfahren. Spricht meine Seele nicht an, hatte sie geklagt. Überhaupt nicht. Der Luftraum endlos, das Meer trostlos. Und dann dieser Eremit, der da herumschleicht. Niemand weiß, was der überhaupt soll. Also nein! Keine Sonne, kein Mond, nicht einmal Gewitter am Himmel, hatte Frau Kügelgen geklagt. Kein Leben, keine Bewegung. Wäre doch genug Platz! Ichbittesie! Eins zweiundsiebzig auf eins zehn. Aber nichts los. Kein Boot, kein Schiff, kein Seeungeheuer auf dem Wasser, nicht ein Strauch im Sand, nicht eine einzige Möwe in der Luft. Grausig, fand Kügelgens Frau. Grenzenlos grausig.

Wenn sie wüsste! Wenn sie die Wahrheit wüsste über dieses Bild. Wie mühsam es gewesen war, bis dort nichts mehr los war. Friedrich saß davor und versank darin. Fünf Sechstel Himmel, ein Sechstel Wasser und Sand. Der Himmel düster, das Wasser fast schwarz. Aber trostlos? Unsinn. Natur konnte nie trostlos sein. Genauso wenig, wie sie böse sein konnte. Drohende Wolken, was für ein dummes Gewäsch! Wolken drohten nicht. Kündigten sogar an, was sie vorhatten, wenn man ihnen zuhörte. Die meisten Menschen machten das leider nicht. Die stachen wie dieser Ramdohr und andere Kritikaster aus dem Hinterhalt zu. Nur mit dem Grenzenlosen, da hatte Frau Kügelgen recht. Die einzigen Grenzen, die das Bild kannte, waren die Ränder der Leinwand rechts, links, oben, unten. Verflucht viel Leinwand hatte Friedrich verbraucht dafür.

Louise Seidler fand das Bild gut. Oder sagte sie das nur? Die Wahrheit darüber wusste auch sie nicht. Dachte Friedrich daran, musste er kichern, und das Kichern rannte dahin, galoppierte nur so, überschlug sich. Oft landete es zum Schluss in einer Art Husten. War doch zu komisch, die Wahrheit.

Die Seidler war nett zu allen und sagte eigentlich nur Nettes. Armes Mädel. War ja verdammt zur Nettigkeit. Durfte als Frau nicht einmal im Akt-Saal die laschen Leiber malen oder die prallen Bäuche der ledig geschwängerten Modelle. Pinselte wie ihre Kolleginnen in der Galerie alte Meister ab. Vor allem katholische Heilige aus Italien, zwei-, dreihundert Jahre alte. Wenn sie als Frau vom Malen leben wollte, musste sie Heilige pinseln oder Porträts. Nette Porträts selbstverständlich.

Seit zwei Tagen war die Seidler völlig aus dem Leim. Nur wegen Goethe. Was die Weiber nur hatten mit ihm. Schön sei er, behaupteten sie alle. Schön! Mit einundsechzig und angeblich ziemlich dick geworden. Was konnte an dem schön sein? Redeten immer von seinem Auge. Seinem ausdrucksstarken Auge. Der hatte doch zwei! Überraschend war Goethe vor zwei Tagen in der Dresdner Gemäldegalerie aufgetaucht, wo jede Malerin vor jemandem mit Heiligenschein saß und kopierte. Männer mit klaffenden Wunden, an Kreuze genagelt, auf Räder geflochten, an Bäume gefesselt. Frauen, die ihre ausgestochenen Augen servierten oder ihre abgeschnittenen Brüste. Blutende, verheulte, gefolterte Opfer. Ja, warum malten die denn so was Entsetzliches? Wo die Natur so herrlich war. Goethe hatte es grandios gefunden, wie die Seidler irgendeine heilige Cäcilie abgepinselt hatte, die an der Orgel schmachtete. Zukunft, große Zukunft, hatte er ihr prophezeit. Zukunft mit Kopien von Gestrigem? Das Morgen lag im Freien. Für Goethe hieß Zukunfthaben wohl Bilderverkaufen, gut und teuer. An betuchte und berühmte Leute. Goethe kannte solche Käufer, und seine Empfehlung nahmen die offenbar ernst.

Wissen Sie, mein Vater behauptet: Die Reichen lassen sich nur von den Reichen etwas sagen. Und Goethe ist der reichste Bürger von Weimar, hatte die Seidler Friedrich erklärt. Goethe habe geerbt, beziehe Theatertantiemen und sein Ministergehalt, kassiere Zinsen und Zuwendungen vom Herzog direkt. Ja, und dann seine Honorare. Goethe kann mit Geld umgehen, sagte sie, irgendwie bewundernd. Verhandeln könne er auch, das sei bekannt.

Und das finden Sie großartig?, hatte Friedrich gefragt. Wenn Sie Bankier werden wollten, würd ich das ja verstehen.

Rote Sprenkel hatte die Seidler plötzlich auf ihrem schönen Enteneigesicht, wenn sie ihm von Goethe erzählte. Warum die Mädels alle aufgeregt wurden, sobald sie von dem alten Geheimrat redeten, war Friedrich ein Rätsel. Vielleicht kam er bald dahinter. Ich bringe ihn vorbei, hatte Louise Seidler nämlich gesagt. Am Dienstag, dem 18. September, schicke ich ihn her. Das hatte sie an genau dem Tag versprochen, als Friedrich morgens im Zigarrenkasten, in dem er sein Geld aufbewahrte, nichts außer dem Sperrholzboden sah. In dieser Zigarrenkiste musste er die Pläne zu seiner Islandreise begraben, wenn er das Bild von eins zweiundsiebzig auf eins zehn und das zweite im selben Format nicht loswurde.

Goethe will wissen, was die Dresdner Künstler so treiben, sagte Louise Seidler. Er hat sich eine ganze Liste zusammengeschrieben von Atelieradressen. Friedrich hatte offenbar einen der vorderen Plätze, dank der Seidler. Ja, sie war nett zu ihm. Und wenn er sich fragte, warum, bekam er feuchte Hände.

Auf den Besuch hatte Friedrich sich gründlich vorbereitet. Dunkelbier anschreiben lassen und Käse. Außerdem hatte er den Stuhl aus seinem Schlafsarg geholt und die Bank, die vor seiner Wohnungstür im Treppenhaus stand. Beides hatte er abgestaubt. Goethe wollte in Begleitung kommen, zusammen mit einer Frau Schopenhauer aus Weimar und dem Verleger Frommann aus Jena. Von der Schopenhauer wusste Friedrich wenig, nur dass sich bei ihr einmal die Woche alle Wichtigen von Weimar zum Tee trafen. Nicht wegen der Schopenhauer oder des Tees, sondern wegen Stammgast Goethe. Jede Woche! Mussten den und seine Weisheiten doch mittlerweile in- und auswendig kennen. Von Frommann wusste Friedrich, dass er ein Buchmensch war. Dass Goethe für dessen Pflegetochter Mine irgendwelche Gedichte verfasst hatte und dort öfters etwas aufsagte oder vorlas. Warum davon dann hinterdrein alle redeten, war ihm ebenfalls ein Rätsel. Überhaupt das ganze Getue um Goethe.

Vor sechs Tagen war Schleiermacher bei Friedrich gewesen. Mit dem hatte er sämtliche Heringe, die der Bruder aus Greifswald geschickt hatte, aufgegessen. Das reute Friedrich nicht, nääh. Hatte sich gelohnt. Dieser Schleiermacher hatte Sätze dagelassen, von denen Friedrich zehrte. An manchen kaute er noch herum. Strengte an wie altbackenes Brot kauen. Aber das mochte er ja auch. Er spürte dann, wie stark seine Zähne waren. Lange hatte Schleiermacher vor dem Bild mit dem Mönch am Meer gesessen. Diesem Mann hatte er die Wahrheit über sein Bild verraten, warum es so leer war. Schleiermacher hatte gesagt: Gut so. Das haben Sie gut gemacht. Jetzt ist das Bild einzigartig.

———

Es schlug drei Uhr, als Goethe klopfte. An der offenen Tür klopfte er! Auf den Rahmen. Wozu denn das? Waren anscheinend zu viele Treppen gewesen für ihn. Sein Gesicht war dunkelrosa und glänzte. Friedrich verbot sich, an Saftschinken zu denken. Hatte keinen im Haus und hatte seit Weihnachten vor sechs Jahren keinen gegessen. Sammelte sich Speichel im Mund, fiel ihm das Reden noch schwerer als sonst. Hinter Goethe sah er eine Frau in hellgelbem Taft, für ihr Alter zu gelb. Gefährlich, hellgelber Taft in seiner Behausung. Das musste die angekündigte Frau Schopenhauer sein. Daneben Frommann, gebügelt bis zum Scheitel.

Schon bauten sich die drei vor seinen Bildern auf.

Ob die beiden da zusammengehörten, wollte die Schopenhauer wissen. Diese Klostermauerruine zwischen kahlen Eichen und der Mönch am offenen Meer.

Ja, sagte Friedrich. Ja und nein.

Warum Kloster und warum Mönch?, fragte Frommann. Sie sind doch wie ich Protestant, Herr Friedrich. Bei uns gibt es weder Klöster noch Mönche.

Die Schopenhauer pflanzte sich vor das Ruinenbild, ging so nah mit dem Gesicht hin, dass Friedrich Angst um den Firnis bekam. Hatte sie schon einen Tapper draufgebracht? Scheiße, dachte er, sagte es aber nicht. Hatte sich fest vorgenommen, dass ihm das heute nicht passierte. Auf dem Bild seien ja auch noch Mönche unterwegs, sagte die Schopenhauer. Was die denn im Schnee vor einer Ruine zu suchen hätten. Zwischen Gräbern! Eindeutig. Grabsteine und Grabkreuze!, sagte die Schopenhauer.

Ihre Stimme schrappte an Friedrichs Nerven. Wissen Sie denn nicht, dass der Meister Friedhöfe hasst?

Goethe nahm anscheinend nichts davon wahr. Die Hände auf dem Rücken, betrachtete er den Mönch am Meer, stumm. Wollte etwas vom Maler dazu hören. Warum da ein Mönch stand, ein Kapuzinermönch. Friedrich sah von oben die kahle Stelle an Goethes Hinterkopf. War Goethes Naturtonsur gepudert? Ließ ihn an den Mond im Nebel denken. Aah, Mond, Nebel, wandern, das wär's jetzt, alleine wandern. In der Natur war Alleinsein ein Glück. Eins mit Wolken und Wasser und

Wiesen, eins mit dem All, da ging es ihm gut. Jetzt nicht. Eingesperrt fühlte er sich zwischen diesen drei Besuchern und ihrer Neugier. Hätte er sich denken können, dass Goethe etwas hören wollte.

Bin kein sprechender Maler, hatte er doch jeden gewarnt, auch die Seidler. Hatte sie wohl nicht weitergegeben. Er wühlte in seiner Erinnerung nach den Schleiermachersätzen. Vorher waren sie noch da gewesen. Jetzt fand er nur einzelne Wörter. Unendlichkeit, Endlichkeit, Ewiges, Zeitliches, Religion und Anschauung. Aber wie zum Teufel gehörten die zusammen? Ach! Auf einmal hatte er einen Satz im Griff.

Wenn Religion ganz Hingabe ist, dann ist das, wie wenn wir uns in ein Naturschauspiel vertiefen. Oder so ähnlich.

Wenn Religion ganz Hingabe ist, fing Friedrich an, dann …

War Schleiermacher zu Besuch?, fragte Goethe.

Dann schwiegen alle in die Leinwand hinein.

Noch nie, sagte Goethe, habe er ein so leeres Bild gesehen. Derartig leer. Dann schwieg er wieder. Oder hatte Goethe das gar nicht gesagt? Er sah jedenfalls so aus, als ob er es sagen wollte. Es kitzelte Friedrich, ihm die Wahrheit zu verraten. Doch etwas warnte ihn, Goethe würde das nicht gut finden.

Die Fußstapfen des Mönchs im Sand sind tief. Aber der nächste Wind verweht sie, brachte Friedrich schließlich heraus. Er schätzte von der Seite ab, wo Goethe hinsah. Einwandfrei, Goethe starrte auf den Himmel, nicht auf den Mönch. War schon mal gut. Den Himmel, den hatte er aus dem Riesengebirge mitgebracht, der Mönch stammte noch aus Greifswald, und das Meer und den Sand hatte er von Rügen. Aber um den Himmel, um den ging es vor allem. Fünf Sechstel Himmel. Luft malen war das Schwierigste. An Tagen, an denen Friedrich Luft malte, durfte keiner stören, keiner.

Den besten Freund musste er dann hinauswerfen. Sogar das Nachbarsmädel, das ihm Stullen schenkte.

Goethe machte ein paar Schritte zurück, schüttelte den Kopf, kniff die Lider zusammen, machte einen Schritt vor, schüttelte den Kopf.

Auch wenn du vom Morgen bis zum Abend und vom Abend bis Mitternacht nachdenken würdest: Du könntest das Jenseits nicht ergründen, sagte Friedrich.

Was fällt Ihnen ein, Friedrich!, fuhr ihn Frau Schopenhauer an. Sie können doch den Geheimrat nicht duzen! Wie kommen Sie dazu! Außerdem erkläre das mit dem Unergründlichen nicht die Trostlosigkeit dieses Bildes.

Frommanns Bariton tat Friedrich gut. Halt, liebe Frau Schopenhauer, halt. Er verstehe Friedrich durchaus. Ganz dicht ging er an die Leinwand heran, bückte sich, zog eine Brille heraus. Aus der Nähe, sagte er, sieht man, dass das Bild den Trost nicht verweigert. Keineswegs. Da sind ja ein paar winzige rote Tupfer, die wohl Blumen darstellen. Auch ein paar grüne Striche, Grasbüschel vermutlich. Er ächzte sich einen halben Meter höher. Und um den Mönch herum, die weißen kleinen Fetzen, das sind Möwen, oder? Nur aus der Ferne sieht man sie nicht.

Die Hand ins Kreuz gestützt, richtete er sich auf, ohne den Blick vom Gemälde zu wenden. Auch da oben, in diesem schalen Himmel, da reißt es ja auf, nicht wahr? Das sind doch Strahlen dort, Hoffnung, die durchscheint. So als wäre da die Sonne versteckt, irgendwo. Unsichtbar, aber, wie soll ich sagen, spürbar. So trostlos sei das Ganze gar nicht. Keineswegs. Durchaus positiv. Und, ja, sogar naturgetreu.

Goethe stand abwartend da. Sagte nichts, bewegte sich nicht, nicht einmal den Mund oder die Stirn. Was war mit ihm? Na endlich! Jetzt ging er wieder näher an das Bild heran, die Hände auf dem Rücken. Er studierte die fahle Fläche über dem Meerschwarz, als suche er eine Fehlstelle.

Dann wandte er sich zu Friedrich. Er habe da ein paar Fragen.

Ich bin kein ...

Jaja, ich weiß, Sie sind kein sprechender Maler. Keine Angst, Sie müssen nicht sprechen.

Dass er das so mild sagte, machte Friedrich misstrauisch. Nun lächelte ihn Frau Schopenhauer an wie damals der Pfarrer, als die Mutter gestorben war und die Kinder alle um den Sarg herumgestanden hatten. Was wollten die drei hier eigentlich von ihm? Scheiße, warum hatte er nur Ja gesagt zu diesem Besuch.

Sie können mir ganz kurz und knapp antworten, sagte Goethe.

Friedrich fuhr zusammen. Stand mit Kletten an den Strümpfen vor der ganzen Klasse mit vierzig, fünfzig Greifswaldern. Dem Lehrer gegenüber, der gleich fragen würde: Und wer hat deinen Bruder umgebracht? Wer ist schuld, dass er zwischen den Eisschollen ertrunken ist? Antworte mir kurz und knapp! Jahre hatte er Angst gehabt vor dieser Frage. Nie war sie gestellt worden. Konnte also jederzeit noch kommen.

Wollen Sie etwas trinken?, würgte Friedrich heraus.

Goethe legte seine Rechte ans Kinn. Kann ein Wolkenhimmel so aussehen, Friedrich?, fragte er.

Friedrich nickte.

Aber ich sehe gar keine richtigen Wolken, sagte Goethe. Auch keine Nebelwand. Keine geschlossene Wolkendecke. Gibt es so etwas?

Schon, sagte Friedrich. Warum wippte Goethe auf den Füßen?

Das ist keine Morgendämmerung, keine Abenddämmerung. Nacht ist es auch nicht. Herr Friedrich: Können Sie mir die Uhrzeit nennen, zu der dieser Himmel gemalt worden ist?

Friedrich schüttelte den Kopf. Er male Luft nie im Freien. Er male die nur hier im Zimmer. Und hier gebe es keine Uhr.

Wann haben sie diesen Himmel gesehen?

Vor ein paar Monaten, dann noch mal vor ein paar Wochen, sagte Friedrich. Und jetzt.

Goethe wippte schneller. Gut, dann sagen Sie mir einfach: Wo haben Sie diesen Himmel gesehen?

Friedrich deutete auf seinen Kopf. Ich schließe die Augen, sagte er. Also, diese Augen. Er drückte seine Lider zu. Dann sehe ich alles, was ich draußen gesehen habe, vor den inneren Augen.

Mist, er war ins Platt gerutscht.

Goethe schwieg.

Was bitte sind Ochen und was sind innere Ochen?, fragte Frau Schopenhauer.

Und was dann, Friedrich?, fragte Goethe.

Dann fördre ich zutage, was ich im Dunkeln gesehen habe, damit es zurückwirkt auf andere. Von außen nach innen.

Friedrich merkte, wie das Zucken im Magen weniger wurde.

Also, Sie verschließen die Augen vor der Wirklichkeit … in der Meinung, dass Sie dann die Wahrheit sehen?, fragte Goethe.

Friedrich glotzte ihn an mit offenem Mund. Bah, schön gesagt. Sehr schön. So einfach, so klar, so monumental. Gut zu merken. Der hatte es heraus, dieser Goethe. Nur das mit der

Meinung gefiel Friedrich nicht. Da steckte ein gemeiner Dorn drin. Musste er rauskriegen, was das war. Am besten alleine in der Küche.

Wollen Sie Dunkelbier?, fragte Friedrich.

Schön gesagt, Meister, kam es von Frau Schopenhauer.

Ich habe Dunkelbier und Käse, wiederholte Friedrich.

Wissen Sie nicht, dass Bier jeder Art Goethe ein Gräuel ist?, fragte Frau Schopenhauer.

Teerunde, ach ja. Die Seidler hatte immer nur von Teerunden erzählt. Aber Tee passte nicht zu Käse, zu diesem Käse jedenfalls nicht. Man hätte vom Tee nichts mehr gerochen. Trotzdem.

Vielleicht Tee?, fragte Friedrich.

Gerne, sagte Frommann.

Friedrich zog sich in die Höhle seiner Küche zurück.

Ah! Stille, dunkle, kühle Ruhe. Durchatmen. Arme recken, bis es knackte. Gähnen bis zum Anschlag. Der Blähung nachgeben. Zu viel Rettich gestern. Teerunde, einmal in der Woche! Jede Woche! Alle um Goethe herumgackernd und krähend. Wie groß ist der doch, unser Meister. Wie herrlich ist sein Werk. Vermutlich wollten sie nur, wie die Katholiken einen Kreuzessplitter, irgendeine Goethe-Reliquie einheimsen. Und währenddessen ging er hinaus in die reiche freie Natur. Er, den sie für arm hielten. Arm dran war dieser Goethe.

Als Friedrich mit einer Kanne voll Kamillentee, deren Schnauze abgeschlagen war, zurückkehrte, stand Goethe noch immer da wie zehn Minuten zuvor. Die beiden anderen hatten sich neben ihn gestellt, die Oberkörper schräg zu ihm geneigt.

Das mit dem inneren Auge hört der Meister nicht so gern, sagte Frau Schopenhauer.

Das hat für Goethe etwas Mystisches, Weltfremdes, verstehen Sie?, sagte Frommann. Sie stehen hier eben einem Weltmann gegenüber, lächelte er.

Einem Weltgeist, sagte die Schopenhauer.

Friedrich war froh, dass er sich ein Dunkelbier eingeschenkt hatte. Er leerte den Krug in drei, vier Zügen. Dann wischte er sich mit dem Handrücken den Mund ab. Nun fühlte er sich allem besser gewachsen.

Haben Sie Mut zu einem ... sagen wir, Experiment? Einem gemeinsamen Experiment?, fragte Goethe.

Friedrich nickte. Ich habe selber schon Experimente gemacht. Bereits vor Jahren.

Zum Beispiel?

Ich wollte wissen, ob ich ein Bett zusammenbrechen lassen kann, nur indem ich mich mit Wucht daraufwerfe.

Und?, fragte Goethe. Hätte er fragen müssen. Stand aber nur da und starrte auf Friedrichs Bart. Auch die Schopenhauer starrte dorthin.

Sie haben in Ihrem Bart etwas ...

Was wollte die jetzt mit seinem Bart! Na, dann eben ohne Frage.

Es ist zusammengebrochen, das Bett!, strahlte Friedrich.

Keiner sagte ein Wort. Er hole jetzt doch mal was zu essen, erklärte Friedrich. Als er mit dem Käsebrett wieder ins Zimmer kam, hatte Goethe ein Opernglas in der Hand und studierte den Mönch.

Verzeihen Sie, Friedrich, aber der Mönch steht da, wie kein Mensch dastehen kann. Wissen Sie: Ein Kunstwerk braucht Halt und Gesetz in sich, sagte Goethe. Was ins Formlose und Charakterlose gleitet, überlebt nicht. Nein danke, keinen Käse.

Aber –, sagte Friedrich.

Sätze, die mit Aber beginnen, sagte Frau Schopenhauer, hört der Meister selten. Ihr Lächeln erinnerte Friedrich an einen Hecht.

Aber, sagte Friedrich leise, des Künstlers Gefühl ist doch sein Gesetz.

Und was sagt Ihnen Ihr Gefühl, Herr Friedrich?, fragte Frommann.

Dass Goethe mein Backenbart stört, wollte Friedrich sagen. Aber darum ging es nicht. Dass in allem Gott wohnt, sagte er. In den großartigen Dingen und in den unscheinbaren. Im Abendrot und im Morast. In jeder Kellerassel und in jeder Wolke.

Oh Gott!, sagte Frommann. Er legte den Kopf schief, krampfte die Finger ineinander und beobachtete Goethe. Der stand unbewegt. Nur sein Kopf wackelte etwas.

… aber die gemeinen Menschen erkennen das nicht, sagte Friedrich. Die sehen Gott nicht. Die sehen in allem nur die Form.

Frommann legte seine Hand auf Friedrichs Unterarm. Friedrich verstummte.

Frommann fing an, von Goethes Verdiensten für Kunst und Künstler zu reden und von seiner Auseinandersetzung mit der Landschaftsmalerei eines Claude Lorrain. Das seien Landschaftsräume und Himmelsräume, so festlich wie ein Konzert von Frescobaldi.

Hui, dieser Buchmensch! Behände wie eine Gämse bewegte der sich durch die schwierigsten Sätze. Doch Friedrich verstand nichts, kein Wort. Bilder von diesem Kloht Lorreng kannte er aus der Galerie. Er fand sie scheußlich. Schon weil er wusste, was dieser Kloht für einer war. Wie der malte! Die

Malerkollegen sagten Kloht-Glas zu einem getönten, nach vorn gewölbten Spiegel, in dem sie Landschaft anschauten. Im Freien! Mitten in der Natur glotzten diese Deppen in einen Spiegel! Anstatt richtig hinzuschauen. Die echte Natur sah dann im Kloht-Glas aus wie von diesem Kloht gemalt. Das pinselten die ab. Ein Beschiss an Gottes Gaben. Beschiss an den eigenen Augen. Und an denen, die diese Bilder nachher anschauten. Nur: was hatte das mit einem Konzert zu tun? Friedrichs Bilder, hatte Freund Kügelgen gesagt, erinnerten an die Lieder eines schottischen Barden, der von Nebel und Bergeshöhen und harter Heide sang. Das verstand er.

Goethe schaute wieder angestrengt in den Himmel über dem Mönch und dem Meer. Ich begreife nicht, sagte er, was dieser Himmel soll.

Friedrich holte sich ein neues Dunkelbier aus der Küche. Nach einem großen Schluck traute er sich. Das macht nichts, dass Sie das nicht begreifen, sagte Friedrich. Ich glaube, dass die Geheimnisse der Natur für uns Sterbliche unbegreifbar bleiben müssen.

Aber Herr Friedrich! Geheimnisse sind keine Wunder!, kam es von Goethe. Der Mensch muss daran festhalten, dass das Unbegreifliche durchaus begreifbar ist. Sonst würde er nicht forschen.

Friedrichs Zeigefinger wollte ins Nasenloch fahren, in das wohl Bierschaum geraten war, zuckte aber zurück.

Und, was wäre daran so schlimm?, fragte Friedrich. Wenn der Mensch nicht forschen würde, meine ich.

Goethe fixierte ihn.

Im Gegenteil, murmelte Friedrich, wäre doch gut. Er ging zu dem kleinen Tisch. Kramte in einer Mappe, zog schließlich ein paar Blätter in Deckfarben heraus, die nackte Industriebauten zeigten. Unter einem blauen Himmel mit weißen Wolkenformationen, in den grauschwarze Schwaden stiegen.

Goethe nahm die Blätter. Studierte eines ums andere.

Ausgezeichnet, Friedrich, sagte er. Ganz ausgezeichnet! Wie exakt Sie die Formen und Schattierungen der Wolken wiedergeben. Mit der Präzision eines Forschers. Schön, sehr schön!

Nein, schrecklich sei das, sagte Friedrich. Ganz schrecklich. Diese Industrie-Mühlenbetriebe draußen im Plauenschen Grund und diese Glashütten dort! Sie verpesten die ganze Luft. Jetzt soll noch ein Eisenhammerwerk hinkommen. Der Qualm da, sehen Sie nur! Die Forscher mit ihrem Fortschritt zertrampeln die Natur. Trampeln sie früher oder später tot. Und die Gewinnsüchtigen, die marschieren im Fortschritt mit. Eine Fahrstraße haben sie mitten durch das Tal dort gelegt. Ein gemeiner Schnitt in den unschuldigen Leib. Verheilt nie mehr.

Er sah Goethes Blick noch immer im Luftraum über den Industriebauten spazieren gehen.

Irgendwann sieht man die wahren Wolken vor lauter Qualmwolken gar nicht mehr. Dann ist es zu spät, flüsterte Friedrich.

Goethe reagierte nicht. Nach einer langen Pause sagte er: Haben Sie Reisepläne? Italien vielleicht?

Neinnein, Island!, sagte Friedrich. Reine Luft, unverdorbene Natur, ein Wolkenhimmel wie am ersten Tag der Schöpfung. Island! Keine Fabriken, kein Qualm. Nichts von dieser ... dieser Scheiße.

Als Frau Schopenhauer anfing zu erklären, wo und wie Goethe sich in Weimar für den Aufbau von Industrie einsetze, Porzellanfabriken, Glashütten, Kunstmühlen, Bergwerke, drängte Frommann zum Aufbruch.

Friedrich hörte sie die Treppe hinunterknarzen, als er sich vor sein Bild setzte.

Gut, dass ich ihm die Wahrheit nicht verraten habe, was?, sagte er. Dass ich hier in diesem Meer und diesem Himmel zwei Segelschiffe versenkt habe. Sieht keiner mehr auch nur einen Mast davon.

Der Mönch nickte. Friedrich kicherte.

Hätten ihm gefallen, dem Herrn Goethe. So genau gemalt. Und dann wäre es auch nicht so leer gewesen. Ja, die hätten ihm gefallen, die Dreimaster. Toll viel Halt fürs Bild. Aber wir, nicht wahr, wir lieben diese Leere. Wenn wir es spüren, wie klein wir sind. Auch der große Goethe verweht mal wie der Sand. Auch ein Geheimrat und Minister löst sich mal auf wie die Wolken am Himmel. Der hat nur noch nicht verstanden, wie gut das ist.

VI

FRIEDRICH LIEBTE ZEITUNGEN. Alle Zeitungen, sogar fremdsprachige. Am meisten mochte er die dicken. Man konnte damit nasse Schuhe ausstopfen, konnte Räucherfisch für den Rucksack darin einwickeln, den Fußboden abdecken, wenn man eine Wand strich oder eine Tür, sogar Ritzen abdichten, Pappmaché zubereiten und den Kindern zeigen, wie man mit einem Papierhut Napoleon wurde.

Es freute ihn, als Louise Seidler mit einer Zeitung unter dem Arm ankam, die schon zerlesen aussah.

Die Seidler gefiel ihm besser als zuvor. Lächelte ihn an, strahlte sogar. Jetzt erst merkte er, was für eine schöne Farbe ihre Lippen hatten. Sahen aus wie Nacktschnecken nach dem Regen. Auch ihre Wangen waren nicht so käsig wie gewohnt. Ihr Verlobter war jetzt schon eine ganze Weile tot. Ja, vielleicht – Irgendwas musste mit ihr passiert sein. Würde er lieber Menschen malen, Friedrich hätte sie sofort gefragt, ob sie ihm sitzen wolle. Ihre Stirn war auch schön feucht. Alles sah nach dem Regen schöner aus, Blätter und Kiesel, als hätte man sie lackiert. Aber es regnete nicht. Irgendetwas musste mit ihr passiert sein.

Sie lief vor ihm her ins Atelier. Er hätte sie gern in die Küche bugsiert. Im Atelier fühlte er sich seit Wochen schon unwohl. Sobald er es betrat, stach der Trennungsschmerz in seinen

Kopf. Nackt war ihm zumute ohne die engsten Freunde der letzten zwei Jahre. War selbst schuld daran, dass sie ihn verlassen hatten. Trotzdem, wurde davon nicht leichter. Den ganzen Tag hatte er mit ihnen zugebracht, oft noch, bis es dunkel wurde, bei ihnen gesessen. An den Rand des Ruins hatten sie ihn gebracht. Alles weggefressen, was er besaß. An Zeit und an Kraft und an Aufmerksamkeit. Aber sie hatten ihm letzten Endes viel geschenkt. Vor allem die Einsicht, wie schwer das Weglassen war.

Beide Bilder, das mit dem Mönch am Meer und das mit der Klosterruine unter den kahlen Eichen, hatte Friedrich nach Berlin geschickt. Zur Akademieausstellung. Kügelgen hatte ihn so lange getreten, bis er es getan hatte.

Drei Überraschungen, sagte die Seidler, habe sie mitgebracht. Sie setzte sich auf seinen Stuhl vor die leere Staffelei, legte die Zeitung auf und fing an vorzulesen.

Herrlich ist es, in einer unendlichen Einsamkeit am Meeresufer, unter trübem Himmel auf eine Wasserwüste hinauszuschauen. Dazu gehört, dass man alles zum Leben vermisst und die Stimme des Lebens dennoch im Rauschen der Flut, im Wehen der Luft, dem einsamen Geschrei der Vögel vernimmt.

Die Seidler leuchtete ihn an. Ist das nicht großartig?

Kann gut schreiben, der Mann, sagte Friedrich. Der packte in Worte, was er meinte.

Sie überspringe jetzt etwas, sagte Louise Seidler. *Das Bild liegt wie die Apokalypse da*, las sie weiter. *In seiner Einförmigkeit und Uferlosigkeit, mit nichts als dem Rahmen im Vordergrund. So ist es, wenn man es betrachtet, als ob einem die Augenlider weggeschnitten wären.*

Donnerwetter!, sagte Friedrich. Der traut sich was, Donnerwetter! Kein Schönschwätzer, der.

Nein, sagte die Seidler, wirklich nicht. Aber warten Sie. Der traut sich noch mehr. Hören Sie: *Wenn man diese Landschaft mit ihrer eigenen Kreide und ihrem eigenen Wasser malte, so könnte man Füchse und Wölfe damit zum Heulen bringen. Das Stärkste, was man zum Lob für diese Art von Landschaftsmalerei sagen kann.*

Sie nahm die Zeitung von der Staffelei und hielt sie ihm vors Gesicht. *Empfindungen vor Friedrichs Seelandschaft* stand über dem Text. Und unten ganz rechts: *cb.*

Wer ist cb?, fragte Friedrich.

Brentano, Clemens Brentano.

Kenne ich nicht, sagte er. Dann wollte er das Ganze noch einmal hören. Als die Seidler wieder zu den abgeschnittenen Augenlidern kam, sagte Friedrich: Halt!

Er schloss die Augen, genoss das Dunkel dahinter, sah dann, als er sein Gesicht zum Fenster wandte, wie das Dunkel rot zu glühen begann, öffnete die Lider, schaute hinaus auf die Wolkenschafherde. Er machte die Lider wieder zu, zählte bis zehn, öffnete sie und sah nun Wolkengraugänse rasch mit gerecktem Hals das ausgewaschene Blau durchziehen.

Er blickte die Seidler an, deren Gesicht noch immer wie nach dem Regen feucht war, senkte die Lider, sah durch diese Vorhänge hindurch die Seidler verschleiert. Zog die Lider hoch und sah die Seidler wieder in ihren vollen Farben. Ihr Lächeln war dunkler geworden.

War doch grausam, wenn es einem unmöglich war, mit dem Lidschlag zwei Bilder voneinander zu trennen. Wenn das Auge schlaflos starren musste. Keine Sekunde Erlösung fand. Aber war es nicht auch grandios, wenn man dem, was man sah, nicht entkommen konnte? Hieß doch, dass derjenige, der lidlos ins Grenzenlose starrte, Teil davon wurde. Dass er sich auflöste in der Grenzenlosigkeit. Das erinnerte

Friedrich an seine Erlebnisse mit den Wolken auf den Wanderungen bergauf. Kam er den Wolken zu nahe und drang in sie ein, lösten sie sich in nichts auf. Waren verschwunden und doch da. Umhüllten ihn, waren aber ungreifbar. So stellte er sich das Sterben vor. Wäre wunderbar, wenn's so wäre.

Trotzdem, was dieser Brentano schrieb, verwirrte ihn. Er hörte Füchse und Wölfe heulen, hörte den Schmerzensschrei des Menschen, dem die Lider mit dem Skalpell entfernt wurden, und dazwischen eine Stimme, die: Zum Lob! sagte. Zum Lob! Wie passte das alles zueinander?

Was denn die zweite Überraschung sei, fragte er Louise Seidler, das zweite Mitbringsel.

Ein Gedicht, sagte sie und zog drei Blatt Papier aus ihrer Tasche. Frommann hat es für Sie abgeschrieben. Heißt: *Amor als Landschaftsmaler.*

Sie räusperte sich, tupfte ihr Gesicht mit dem Taschentuch trocken, zupfte ihr Kleid zurecht, räusperte sich wieder. Was war mit der Seidler auf einmal los?

Saß ich früh auf einer Felsenspitze, / Sah mit starren Augen in den Nebel; / Wie ein grau grundiertes Tuch gespannt, / Deckt' er alles in die Breit' und Höhe.

Scheiße, dachte Friedrich. Wer im Nebel nichts als ein graues Tuch sah, hatte eine erbärmliche Phantasie. Wer hatte denn diese Scheiße verzapft? Er schluckte das Wort hinunter, bei dem die Seidler immer schaute, als wäre sie hineingetreten. Sie las weiter mit so einer Gouvernantenstimme, die er nicht mochte.

Stellt' ein Knab sich mir an die Seite, / Sagte: Lieber Freund, wie magst du starrend / Auf das leere Tuch gelassen schauen? / Hast du denn zum Malen und zum Bilden / Alle Lust auf ewig wohl verloren?

Möchte schon wissen, wer so was schreibt, unterbrach

Friedrich sie. Hat ja keinen blassen Dunst, dieser Herr Dichter. Kein Wunder, wenn er dann meint, ein Maler würde vor einer Nebelwand die Lust am Malen verlieren. Eine Gegend, die sich in Nebel hüllt, erscheint doch größer und erhabener. Sie steigert die Einbildungskraft.

Die Seidler riss die Augen auf. Erschreckt, fand er. Weil er so viel redete? Sie las weiter. Friedrich spürte, wie die Reime an ihm herunterliefen, als wäre er in Wachstuch gewickelt. Sie berührten ihn nicht. Waren ihm völlig egal. Er versuchte, sich ins Freie zu denken. Ins böhmische Gebirge. Verhüllt über ihm die Bergeshöhen. Der Nebel fiel. Er zog den Bergen das Laken vom Leib. Nackt lagen sie nun auf den Nebelbänken. Der dralle Leib einer Schwangeren neben dem eines greisen Mannes mit rissiger Haut. Der Leib eines Riesensäuglings neben dem eines Muskelhelden. Der Nebel stieg wieder, verhüllte Gesichter und Körper. Nur ahnen konnte man, ob sich hinter dem Schleier Schönheit oder Hässlichkeit verbarg.

Warum nur schaute die Seidler so?

Ich weiß, der Nebel ist wie der Winter in Verschiss geraten, sagte Friedrich. Schnee gleich Leichentuch der Natur. Nebel gleich graues Tuch der Trostlosigkeit. Soll ich Ihnen sagen, was mit denen los ist, die so einen Quatsch reden?

Die Seidler schwieg.

Die haben völlig abgestumpfte Sinne. Stumpfer als eine Axt, mit der du ein ganzes Unterholz gerodet hast.

Sie schwieg und schaute zu Boden. Was hatte er falsch gemacht?

Schade, dass Sie nicht zugehört haben, sagte sie. Das Gedicht ist so entzückend. Wie dann der kleine Amor dem Künstler vormacht, dass man auf das graue Tuch eine heitere Landschaft malen kann. Mit glänzender Sonne, mit einem goldenen Saum an den Wolken, Strahlen, die durchs Gewölk dringen.

Armer Hund, der so was schreibt, sagte Friedrich. Der hat ja Angst vor dem Nebel. Mein Gott! Der kann im Nebel nur eine trübe Suppe sehen, armer Hund. Also: Von wem stammt dieser Scheiß? Kenn ich den?

Goethe, sagte die Seidler.

Die Pause war sehr lang. Bis Friedrich fragte: Was ist die dritte Überraschung?

Nun sah sie ihn endlich wieder an. Also war es etwas Gutes.

Stellen Sie sich vor: Goethe hat mich eingeladen, nächstes Jahr für ein paar Monate nach Weimar zu kommen.

Zu was?, fragte Friedrich.

Um ihn zu porträtieren.

Und?

Was und?

Ja, was noch?

Während Louise Seidler redete, beobachtete Friedrich ihre Lippen. Nur aus weiter Ferne drangen Wörter wie große Chance, Goethes Ruhm, Zugang öffnen zu ihm durch. Etwas deutlicher die Wörter Freiheit, Sicherheit, Lebenskosten. Lebenskosten? Seit drei Monaten war er die Miete schuldig geblieben.

Es schlug an der Wohnungstür.

Die Miete! Ärger würde im Treppenhaus warten. Vermutlich Ärger in Uniform. Trotzdem war Friedrich froh, dass er zur Tür musste.

Baah! So einen Brief hatte Friedrich noch nie bekommen. Schon das Format! Dann drei Siegel. Die Schrift wie gestochen. Und das Papier, mein Gott.

Auf dem Weg zurück zur Seidler musste Friedrich in der

Küche den letzten Rest Schlehenbrand schlucken. War eigentlich für Notfälle gedacht, Grippe oder Ähnliches.

Sie sah ihm entgegen, ängstlich.

Vierhundertfünfzig!, sagte er. Ich glaube es nicht. Vierhundertfünfzig!

Vierhundertfünfzig was?, fragte sie.

Taler, sagte er. Vierhundertfünfzig Taler!

Und wofür?

Für alle beide. Der Kronprinz hat meine beiden Bilder gekauft.

VII

SECHS UHR AUFSTEHEN. Bis acht Uhr erste Lektüre, dann Milchkaffee oder Schokolade mit Gebäck. Danach sich fertig machen. Wie lange? Goethe hatte die Uhr aus dem Schlafzimmer entfernt. Mit jedem Jahr brauchte er mehr Zeit fürs Bücken, Binden, Knöpfen, Zuhaken, Hochziehen, Glattziehen. Und fürs Frisieren. Strengte an im Oberarm. Weniger Haare, mehr Mühe. Dann Puder fürs Gesicht, für die Nase vor allem. Neigung zum Bläulichroten. Puder zum Verdecken der rotbraunen Flecken auf dem Handrücken. Sie erweckten einen falschen Eindruck. Ein Goethe rostete nicht. Dann Journale und Zeitungen lesen. Deutsche, gelegentlich englische und französische. Mit jedem Jahr mehr. Warum nur und wozu? Deutsche Journale waren doch meistens Einjahresfliegen. Zehn Uhr zweites Frühstück. Mit jedem Jahr etwas süßer. Auch jedes Jahr mehr Zucker in den Kaffee, in den Tee. Nach dem Frühstück Rechnungen und Bilanzen vorlegen lassen. Kalkulation der anstehenden Ausgaben oder Reisekosten. Durchsicht der Post. Briefe nach Absender sortieren: wichtig, unwichtig, Papierkorb. Zugesandte Bücher und Manuskripte ordnen: erwartet, unaufgefordert zugesandt, unerwünscht (Waisenhaus), unerträglich (Abfälle).

Struktur, nichts war wichtiger. Statik des Lebens. Struktur

fehlte zunehmend, fast überall. In der bildenden Kunst, in der Musik, im Geschriebenen, vor allem im Geschriebenen.

Berliner Abendblätter? Wieder so ein neues Ärgernis. Warum konnte dieser Kleist nicht endlich die Finger vom Journalismus lassen. Er hatte nichts daraus gelernt, dass er mit *Phöbus* gescheitert war. Jetzt das: Polizeiberichte! Auf was für Leser spekulierte er um Himmels willen damit? Dazwischen Langatmiges über Kunst. Und dafür beschäftigte Kleist auch noch Autoren wie Arnim und Brentano. Ausgerechnet die! Meister des Ausuferns. Urteile, richtungsweisende Urteile brauchte das Publikum. Man musste es wissen lassen, wo es langging. Ah, da war ja auch schon Brentano, unten rechts stand gemein klein die Warnung: *cb.* Wenn der Mann nur halbwegs so interessant schreiben könnte, wie sich die Briefe seiner Schwester lasen. Bettine hatte es heraus. Eine gute Mischung aus jugendfrischen Sätzen, lasterhaften Bemerkungen über Leute, die man wirklich nicht mögen konnte, und Aufgeschnapptem, Fundstücken von weißderteufelwoher, bestens verwertbar. Aber Clemens Brentano? Der wollte doch nur seine Theorien loswerden und seinen Stil verbreiten. Das gehörte nicht in eine Zeitung. Nichts wie weiter … nein … halt: Um Friedrichs Mönch am Meer ging es? Da hatten sich ja die Richtigen gefunden. Uferloses Bild, uferloses Geschwätz. Warum so viel Aufmerksamkeit für ein Gemälde, auf dem nichts drauf war? Nichts, was sich beschreiben ließ, jedenfalls. *Empfindungen vor Friedrichs Seelandschaft* stand obendrüber. Empfindungen statt Analyse oder Kritik, typisch. Goethe fing an zu lesen. Sagte nichts, dieser Brentano. Er sang nur ein Loblied auf alles Triste und Formlose in Friedrichs Bild. Auf die *Einsamkeit*, auf die *Wasserwüste*, auf die *Vision von einem Reich des Todes* undsoweiter. Hoppla. Was war das? Es sei einem vor diesem Bild, *als ob einem die Augenlider weggeschnitten wären?* Abgeschnittene Augenlider? Das stammte niemals von Brentano, niemals. Eher von Kleist selbst. Doch, zu Kleist würde das passen. Charakterlich eine Mischung aus Schwachheit und Egoismus. Verletzbar wie eine Mimose, dann wieder gewalttätig. Dem fiele so etwas ein. Monströs, dieser Vergleich. Ja, der roch nach Kleist.

Üblicherweise langweilte Goethe die sogenannte Tafel mittags bei Carl August. Das Essen war geschmackvoll, der Wein exzellent, aber der Unterhaltung fehlte es an allem, Biss, Würze, Schärfe. Von Süffigem und Schlüpfrigem zu schweigen. Manchmal kredenzte Carl August einen Côte-Rôti, riskierte diesen Burgunder mit leichter Exkrement-Note im Bouquet. Gespräche? Leider ohne irgendetwas, das in die Nase stach. Immer dieselben Lemuren.

An diesem Oktobertag freute Goethe sich auf die Tafel. Den Erguss über Friedrich in den *Berliner Abendblättern* würden die meisten gelesen haben. Könnte Zunder geben, denn zwei, drei in der Runde meinten, sie müssten Brentano und Genossen die Stange halten. Wobei der Ausdruck mit der Stange zu diesem Mann nicht passte. Außerdem hatte Goethe vor, dort ein Experiment zu riskieren. Eine Bombe platzen zu lassen in diesem Altherrenclub, eine Rauchbombe zumindest.

Carl August trug einen weißen Rock. Stand ihm nicht. Sein Gesicht darüber eine überreife Erdbeere, zu weich geworden. Es war eher kühl im Speisezimmer. Was war los mit ihm? Zur Suppe lieferte er die Erklärung, auch für den Erguss von Brentano in den *Abendblättern*. Friedrich, der Maler? War jetzt ein Thema! Kam keiner drum herum. Warum? Der König höchstpersönlich hatte Friedrichs Seelandschaft, diesen Mönch am Meer, gekauft. Zusammen mit der Abtei im Wald. Für eine ernsthafte Summe.

Der König? Bisher hatte er doch einen Geschmack, auf den man sich verlassen konnte, wunderte sich Goethe.

Hatte es nicht aus freien Stücken getan, wusste Carl August. Auch nicht für sich selbst erworben. Sein Ältester hatte ihn gedrängt. Nun wurde hörbar Verständnis mitgeschlürft. Achso, mein Gott. Jadann, war etwas anderes, wenn der Kronprinz das wollte, der Arme. War doch erst ein paar Monate her, die Katastrophe. Im Juli war es passiert. Unerwartet. Ja, aus heiterem Himmel hatte es die Königin getroffen. Heiter? Na ja, bewölkt. Gehustet hatte sie vorher schon, manche hatten gesagt: besorgniserregend gehustet. Trotzdem, dass sie sterben würde, so rasch, so jung, das hatte doch keiner gedacht. Dieser Tod war ein Thema: Warum wirkte er grausamer, wenn er eine Schönheit traf?

Der Tod ist nicht gerecht, sagte Goethe. Er trifft Schwätzer wie die meisten hier und einen wie mich ohne Unterschied. Das zu sagen täte gut.

Um ihn her gluckerte die übliche Gesprächsbrühe, Brackwasser. Brauchte Trost, der Kronprinz, dringend. Er war ein Muttersohn gewesen. Und dann noch mehr mit der Königin zusammengewachsen seit der gemeinsamen Flucht damals vor Napoleons Truppen. Nur er und sie und der Arzt. Wochenlang alleine im Abseits. Jetzt mit siebzehn war er immer noch ein Kind, äußerlich, nein, keine Spur von Bartwuchs. Kein Interesse an körperlicher Ertüchtigung, war ihm leider anzusehen. Hängeschultern, eingefallene Brust, Bauchansatz. Nur warum wünschte der Kronprinz sich dieses Bild mit einem Mönch am Meer? Hatte nichts Tröstliches, so wie es dieser Brentano beschrieb, gar nichts. Konnte doch dem armen Buben nicht helfen. So ein Bild, das offensichtlich keinen Halt bot. Kein Baum, kein Fels, kein Schiffsmast. Der Kronprinz brauchte Halt, den einzigen hatte er verloren.

Liegt vielleicht an Brentanos Beschreibung, sagte einer. Kann sein, dass Friedrichs Bild in Wirklichkeit anders aussieht.

Das war Goethes Einsatz. Ja, er hatte das Bild im Original gesehen. Sonst noch wer? Nein, nur er. Und das andere? Ja, auch das kannte er, als Einziger. Was drauf zu sehen sei auf den Gemälden? Auf dem mit Mönch wirklich nur Himmel ohne richtige Wolken, fünf Sechstel Himmel, auf dem nichts los war, darunter ein Sechstel Meer und Sand, wo auch nichts los war, und dieser Mönch eben. Der allerdings sei verdächtig.

Verdächtig?

Der zweite Gang. Taubenbrust mit Teltower Rübchen.

Ja, verdächtig, weil …

Goethe brach ab, schnitt eine Scheibe Taubenbrust ab, bedeckte sie mit Soße, spießte ein Stück glasierte Rübe darunter und begann zu essen. Tja, die Platzierung der Pausen. Er beherrschte sie noch immer. Außer ihm aß niemand. Alle sahen nur ihm zu, wie er die nächste Scheibe von der Taubenbrust abschnitt, mit Soße bedeckte, ein Stück glasierte Rübe aufspießte und aß. Sie warteten spürbar nervöser vor ihren erkaltenden Traubenbrüsten, während er dann die dritte Scheibe von der Taubenbrust abschnitt, mit Soße bedeckte, ein Stück glasierte weiße Rübe darunterspießte und verzehrte, ohne den Blick vom Teller zu heben.

… weil –, Goethe tupfte sich die Lippen und das Kinn mit der Serviette ab, trank einen Schluck Burgunder. Nahm einen zweiten Schluck, dann hob er den Blick.

Weil dieser Mönch rotblondes Haar hat und einen rotblonden Backenbart.

Goethe nahm sein Glas, sog das Bouquet ein. Welches Jahr?, fragte er und ließ sich die Flasche zeigen. Haarfarbe und Barttracht exakt wie Friedrich selbst, sagte er endlich.

Scheußlich, kam es von Carl August. Wirklich scheußlich. Er schob den Teller von sich. Ungenießbar, so lau.

Alle schoben ihre Teller von sich.

Dass der Mönch aufs Barthaar genau dem Maler gleiche, sei ein Hinweis, erklärte Goethe und genoss den Nachgeschmack. So trostlos wie dieses Bild sei eben Friedrichs Sicht auf die Welt. Dabei könnte er anders, wenn er nur wollte. Nur: Er wolle eben nicht.

Es klappte. Brentanos Stangenhalter fingen an, vom tieferen Sinn des Bildes zu salbadern. Carus, berichtete einer, habe dieses Bild als das tiefsinnigste Kunstwerk der neuen Landschaftsmalerei gepriesen. Friedrich habe die Tragödie der Landschaft gemalt, sollte Carus geschwärmt haben.

Tragödie der Landschaft! Die Maler sollen die Tragödie gefälligst den Dichtern überlassen, sagte Knebel und wartete auf Goethes Applaus.

Goethe schwieg. Sollten sie doch reden. Er lag anscheinend sehr tief, der Sinn, sie fanden ihn nicht. Stolperten durch den Disput, orientierungslos. Bis einer Goethe nach dem zweiten Bild fragte.

Klosterruine im Schnee zwischen nackten Eichen, nicht mehr als das Bruchstück einer Kirchenwand. Mönche tragen einen Sarg durch die verschneite Einöde.

Wohin?

Das, lächelte Goethe, müsse wohl wieder tiefsinnig sein. Ihm freilich erscheine es nur unsinnig.

Brentanos Genossen erwogen, ob vielleicht dieser Sarg den Kronprinzen an den Tod seiner Mutter erinnere, das Bild eine Art Totenmesse für ihn darstelle. Es zu betrachten also ein täglicher Gedenkgottesdienst sei. So gesehen maßgeschneidert für den Kronprinzen.

Wenn er sich die Lider abschneiden lässt, sagte Carl August.

Aus dem Gelächter der einen Seite, das die andere durch dickes Schweigen abpufferte, stiegen spitz Bemerkungen über den Kronprinzen auf. Wunderlich, der junge Kerl, wunderlich und weichlich. Zeichnete ständig, während andere redeten. Zeichnete bei Tisch, während politischer Sitzungen, zeichnete, ob es sich um Krieg oder Geld oder Gesetze drehte. Wanderte angeblich gern im Nebel.

Nebel sei mangelnde Klarheit und stimme melancholisch, hatte Goethe seinem Kreis wiederholt erklärt.

Nebel, sagte Knebel, ist mangelnde Klarheit …

Und stimmt melancholisch, sagte Carl August.

Goethe lehnte sich zurück, obwohl sein Stuhl unbequem war. Ein Regisseur lehnte sich nicht vor. Es lief. Seine Darsteller hier würden alles in seinem Sinn auf die Bühne bringen. Ganz Weimar war ein Dilettantentheater. Wie Laien immer, hielten sie es für große Kunst, wenn sie übertrieben, und bildeten sich ein, unnachahmlich zu sein. Wussten nicht, was sie nachäfften. Vor allem hatten sie keine Ahnung, dass sie sich an Strippen bewegten, die er in der Hand hielt. Das Stichwort, das er brauchte, würde fallen. Es würde die Bombe zünden, dieses Wort, das in einem Altherrenclub wie dem hier jedem auf der Zunge lag. Auf der Zunge? Na ja, eher auf dem Herzen oder noch mal deutlich tiefer. Gerade deswegen umgingen es die meisten, als wäre es ein Haufen Hundekot. Als die Lammschulter zur Hälfte gegessen war, faselten sie bereits von Liquidationen. Ab sechzig dachten sie dabei nicht mehr an Hinrichtungen, sondern an Arztrechnungen. Na bitte, schon waren sie bei der Gesundheit. Gesunde Kunst, kranke Kunst, da mischte er sich nicht ein. Belustigte ihn mehr, seine Meinung aus den Mündern von anderen als deren eigene zu hören, bestreut mit ein paar bunten Überflüssigkeiten. Nein, nicht noch einmal Mönch am Meer. Oder doch? Ja, richtige Richtung. Ob es nicht bedenklich sei, dass sich ein junger Mann, für die Fortpflanzung seiner Sippe verantwortlich, derart saft- und kraftlose Bilder ausgesucht habe. Symptom eines irgendwie saft- und kraftlosen Körpers? Gut, dass es von Carl August kam. Sonst hätten die Brentanogesinnungsbrüder wieder gebremst. Schon waren sie bei Doktor Hufeland angekommen, der war schließlich lange genug in Weimar gewesen, hatte auch Goethe behandelt. Hufeland als Leibarzt des Kronprinzen. Besorgt sei er, ah ja. Offenes Geheimnis, dass er besorgt sei. Wegen der Erbenproduktion. Durchstehen im eigentlichen Sinn, Manneskraft zeigen. Und da war es, das Stichwort: Impotenz.

Darauf hatte Goethe gewartet. Sofort war es wieder da, was er in diesem Frühjahr erlebt hatte. Auf der Anreise nach Karlsbad, es dämmerte schon. Der Schlag von unten, schrecklich laut, von unten an den Boden. Ein Schlingern, Schleudern. Dann Stillstand, Fluchen von draußen. Achsenbruch, irgendwo in der böhmischen Provinz. Kein Beinbruch. Zwischenaufenthalt? Ein Intermezzo fürs Hirn, und nicht nur dafür. Goethe mochte solche unerwarteten Zwischenfälle. Zeit, mit der er nicht gerechnet hatte. Da tat sich eine Lücke auf, in der rasch etwas gedeihen konnte. Ein Romanentwurf, ein Dramenkonzept, ein Sonett, ein erotisches Epigramm, ein Novellenaufhänger. In all den Jahren war bei Goethe der Ein fall sofort gekommen. Darauf hatte er sich verlassen können. Wann immer er Lust verspürte, loszulegen, war es losgegangen. In unbequemsten Situationen. Ihm war dann, als sei er von einem Korsett befreit. Diese Freiheit regte ihn an.

Guter Laune hatte er an diesem Achsenbruchabend in der böhmischen Provinz das Gasthofzimmer im ersten Stock bezogen. Die Wirtin hatte ihn erkannt, hatte die Junge geknufft, tiefer zu knicksen. Unser Hochzeitszimmer, Herr Geheimrat. Er hatte sich nah am Kamin vors Fenster gesetzt, bereit, die Feder in der Hand. Und was geschah? Nichts. Unten sah er eine Magd Gänse füttern, Hinterteil in die Höhe gereckt, ein strammes Hinterteil. Und? Nichts geschah. Die Hand so schlapp wie die Phantasie. Lähmte ihn der Gedanke an seinen Einundsechzigsten im August? Er wollte, aber er konnte nicht. Dass der Schreibakt mit dem Geschlechtsakt mehr zu tun hatte, als manchem Schreibenden lieb war, hatte ihn bisher nicht geschert. Jaja, die Form des Schreibwerkzeugs, der Tintenfluss. Man konnte in alles etwas hineingeheimnissen. Trotzdem, wie er da saß und aus dem Fenster auf Stangen für Tomatenstauden glotzte, an rote pralle Tomaten dachte und nichts lief, wie er auf die Wand starrte, keine Bilder darauf sah, nur Spritzer und Flecken, und sich nicht einmal aus den Spritzern und Flecken Phantome formten, das war ein Versagen als Mann. Die Nacht war herabgefallen, hatte aus dem Fenster vor seiner Nase einen Spiegel gemacht. Entgegen sah ihm ein Gesicht, dessen Ränder sich auflösten in mürbem Gewebe. Grauenvoll.

Da hatte sie angeklopft, die Junge. War mit dem Abendessen aufs Zimmer gekommen, eine Flasche Wein und gebratenes Huhn. Weiße Schürze, keuschheitsgestärkt. Fing an, das Huhn zu tranchieren, absolut unkeusch. Ohne sich zu genieren, fasste sie an Schenkel und Gelenke. Ihre Unterarme waren festfleischig, ihre Hände glatt und kräftig, die Finger vorn stumpf, jeder Handgriff war erfahren. Die weißen Schleifen auf dem Rücken gebunden, die Wölbung darunter melonenrund. Das Erschlaffte in ihm spannte sich. Es hatte ihn gepackt. Der Stuhl krachte zu Boden. Seine Hände um ihre Leibesmitte. Sie entwand sich ihm, und weg war sie. Angst vor dem Drachen, der unten lauerte? Oder Angst vor dem Verlust des Hymens? Oder Angst vor den vierzig Lebensjahren, die zwischen ihnen klafften, konnte es das sein? Hatte sie das Mürbe gesehen? Goethe – ein Mann in den besten Jahren, hörte er die Sylvies. Einer, auf den die angeheiratete Bettgefährtin mehr Lust hatte, als ihm lieb war. *Ohne dich mag ich fast gar nicht in Weimar sein*, hatte Christiane ihm geschrieben. Das durfte ihn nicht davon abhalten, ihr zu sagen, dass sein Mögen mit ihrem Mögen nicht zusammenging, leider. *Los und ledig geht es mir gut. Am liebsten würde ich das ganze Jahr in Karlsbad sein*, hatte er geantwortet. Half nichts. Wieder neben dem Kamin, wieder die Feder in der Hand, nichts floss, gar nichts. Nichts stand, kein einziges Wort stand auf dem Papier, als er sich unters Daunenbett legte.

Um Mitternacht dann wach geworden von Zugluft aus dem Treppenhaus. Sie in der Tür. Im Gegenlicht Konturen, und was für welche. Die Hüften hoch, sehr hoch, die Schultern stark, die Taille eingezogen.

Was dann passiert war?

Ja, er würde es ihnen zumuten. Goethegemäß verpackt in ein Stanzengedicht. Vierundzwanzig Strophen. Formal makellos gelungen. Er musste es ihnen zumuten.

Aus gegebenem Anlass wolle er etwas vorlesen. Gelegenheitsdichtung aus diesem Jahr.

Aus gegebenem Anlass? Raunen, Blickwechsel, alle fragten sich, keiner fragte ihn. Grässlich. Wie stickig die Luft hier drin war, raubte einem den Atem. Ein Fenster bitte öffnen, ja, hier, gleich bei ihm, danke.

Die kalte Luft, die hereinkam, muffte. Hätte jeder hier bestritten. Kannten nur den Mief. Käfiggeruch. Jedenfalls etwas ganz anderes als die Luft damals, in der Schweiz. Bewegungsfreiheit, grenzenlos, für Gedanken und Beine und Augen. Zeit, Wolken zu studieren. Zugvögel hatte er sie genannt, immer unterwegs. Dieser Friedrich hatte es gut. Kein Geld, aber unbezahlbar seine Ungebundenheit. Na ja, hatte es auch leicht. Den führte keiner in Versuchung. Einen, der ständig Scheiße sagte, versuchte kein Fürst einzufangen. So einen Vogel, der im Aas pickte, schasste man vom Fensterbrett. Trotzdem, der würde nie den Fehler machen, sich auf einen Sockel stellen zu lassen. Beschissener Aufenthaltsort, so ein Sockel, würde Friedrich sagen.

Das Tagebuch, sagte Goethe.

Stille. War zu erwarten. Klang privat, intim. Carl August hatte schon feuchte Mundwinkel, auch Knebel.

Es sei nicht zur Veröffentlichung gedacht, sagte Goethe, was er nun vorlese. Noch einmal. Titel: *Das Tagebuch*.

Es funktionierte. Die Sekrete, hörbar. Manche zogen ihre Taschentücher heraus, alle besichtigten ihre Schuhe oder den Boden davor, als er zu lesen anfing.

… Doch weiß ich nicht, die Tintenworte liefen / Nicht so wie sonst in alle Kleinigkeiten; / Das Mädchen kam, des Abendessens Bürde / Verteilte sie gewandt mit Gruß und Würde. / Sie geht und kommt; ich spreche, sie erwidert; / Mit jedem Wort erscheint sie mir geschmückter. / Und wie sie leicht mir nun das Huhn zergliedert, / Bewegend Hand und Arm, geschickt, geschickter – / Was

auch das tolle Zeug in uns befiedert – / Genug, ich bin verworrner,
bin verrückter. / Den Stuhl umwerfend, spring ich auf und fas-
se / Das schöne Kind; sie lispelt: »Lasse, lasse!«

Goethe tat so, als müsste er das nächste Blatt in seiner
Mappe suchen. Dieses Geschnaufe. Widerlich. Warum holte
ihn hier keiner heraus? Irgendein Genius? In Mythen und
Gedichten, auch seinen eigenen, war immer einer zur Stelle,
der dem bedrängten Helden eine Wolke vorbeischickte. Wol-
ken, ja, Wolken waren das Einzige, was ihn befreien konn-
te. Erheben über all das hier. Goethe legte das nächste Blatt
obenauf.

Nun hör ich sie, wie leise sie auch gleitet. / Mit gierigem Blick die
Hochgestalt umschweif ich. / Sie senkt sich her, die Wohlgestalt er-
greif ich. / Sie macht sich los: »Vergönne, dass ich rede, / Damit ich
dir nicht völlig fremd gehöre. / Der Schein ist wider mich; sonst war
ich blöde, / Stets gegen Männer setzt' ich mich zur Wehre, / Mich
nennt die Stadt, mich nennt die Gegend spröde ...«

Reimte sich natürlich *blöde* darauf und auf die *süßen Brüste*
selbstverständlich *küsste.*

Sie gingen mit, schmatzten bei *des Körpers Fülleform.*

So, und nun kam's, oder besser gesagt: Es kam nicht.

Denn der so hitzig sonst den Meister spielet, / Weicht schülerhaft
zurück und abgekühlet.

Pause. Der Altherrenclub fror mit schweißnassen Nasen.
Keiner traute sich, das Fenster zuzumachen. Keiner, Goethe
ins Gesicht zu schauen. Rührend, sein Kunstfachmann Mey-
er, sonst Hautfarbe Engerling, war sogar rot geworden.

Goethe las weiter, etwas leiser, etwas langsamer.

Verfluchter Knecht, wie unerwecklich liegst du! / Und deinen
Herrn ums schönste Glück betrügst du.

Stöhnte da wer? Als er *Ohnmächtig jener, dem sie nichts ver-*

wehrte sagte, war es ihm wieder, als stöhnte wer. Goethe hob den Blick nicht.

Doch Meister Iste hat nun seine Grillen / Und lässt sich nicht befehlen noch verachten, / Auf einmal ist er da, und ganz im Stillen / Erhebt er sich zu allen seinen Prachten; / So steht er nun dem Wandrer ganz zu Willen, / Nicht lechzend mehr am Quell zu übernachten.

Was nun kommen würde? Sie warteten so gierig, dass ihnen entging, wie gequält der Reim *Prachten* auf *verachten* war.

Erwartungen unterwandern, wenigstens heute wollte er sich diesen Spaß nicht nehmen lassen. Goethe räusperte sich, bat um ein Glas Wasser, wartete, bis es eingeschenkt war, trank, setzte ab, trank noch einmal.

Er neigt sich hin, er will die Schläfrin küssen, / Allein er stockt, er fühlt sich weggerissen. / Wer hat zur Kraft ihn wieder aufgestählet, / Als jenes Bild, das ihm auf ewig teuer, / Mit dem er sich in Jugendlust vermählet?

War gelogen, der Schluss, aber den wirklichen gönnte er diesen Lemuren nicht. Als ob ihn der Gedanke an Christianes schweren Leib erregen könnte! Ob sie den Rest verstanden? Fraglich. Die Impotenz, ja, die schon. Aber nicht, warum er, Goethe, sich dazu bekannte. Die Habsburger Kaiserfamilie in Madrid hatte es sich leisten können, von Goya gemalt zu werden in ihrer Hässlichkeit. Mit diesen Muränenmäulern, diesen Habichtaugen, diesen Molluskenleibern in Seide und Brokat. Auch ein Goethe konnte dazu stehen, dass ihm nicht alles stand. Aber peinlich sollte es ihnen sein, richtig peinlich, dass er ausgerechnet aussprach, was sie alle kannten, die Alten, die Gleichalten, die Jungen. In Nöte wollte er sie bringen. Wie damals Madame de Staël mit ihrer Furzerei. Den ersten hatte Carl August übernommen, den zweiten Knebel. Beim dritten hatte der Bürgermeister gesagt: Diesen und die nächsten drei übernimmt die Stadtverwaltung.

Großartig!, sagte Knebel. Selten so vollendete Stanzen gehört. Was sage ich, selten? Fast nie!

Welch bildmächtige Sprache, stark, sehr stark, sagte Meyer.

Eine … moderne Geschichte, mein Lieber, sagte Carl August. Sehr, ja, zeitgemäß.

Keiner regte sich auf. Alles verpufft.

Danke, sagte Goethe. Unserer Zeit gemäß, ja, darum geht es. Das Drama, meine Herren, ist nicht, wenn wir einmal nicht erreichen, was wir wollen. Das Nichterreichenwollen ist das Drama.

Knebel kam als Erster, brav so.

Verstehe. Das Drama des Kronprinzen. Das Drama dieser Brentanos und Arnims.

Und jetzt Meyer, jawoll.

Das Drama dieses Malers Friedrich. Der redet immer von seiner Sehnsucht nach dem Unerreichbaren. Also, für mich ist das mangelnde geistige Manneskraft.

Nun wäre Carl August dran. Hatte doch gerade Forschungsgelder lockergemacht. Alles ist erreichbar. Die Geschichte der Wissenschaft beweist es, hatte Goethe ihm gesagt. Die Astronomen haben nach den Sternen gegriffen und haben sie erfasst. Eine neue Generation wird nach den Wolken greifen und sie erfassen.

Ja, sagte Carl August, dagegen gilt es anzugehen. Alles ist erreichbar. Die Astronomen haben nach den Sternen gegriffen und sie erfasst. Eine neue Generation wird nach den Wolken greifen …

Schon passiert, sagte einer von diesen Brentanoleuten. In den *Berliner Abendblättern* war's bereits nachzulesen.

Wieder dieses Kleist'sche Machwerk. Schien so, als hätten die Gesinnungsgenossen es abonniert.

Vom Ballonaufstieg eines gewissen Herrn Claudius habe Kleist berichtet, Kleist persönlich. Von der Entdeckung dieses Claudius, den Ballon mit Hilfe einer Maschine in eine bestimmte Richtung zu bewegen. Und von einer Wette dieses Claudius, einer Wolkenwette.

Er könne exakt vorhersagen, wie viel Zeit eine Wolke, die sich am Horizont zeigte, bis zum Zenit über der Stadt braucht. Der Mann habe seine Uhr auf den Tisch gelegt und die Zeit vorhergesagt.

Und gewonnen?

Gewonnen!

Offenbar hatte er zu viel gegessen. Goethes Magen drückte. Es stieß ihm sauer auf. Er trank Wasser, bestellte einen Armagnac, fixierte diesen Abonnenten. Hatte der eine Antwort verdient? Der tat ja, als hätte Kleist das Thema Wolkenforschung entdeckt. Würde heißen: es ihm, Goethe, vor der Nase weggeschnappt. Wie sollte er! Niemals konnte ein Kleist einem Goethe etwas wegnehmen. Der kämpfte doch aus der Todesnähe ums Leben. Hoch gefährdet war dieser Kleist und erkannte nicht einmal, warum. Er, Goethe, könnte es ihm sagen: aus Mangel an Struktur. Aber wo sollte einer Struktur herhaben, der ganze Tage im Bett verbrachte. Oder wie Friedrich ein halbes Jahr an ein Bild hinmalte, auf dem fast nichts drauf war. Diese Chaoten! Verliebten sich in die Spuren im Sand, weil sie verwehten. In die Schwaden einer ausgeblasenen Kerze, weil sie verschwanden. In die Zeichen der Wolken, weil sie weiterzogen. Und so einer wollte nun mit der Vernunft kooperieren? Ein Wolkenglotzer mit einem Wolkenforscher? Das könnte nur gehen, wenn der Forschende den

Glotzenden einband in Struktur. Davon aber war nicht die Rede gewesen. Würde auch nie die Rede sein.

Goethes Stimme war ruhig, als er dem Abonnenten klarmachte, dass Kleist und Genossen dem Fortschritt und der Forschung feind waren, spinnefeind.

Wer an die Zukunft der Wissenschaft glaubt, ist nicht weinerlich, wollte er sagen. Wer daran glaubt, will seine Impotenz überwinden. Und weiß, dass er sie überwinden wird, weil er sich ein Gesetz gibt. Hätte er sagen können. Aber wozu? Hier in Weimar versickerte alles. Ob er Gift verspritzte oder Scharfsinn, alles versickerte in diesem Bewunderungsschwamm.

Raus hier, dringend.

Nein, er bedürfe keiner Hilfe. Er habe vielleicht einfach etwas zu viel gegessen. Nein, er könne gut alleine nach Hause gehen. Doch, bestimmt.

Der Rauch aus den Kaminen über dem Marktplatz stieg in den bewölkten Himmel. Goethe blieb stehen. Erinnerte an Friedrichs Bilder vom Himmel über der Industrie. Dieser Friedrich schleimte nicht. Hätte bei der Ohnmacht des Meister Iste vermutlich Scheiße gesagt. Beim Gedanken an den Maler hatte Goethe das Gefühl, der Käfiggeruch sei aus der Luft verschwunden. Mit schnellen Schritten ging er nach Hause.

VIII

MIT DIESEN SCHUHEN? Sagte jemand in seinem Rücken.
Solches Gesindel schickt sein Diener sofort weg.

Friedrich hatte bereits die Hand am Klingelzug. Er ließ sie
sinken und sah nach unten. Im April hatte er seine Wan-
derschuhe neu besohlen lassen. Nun war er mit seinem Bild-
hauerfreund Kühn in diesen Schuhen drei Wochen durch
den Harz gezogen. Über Geröllhalden balanciert, Klippen
hinauf- und hinuntergekraxelt, auf den Gipfel des Brocken
gestiegen. Sahen nun aus wie versteinerte Lebewesen aus der
Urzeit, die Schuhe. Solche Fossilien kratzte er sofort heraus,
wenn er welche im Schotter oder im Lehmboden erspähte.
Hatte er sie in der Hand, erschauderte er jedes Mal. War über-
mächtig, was die Vergangenheit raunte aus Millionen Jahren
Entfernung. Musste man nicht studieren in Texten, die einem
mit langen Sätzen den Weg versperrten. Konnte man spüren.

Was sollte ein Mann wie Goethe etwa gegen Schuhe haben,
die so viel erzählten? Denen man den Weg ansah? War doch
selbst mal auf den Brocken geklettert, war allgemein bekannt.
Hatte sein Erlebnis verwertet, veröffentlicht und damit ver-
ewigt. Irgendwie war Goethe sein eigener Museumsdirektor.
Stellte alles aus, was sich in seinem Dasein angesammelt hat-
te, das Großmächtige und jeden kleinen Dreck. Wahnsinn.
Deshalb wussten so viele, wie und wann er auf dem Brocken

war und warum. Die erzählten das auch noch weiter, sodass Nachlesen mittlerweile unnötig war. War vom Brocken die Rede, fing sofort einer mit Goethe an. Praktisch, das. Vielleicht ein Rezept der Berühmten. Jedenfalls kam keiner vom Brocken herunter mit sauberen Schuhen, auch ein Goethe nicht. Konnte nichts dagegen haben, gegen diese Schuhe, die schon selbst wie versteinert ausschauten.

Stumm standen beide vor der Tür zu Goethes Haus am Frauenplan in Weimar. Freund Kühn blickte ebenfalls nach unten, auf seine Fossilienfüße. Ist aber lange her bei Goethe, sagte er schließlich. Zu lange. An die fünfundzwanzig Jahre.

Friedrich grinste. Meinte wohl, der Kühn, da sei der Schmutz längst abgewaschen von den Erinnerungen und das Ganze auf Hochglanz poliert. Bei einem wie Goethe. Kühn kannte Goethe nicht. Noch nicht. Hatte vielleicht trotzdem recht.

Raucher könne Goethe nicht ausstehen, hatte die Bardua erzählt. Vielleicht war es auch die Seidler gewesen. Eine von den beiden Malerinnen jedenfalls, die Goethe hier in Weimar öfter besucht hatten. Wer rauchte, egal wie gut oder schlecht der Tabak war, flog bei ihm sofort raus, hieß es. Angestellte, Besucher, sogar berühmte. Aber Wanderer? Rochen doch nicht schlecht. Nach Tannennadeln vom Übernachten im Freien. Klebten noch im Haar, im Bart, in den Kleidern. Nach dem Feuer, über dem sie ihre Kartoffeln gebraten hatten. Friedrich sah Kühn an, nahm seinen Rucksack mit der draufgeschnürten Ledermappe ab, stellte ihn vor die Haustür. Schlug mit dem Handrücken auf die Mappe. Mehr brauchte er Kühn nicht zu sagen. Drei Wochen hatten sie sich bestens unterhalten, weil keiner geredet hatte. Friedrich hatte etwas im Gepäck für Goethe. Würde der genau studieren, so genau wie letztes Jahr in Dresden die Zeichnungen von den Dreckschwaden der Industrie im Wolkenhimmel. Überm Wolkenbetrachten würde Goethe die Schuhe und den Staub und die Tannennadeln und den Geruch vergessen, bestimmt.

Ziehende Wolken hatte Friedrich gezeichnet. Über Felsen, Klippen, Berggipfel, Föhrenwipfel ziehend. Waren schnell gewesen, der Wind war stark dort droben, musste man sich beeilen. Oder nur schauen, in sich reinsinken lassen und später herausholen. Leutemaler wie die Bardua und die Seidler hatten es einfacher. Die Leute saßen still. Trotzdem waren Friedrich die Wolken lieber. Setzten keine Gesichter für die Nachwelt auf, wollten nicht als was Bestimmtes gelten. Salbaderten nicht drüber, woher sie kamen, sagten nicht, wohin sie gingen. Verkündeten auch nicht, dass und wie sie sich verändern würden. Was sie alles noch vorhatten. Auweh, da mussten sich die Leutemaler viel anhören. Nichts für ihn.

—

Zum Herrn Geheimrat?, sagte eine andere Männerstimme in seinem Rücken. Brauchen Sie nicht versuchen. Ist nicht in Weimar, der Herr Geheimrat. Schon seit …

Ist uns wurscht, seit wann, sagte Kühn. Jetzt zählt.

Wie ein Gefängnis, dachte Friedrich. Und jeder in Weimar ein Gefängniswärter. Der Alte tat ihm leid. Wurde überwacht, als wäre er ein Sträfling, der Herr Geheimrat. Aber die Aufpasser logen vielleicht. Wollten ihn vor Gesindel schützen. Gesindel wie ihm? Er lachte. Kühn lachte mit und legte seine Hand um den Knauf am Klingelzug.

Dauerte lange. Je vornehmer, desto länger, das kannte Friedrich von ein paar Häusern in Dresden, die keine Bilder hatten kaufen wollen. Nicht von ihm oder nicht solche, wie er sie malte. Als im März die Zeitungen gemeldet hatten, dass

Friedrich in Berlin Akademiemitglied geworden war, wollten sie auf einmal etwas. Aber er hatte nichts vorrätig gehabt, nicht in Öl.

Hui! Da erschrak man ja, wenn die Tür aufging. Diese Schuhe glänzten, spiegeln konnte man sich drin. Und die Knöpfe, die glänzten auch. War wohl auf dem Weg in einen Salon oder ins Schloss. Ein Diener war das nicht. Kein Fussel auf dem Dunkelblau. Beim Dienen wurde man doch schmutzig.

Nein, die Frau Geheimrat ist nicht da.

Warum redete der von Goethes Frau?

Friedrich und Kühn glotzten ihn an.

Die Frau Geheimrat sei auf Kur in Karlsbad. Ach, nicht zu ihr, zu ihm wollten sie?

Wie er auf die Frage komme?

Ja mein Gott, weil eben die Frau Geheimrat so barmherzig sei. Habe letztes Jahr wieder Gemeine einquartiert ins Haus am Frauenplan, gemeine Soldaten, obwohl sie es hätte ablehnen können. Freilich nur, als der Herr Geheimrat verreist war. Nein, der Herr Geheimrat sei auch nicht da.

In Karlsbad?

Nein, schon wieder weg von dort. Der Herr Geheimrat sei jetzt in Jena. Ohne die Frau Geheimrat.

Als Friedrich nach der Adresse dort fragte, sah der mit den Hochglanzschuhen auf Friedrichs Steinschuhe und schüttelte den Kopf.

Keine Lust, hatte Kühn gesagt. Geh allein deinen Goethe suchen. Und falls er fragt, ob ich ihn in Stein meißeln will, sag ihm ab. Löwen sind mir lieber.

In Jena angekommen, begann Friedrich seine Suche nach

Goethe bei Koethe. War irgendwie verändert, der Gute. So goetheartig, komisch. Die Haare, die Haltung, diese feierliche Art zu reden, wie einer, der sich ganz sicher ist. Geheimrat auf jung. Bei wem wollte er damit Eindruck schinden?

Koethe sagte, Goethe befinde sich auf Gut Drackendorf bei den Ziegesars. Frommann werde heute oder morgen hinausfahren. Seine Frau sei schon draußen. Er selbst habe sich bei Frommann schon eingeladen. Der könne Friedrich auch mitnehmen.

Eine gute Idee bei dieser Hitze, die mit breitem Arsch auf Jena hockt, sagte Friedrich.

Also, auf zu Frommann. Koethe kannte das Haus des Buchmenschen und kam mit. War schon mal beruhigend.

<hr>

Frommann hatte ein neues Bild gekauft. Eine Landschaft mit einem Himmel in Azur pur. Hing überm Kirschholzsofa im Teesalon. Der Streifen im Kirschholzsofapolster hatte genau dasselbe Blau wie der Himmel, Azur pur. Der Maler? Ein Frankfurter. Sein Name sagte Friedrich nichts. Eine Empfehlung von Goethe, erklärte Frommann. Goethes Kunstfachmann Meyer habe diesen Maler ebenfalls empfohlen. Außerdem sei er, laut *Zeitung für die elegante Welt*, der neue Stern unter den Landschaftern.

Neu? Was war da neu! Alter Nachäffer, dachte Friedrich.

Sagen Sie nicht alles, was Sie denken, nicht sofort jedenfalls, hatte ihm die Bardua geraten, als er sie auf der Harzwanderung in Ballenstedt daheim auf ihrem Gut besucht hatte. Warum denn nicht? Unklug, hatte sie gemeint. Hatte er nicht verstanden. Gerade Klugscheißer sagten doch immer alles sofort und schissen die anderen zu mit ihren Satzwürsten.

Haben Sie das Bild zum Sofa gekauft? Oder das Sofa zum Bild?, fragte Friedrich.

Ich verstehe Sie nicht ganz, sagte Frommann.

Egal, dachte Friedrich. So und so herum gemein.

Aber vielleicht war das Bild auch selbst schuld, dass ihm so was passierte. Friedrichs Bilder passten zu keiner Tapete und keinem Polsterbezug.

Frommann versank in seinem Neuerwerb. Sehen Sie nur, die Zypressen, die Pinien, meisterlich gemalt, flüsterte er.

Was sollte diese Flüsterei. War doch keine Kirche hier. Pinien und Zypressen. So was wuchs in Frankfurt gar nicht. Warum keine Fichten oder Buchen oder noch besser Eichen? Waren doch großartig. Eichen wurden im Alter immer noch besser, kahl erst recht. Knarzig, knorrig, kahl, Charakterköpfe. Viele, die ihn angesehen hatten im Harz, hatte Friedrich porträtiert. Hätte jede sofort wiedererkannt. Verwitterte Wettergesichter. Er dachte an die Hitze draußen. An die Mitfahrgelegenheit. Griff ein Glas vom Wein, den Frommanns Ziehtochter brachte. Trinken, trinken, runterspülen, was auf der Zunge lag. Albern, so kleine Gläser. Weiberteetassen. Roch wie ein Pferdestall, dieser Rote.

Lieblingswein von Goethe, sagte Frommann.

Ah, deshalb.

Von der Campagna.

Von was für einer Kompanie?

Nein, Campagna di Roma.

Italienisch, was denn sonst, bah. Als gäbe es keinen Rotspon.

Dieser mediterrane Himmel, sagte Frommann. Ist er nicht herrlich?

Nicht herrlicher als der über Thüringen. Aber unseren

Kunstrichtern haben zuerst nur die deutschen Bäume und Kräuter, Seen und Flüsse nicht mehr genügt. Jetzt genügen ihnen nicht mal mehr die deutschen Sterne und Wolken. Italienisch muss alles sein, damit es einen Anspruch hat auf Schönheit und auf Größe.

Gut, dass Koethe das sagte, sehr gut. Oder hätte Koethe das nur sagen sollen? Stützte im Stehen sein Kinn in die Hand. Drückte er sich so das Maul zu? Konnte ihm doch nicht behagen, dieses geschleckte Bild.

Ob er etwas Zucker haben könne, fragte Friedrich. Für den Wein.

Täuschend ähnlich, diese Trauben im Vordergrund, sagte Koethe. Verblüffend! Scheiße, war halt doch ein Professor. Denen imponierten Korinthenkacker.

Ja, täuschend ähnlich, flüsterte Frommann.

Das war zu viel. Lieber zu Fuß nach Drackendorf, eh nicht weit.

Wenn der Maler mit seiner Nachahmung täuschen will, legte Friedrich los, dann tut er, als sei er Gott. Und dann …

Er erschrak vor seiner eigenen Stimme. Kam ihm vor, als hätte sie beinahe das Sofa in Scheite zerhackt. Daran waren diese Flüsterer schuld. Die redeten doch nur so leise, damit er sich grob vorkam.

Was: Und dann?, fragte Frommann.

Dann ist der Maler ein Mistkerl, ballerte Friedrich. Von diesem Bild wurde ihm schlecht. Wie von den Festbankettbildern in der Dresdner Galerie mit Hummer und Feigen und Gänsebraten und Zuckerbrezeln und Austern und Schinkenkeule und Rosinenhefekuchen. Widerwärtig, wenn so viel auf einmal aufgetischt wurde. Was dieser Mistkerl von Maler in einem Kreis von hundert Grad gesehen hatte, quetschte er ohne Gnade in einen Blickwinkel von fünfundvierzig Grad zusammen. Was in der Natur durch große Zwischenräume getrennt lag, drängelte sich hier im beengten Raum. Friedrich wandte sich ab. Die Gläser auf dem Silbertablett klirrten.

Was ist mit Ihnen?, fragte Frommann.

Wenn ich lang hinsehe, sind meine Augen so übersättigt, dass sie brechen wollen, murmelte Friedrich. War nicht ganz richtig ausgedrückt, dachte er sich gleich.

Entschuldigen Sie bitte, habe ich richtig gehört? Ihnen ist übel?

Ah, ekelhaft vornehm, dieser Frommann.

Das Übel in diesem Bild kommt vom Himmel, sagte Friedrich. Er legte seine Hände auf die Magengrube. Beruhigte innen drin, tat wohl.

Wie darf ich das verstehen?, fragte Frommann.

Maler wie der hier nehmen den falschen Himmel. Einen ganz verlogenen Himmel. Dunstfrei und wolkenlos. Die rücken das weit Entfernte ganz nah ran. Alles wird bloßgestellt, überdeutlich. Kein Respekt vor der Natur. Abstoßend ist das.

Aber in Italien erscheint das so, sagte Frommann. Das sagt jeder, der dort gewesen ist. Friedrich müsse nur Goethe fragen. Unter italienischem Himmel in italienischer Luft sähe es genau so aus.

Warum musste dieser Mistkerl von Maler auch nach Italien? Wäre er doch im Harz gewandert. Augen zu. Schon sah Friedrich ihn vor sich, den Harz. Aus Klüften dräute es wattig. Um Höhen wehten Schleier. Über Moorweiden stieg es dampfig auf. Allmählich erst wurde die Welt am Morgen klarer, ganz, ganz langsam.

Mag sein, sagte Friedrich, dass es dort so aussieht. Aber ich brauch das nicht, diesen Himmel und diese Luft. Ich habe es gern, wenn's nicht eindeutig ist.

Was er damit meine, wollte Koethe wissen.

Der war doch Theologe. Und fragte so was Dummes? Musste sich doch auskennen mit Offenbarungen. Gott war kein Schwätzer. Der behielt das Wichtigste für sich.

Wenn etwas offensichtlich und eindeutig ist, sagte Friedrich, braucht es ja keine Offenbarung mehr. Er leerte sein Weinglas und stellte es ab auf einem dieser kleinen Tische an der Wand. Über jedem hing ein Bild, im Format passend. Fies, dass der Tisch bestimmte, wie groß ein Bild sein durfte. Aber das hier hatte es verdient. Ein Stahlstich, ekelhaft.

Friedrich tippte auf die Verglasung. Sehen Sie: Dieses englische Zeug, das stinkt doch nach Maschine. Geheimnis gibt's da drin keines mehr. Wo soll da noch Gott vorkommen?

Frommann sah ihn gütig an. Klebrig irgendwie, dieser Blick. Ach, Friedrich, auch eine so aufrechte Seele wie Sie darf sich mal etwas Schönes, Angenehmes gönnen. Milde Temperaturen, Meeresblick, klarer blauer Himmel … Jeder bekommt doch mal genug von dem Dunstigen, Nebligen, Wolkigen.

Friedrich schwieg. Davon bekam er nie zu viel, nie. Auch nicht von Menschen mit vernebelter Laune und umwölkten Stirnen oder solchen, die im Bierdunst zu weinen anfingen. Die Dauergutgelaunten waren ihm fremd und ungeheuer wie der wolkenlose Azurhimmel. Die Welterklärer genauso.

Ich kann Ihnen das auch erklären, sagte Frommann. Es ist ein ganz natürliches Bedürfnis des Menschen. Und Goethe …

Wissen Sie was?, sagte Friedrich. Ich geh zu Fuß nach Drackendorf.

IX

ENDLICH WAR DAS DASEIN wieder leicht. Goethe fühlt sich rundum gelöst auf dem Land draußen, in Drackendorf. Der erste Juli seit zehn Jahren, in dem der eine der Sommer wieder durchwärmte bis auf die Knochen. Das machte Hoffnung auf besseren Wein. Könnte etwas werden, der 1811er Jahrgang, sollte sich's halten. Seit der Jahrhundertwende war es abwärtsgegangen mit den Temperaturen. Aufwärts mit Schnee, Nässe und der Zahl jener Tage, an denen es nie ganz hell wurde. Kinder wussten nicht mehr, dass man sich auf Holzstegen die Fußsohlen verbrennen konnte und wie süß reife Spalieraprikosen schmeckten. Leute wie ihn hielten sie für altersrührselig, wenn sie von den Sommern früher erzählten. Wenn doch einer messen würde, wie das der jüngere Humboldt in den entlegensten Regionen betrieb. Endlich messen, was messbar war. Beweise sammeln. Luftfeuchtigkeit, Barometerstand, Niederschlagsmenge, Wolkenbeobachtungen.

Ja, es waren herrlich schwerelose Tage hier. Leicht und luftig wie die Kleider von Sylvie. Goethe kam sich vor, als seien auf dem Weg von Karlsbad hierher zwanzig Lebensjahre von ihm abgefallen. Es roch gleich anders, wenn er wusste: Die Sauerkirschmarmelade in der Küche kochte nicht seine Frau ein. Hörte sich anders an, wenn im Speisezimmer Teller klapperten und er wusste, dass nicht ihre Schweinsmedaillon-Hände den Tisch deckten. Stach es ihr in Karlsbad in die Nieren, tat ihm das hier nicht weh. Schon weil nichts und niemand von ihm etwas erwartete und ihn eigentlich niemand etwas anging. Alles war gesichert. Erstklassig die Verköstigung, die Unterhaltung. Naturgenuss ohne Anstrengung. Wiesenduft durchs offene Fenster, Blick auf Buchenwälder, wilde Beeren, zahm drapiert auf Meißner Zwiebelmuster. Vor allem: Hier in Drackendorf konnte er die lebendig begrabene junge Freundin besser vergessen. Die letzte von vielen. Aber auch Bettine würde nur vorläufig die letzte sein. Sie konnten es ja alle nicht lassen. Es war immer und immer wieder das Gleiche. Ohne ihn noch einmal zu fragen, hatte Bettine es im März wirklich getan. Lass uns noch mal aufeinander zugehen, hatte er ihr angeboten. Vorher, rechtzeitig, hatte er gesagt. Und sie? Hatte diesen Arnim geheiratet und war angeblich bereits schwanger von ihm. Viel Glück im Mausoleum, hätte er sagen können. Es gelang ihm nicht. Schmerzte zu sehr, dieses Ersticken von Möglichkeiten.

Die kapierten alle nicht, dass frei atmen zu können das Wichtigste war. Wenn sie dann darauf kamen, war es zu spät. Sie hätten ihm nur zuhören müssen. Goethe wurde nicht müde, es zu sagen: Leben heißt Atmen, und Atmen heißt Leben. Gut, hier zu sein. In Drackendorf atmete alles um ihn her, ganz frei. Sylvie, Pauline, deren Freundinnen. Solange sie sich ihre Unabhängigkeit bewahrten und nicht wie Bettine solch einem romantischen Chaoten in die Falle gingen.

Das Leben war leicht. Bis zu diesem bisher heißesten Julitag. Sylvie weckte ihn wie immer persönlich aus dem Mittagsschlaf. Brachte wie immer eine Tasse Mokka und eine Praline auf sein Zimmer. Kühl und fest, die Praline, trotz der Hitze. Sylvie setzte sich auf die Bettkante. Das mit den weißen Kleidern war eine Masche. Von wegen Unschulds-weiß. Dünn waren sie, diese weißen Kleider. Wenn Sylvie sich darin auf die Bettkante, die harte Buchenholzkante, setzte, sitzen blieb, eine halbe Stunde oder länger, musste sich jeder fragen: Drückte sich das ins Fleisch? Nein, Goethe fragte so etwas nie. Diese Geradeausmänner hatten bei Frauen keine Chancen, bei den interessanten, jungen jedenfalls nicht. Das Indirekte, das kam an. Wie sehr habe ich sie vermisst – Ihre Briefe. Was mich betört, ist ihre Schönheit – die Schönheit Ihrer Gedanken. Das wollten sie hören. Auch wenn er ihnen dabei ins Dekolleté blickte.

—

Er spürte, dass Sylvies Puls rasch ging. Atmender Erdenleib. Sämtliche Funktionen der Welt waren anthropomorph. Der Mensch war und blieb das Maß jeder wissenschaftlichen Erkenntnis. Mutter Erde atmete. Hatte einen Pulsschlag. Sys-tole, Diastole. Alle organischen Bewegungen manifestierten sich darin. Pulsschlag der Erde, jawoll. Das war die Formel des Lebens. Auch des Wetters. Mit diesem Diktum würde ihn die Nachwelt zitieren. Das musste er Sylvie unbedingt aus-einandersetzen. Wissenschaftliches kam bei diesen jungen Frauen gut an. Weil es männlich war. Dieses Geheimnis-geraune von Friedrich, Brentano, Arnim und Konsorten hin-gegen war weibisch. Das spürten die jungen Frauen. Schon in Karlsbad hatte er damals, im Mai vor … ja, es waren wirklich schon drei Jahre … bemerkt: Ob er von Botanik, Mineralogie, Paläontologie oder Geologie sprach: Sylvie hing an seinen Lippen.

Was redete sie da?

Friedrich kommt. Ja, der Maler Friedrich. Aus Jena herüber.

Bald? Ja, morgen bereits. Nein, kommt nicht allein. Kommt mit Koethe, diesem Professor Koethe, den Sie kennen.

Fahrig strich sie ihr Kleid über den Schenkeln glatt, als sie das sagte. Und schon war sie weg, bevor er das mit dem atmenden Erdenleib hatte ansprechen können. Nur ihr Parmaveilchenduft stand noch im Zimmer.

Vorbei war's mit dem Frieden. Goethe schwang das rechte Bein aus dem Bett. Wieder einmal schoss es in die Lende. Bestimmt ließ sich etwas dagegen unternehmen. Es war nur eine Frage der Zeit, bis ein Medikament dagegen entwickelt wurde. Wissenschaft war das große Vorrecht des Menschen. Tja, er war zu früh geboren, das war sein Verhängnis. In hundert Jahren würde einer wie er mit Anfang sechzig wie heute einer mit vierzig daherkommen. Seinem inneren Alter angemessen. Auf Augenhöhe mit diesen Wolkenguckern, die sich einbildeten, ihnen gehöre die Gegenwart und er sei gestrig.

Nun stand er auf dem Dielenboden. Der war sonnendurchwärmt unter den bestrumpften Füßen. Goethe fühlte sich gelöst. Hatte er sich gefühlt, bis jetzt. Friedrich rückte an! Es machte das Ganze nicht einfacher, dass Friedrich Geleitschutz hatte. Koethe reiste wie diese Verzichter alle mit kleinem Gepäck, nach Drackendorf oft ganz ohne. Aber mit einem Koffer voll Argumente für die Fortschrittsfeinde. Was hatte Koethe als Universitätsprofessor mit diesem ganzen Mysteriengewäsch zu schaffen! Dass ein paar von diesen Romantikern zu den Katholiken übergetreten waren: kein Verlust. Aber Koethe! Der durfte doch als analytischer Kopf nicht zu diesen Wolkenguckern halten, die das Geheimnis beschworen. Dauernd vom Schleier faselten, den man der Natur nicht vom Leib reißen dürfe.

Auf Goethes Nachttisch lag die letzte Ausgabe der *Eleganten Welt*. Was die Schopenhauer darin über Friedrich und seine Bilder geschrieben hatte, hörte sich an, als sei es von Goethe. War es auch. Konnte man brauchen, die Schopenhauer. Nach seiner Hochzeit hatte sie als Einzige die frischgebackene Frau Geheimrat zu sich eingeladen. Wenn Goethe ihr seinen Namen gibt, kann ich ihr Tee geben, hatte die Schopenhauer jedem erklärt. Das war hilfreich gewesen. Christiane hatte sich geehrt gefühlt und folglich weniger Wehwehchen verspürt. Den Lästerweibern war das Maul verbunden, allen voran der Freiherrin von Stein. Ja, er war ihr dankbar, der Schopenhauer. Auch wenn sie vermutlich seine Frau nur gut behandelte, damit er ihr verpflichtet war. Ihr etwas abzuschlagen war heikel. Auch diesmal hatte er es nicht ablehnen können, sie mit nach Drackendorf zu nehmen. Lieber wäre er allein hierhergefahren. Die Schopenhauer säuerte die süßen Tage mit den jungen Frauen. Aber wenn jetzt Friedrich und Koethe anrückten, konnte sie wieder nützlich sein.

Goethe ließ sich Zeit, den Schlaf abzuwaschen. Spülte den Mund mit Minzewasser aus, betupfte die Augenlider mit Melissentinktur, schäumte die Hände mit spanischer Seife. Casanovas Lieblingsseife. Spülte sie in der Schüssel. Goss lange kaltes Wasser drüber. Zuerst über die rechte, dann über die linke Hand. Sehr lange, sehr kalt. Doch, die Schopenhauer hatte einiges verstanden. Wusste, was die Humboldts redeten. Wie Goethe das verletzte. Sie kannte seine Siegfriedswunden und wachte über jeden, der ihm in den Rücken zu fallen drohte. Sie verstand, dass bei Goethe in den letzten Jahren das Misstrauen ins Kraut geschossen war. Ständig wurde es gedüngt von Jauchekommentaren, die durch undichte Stellen drangen.

Hier in Drackendorf fühlte Goethe sich davor gefeit. Vor jedem Feind, vor jeder Auseinandersetzung. Bis jetzt hatte er sich so gefühlt. Aber Koethes Argumente waren florettscharf. Konnte es sein, dass der Maler ihn als Sekundanten mitbrachte?

Half nichts, er musste erkunden, wie dieser Friedrich einzuschätzen war. Falls er, er, Goethe persönlich, in diesen Wolkengucker investieren wollte. Ihn umerziehen hieß ja ihn an die Brust ziehen. Friedrich galt als bockig. Eselstur verharrte er darin, ein Künstler brauche nicht gebildet, geschweige denn gelehrt zu sein. Störrisch verweigerte er jedes Entgegenkommen. Es wäre doch eine Geste, wenigstens den Bildaufbau so zu gestalten, dass der Betrachter drin spazieren gehen konnte. Aber nein. Andererseits schien Friedrich daran interessiert zu sein, in Weimar zu landen. Oder besser gesagt: bei Goethe zu landen. Ging es ihm nur ums Geld, ums Überleben?

Goethe zog seinen elfenbeinfarbenen Rock an. Farbe der hellen Klaviertasten. Hier wäre es gut, Klavier spielen zu können. Er knöpfte den Rock von unten nach oben zu. Band sein Halstuch, steckte den Orden an. Dann besah er sich im Spiegel, der in die Schranktür eingelassen war. Zuerst von vorn. Hörte, was sie sagten, wenn er irgendwo hereinkam, sodass er es hören sollte. Imposant, sagten sie. Stattlich.

Imposant, sprach Goethe in den Spiegel. Stattlich.

Hörte sich nach Macht an. Zu Recht. Ein Wort von ihm war ein Machtwort in der Kunst. Es krönte oder köpfte.

Imposant, sagte er noch einmal. Stattlich. Ah, was für wuchtige Vokabeln! Denkmalvokabeln. Starr und gewichtig. Schrecklich eigentlich.

Er betrachtete sich von der Seite. Schmerzte im Nacken,

den Kopf zu drehen. Unbeweglich und schwer war er geworden. Umso wichtiger, den Geist und die Stimmung nicht nach unten ziehen zu lassen.

Goethe schwebt über dem menschlichen Elend, als wäre er der Bewohner eines anderen Himmelskörpers, hatte die Gräfin Reinhard gesagt. Natürlich hinter seinem Rücken. Die Schopenhauer hatte es ihm verraten. Es war böse gemeint, trotzdem: Nichts anderes wollte er.

Seine Leibesmitte wölbte sich stark. Eigentlich zu knapp, dieser Rock. Goethe hatte sich im letzten Winter angewöhnt, schon vor den Mahlzeiten die beiden obersten Knöpfe der Hose zu öffnen. Man musste sich ja nicht von seinem Körper daran erinnern lassen, dass der mit zunehmendem Alter weniger verbrauchte. Kein Gedanke sollte seinen Geist am Schweben hindern. Schweben über Krankheit, Sterblichkeit und anderen Unannehmlichkeiten. Wolken – was für ein erfreuliches Thema. Auch für einfache Leute. Nur, die brauchten Anschauungsmaterial. Wolkenlehre, Wolkenforschung, das war denen zu hoch.

—

Der Abend hätte trotz der angedrohten Besucher angenehm sein können. Wenn die Hitze des Tages sich auflöste in der Nacht, lösten sich auch die Grenzen zwischen Alt und Jung auf. Feucht und weich war die Luft, die aus dem Garten durch die offenen Türen hereinkam. Der weiche Dunst machte wie das Sfumato in Raffaels Gemälden die Konturen weich. Verwischte, was die Jahre in Gesichter graviert hatten. Wenn sogar die Schopenhauer mild wirkte, musste er selbst gut aussehen. Sylvie stickte. Sie stickte wie immer so, dass jeder sah: Es interessierte sie nicht. Schlampig pikste sie irgendwo in den Stramin. Jeder Stich eine Ausrede. Das machte ihr Sticken aufregend. Es wäre so schön wie an den letzten Tagen gewesen, hätte Sylvie nicht von Friedrich angefangen.

Sie kennen ihn ja offenbar aus Dresden, meinte sie. Und eigentlich muss Friedrich Ihnen doch dankbar sein. Pauline meinte das auch. Ja, gut, es war ihm, Goethe, zuzuschreiben, dass Carl August überhaupt etwas von Friedrich gekauft hatte. Zuletzt vor drei Jahren Friedrichs großes Hünengrab, eine Zeichnung, nicht teuer. Friedrich wusste auch, dass ohne Goethe nichts gelaufen wäre. Doch, er müsste eigentlich dankbar sein. Müsste …

Das wird bestimmt nett mit ihm, sagte Sylvie und stach lustlos in eine halbfertige Rose. Außerdem ist er ein grader Kerl.

Na ja, Vorsicht, Vorsicht, sagte die Schopenhauer. Er ist ein Hungerleider, dieser Friedrich. Hunger schwächt die Moral.

Goethe schwieg. Sie hatte recht, kein Zweifel. So etwas kam aber bei jungen Frauen nicht an, bei den beiden schon gar nicht. Pauline gab überall Almosen. Bettlern, die gegen den Wind stanken. Sylvie schickte Weihnachtspäckchen an Strafgefangene.

Was fällt Ihnen ein!, sagte Sylvie. Was bringt Sie darauf, Frau Schopenhauer! Friedrich sei gutherzig bis auf die Knochen.

Na bitte, war abzusehen gewesen. Dass Sylvies Stimme so scharf sein konnte. Hätte Goethe nie gedacht.

Und gutgläubig ist er, sagte Pauline. Viel zu gutgläubig. So einer werde natürlich von Machtmenschen über den Tisch gezogen.

Machtmenschen können mit Friedrich und seiner Kunst nichts anfangen, sagte Sylvie. Weil …

Der Faden ihrer Stickerei hatte sich verheddert. Kein Wunder. Sie schnitt ihn ab.

Weil … Also, was wollte ich sagen?

Ewig Konservative auch nicht, sagte Pauline. Ich meine: Die können auch nichts mit Friedrichs Bildern anfangen. Die wollen ja immer in Bildern spazieren gehen.

Ja, weil sie Angst haben vor den Abgründen, sagte Sylvie.

Goethe setzte wieder auf Schweigen. Es war klüger, die Schopenhauer machen zu lassen. Das ahnungslose Blau von Friedrichs Augen wirkte offenbar. Oder war es seine Unbeholfenheit? Die jungen Frauen fielen jedenfalls auf ihn herein.

Wen meinen Sie mit den Machtmenschen? Mit den Konservativen … Mich etwa? Die Schopenhauer lachte. Es klang angestrengt.

Goethe jedenfalls nicht, sagte Sylvie. Jeder weiß, was er für Friedrich getan hat. Sie wusste wohl nur von dem gewonnenen Wettbewerb und dem Ankauf der Hünengrabzeichnung. Aber sie hatte keine Ahnung, was letztes Jahr passiert war. Fünf Gemälde hatte Friedrich im August 1810 an Goethe nach Weimar geschickt, zu Händen von Meyer. Goethe war zu der Zeit noch auf Kur in Bad Teplitz gewesen. Meyer hatte ihm den Eingang der Bilder nach Teplitz vermeldet. Nach Goethes Atelierbesuch im September hatte Friedrich sich vermutlich Hoffnungen auf einen Ankauf gemacht. Aber als Goethe Friedrich auf dem Rückweg von der Kur in seinem Dresdner Atelier besuchte, hatte er dessen Bilder in Weimar noch nicht gesehen. Er brauchte sie auch nicht zu sehen. Auf Meyers Urteil war Verlass. Auch darauf, dass Meyer ihm Unangenehmes vom Halse hielt. Unaufgefordert Eingesandtes war schließlich immer ein Risiko.

Sylvie schoss sich offenbar auf die Schopenhauer ein. Die

verteidigte sich auch noch. Sie sei doch selbst Malerin. Wie sollte sie konservativ sein?

Reden lassen, einfach reden lassen, die Tapfere. In ihrem Windschatten war es bestens auszuhalten. Tja, er war einfach zu naiv, dieser Friedrich. Er hatte wohl gedacht, wenn Goethe ihm die Ehre gegeben hätte, sei sein Absatz in Weimar gesichert. So lief das heute nicht mehr im Kunstbetrieb. Unaufgefordert Eingesandtes, man wusste das doch. Alle fünf zurückschicken?, hatte Meyer gefragt. Alle fünf, hatte Goethe gesagt. Auf Kosten des Einsenders? Ich bin Minister, hatte Goethe gesagt. Also auch verantwortlich für den Staatshaushalt. Damit war alles gesagt.

Gut, dass keiner von denen hier etwas von dieser Aktion erfahren hatte.

Ich hätte ja vermutet, sagte Sylvie, dass Friedrich Ihnen ein paar Sachen nach Weimar schickt. Ich meine, nachdem Sie sich letztes Jahr kennengelernt hatten.

Sie sah Goethe an. Forschend. So hatte sie ihn noch nie angesehen. Ungemütlich, dieser Blick, von Sylvie besonders. Bevor er überhaupt da war, hatte dieser Friedrich bereits einen Abend verdorben.

Goethe gab sich müde. Doch nicht mehr der Jüngste. Aah, diese Proteste! Wunderbar. Sie trugen ihn die Treppe hinauf in gehobener Laune. Trugen ihn auch rasch in den Tiefschlaf. Prompt wachte er zu früh auf am nächsten Tag. Kein Kaffeegeruch, keine Butterkuchenschwaden. Zu früh.

Goethe stellte sich ans Fenster. Die Morgenwolken lagerten oben um die Lobedaburg. Sie hatten Gesichter, irgendwie heimtückische Gesichter. Zu trauen war diesem Friedrich nicht. Meyer befürchtete, er könnte sich rächen. Der habe nämlich durchaus seine Beziehungen, der Kerl. Diese nationalbeseelten Romantiker, die Franzosenfeinde hielten zusammen, hatte Meyer gewarnt. Ein richtiger Klüngel. Ein paar von denen schrieben in Zeitungen und Zeitschriften.

Friedrich rachsüchtig? Die Bardua kannte ihn und hätte das bestimmt bestritten, die Seidler auch. Gut, Frauen fielen herein auf Wolkenträumer. Bettine auf diesen Arnim. Andere auf diesen Friedrich. Manche sogar auf Kleist. Wie ein Kind sei Friedrich, beteuerten die jungen Frauen alle. Als ob es keine bösartigen Kinder gäbe! Vertrauen war dumm. Das hatte schon Kollege Shakespeare eingesehen. Goethe beobachtete die Wolken. Ja, sie sahen heimtückisch aus.

Shakespeare, mein Freund, sagte er in das Gezwitscher im Fünfuhrlicht hinein. Wenn du noch unter uns wärst, ich könnte nirgends leben als mit dir.

Und Shakespeare antwortete.

Es gab da jene Stelle, im *Hamlet*, wo Hamlet den Polonius auf Glaubwürdigkeit abklopfte. Eine Opportunistenprüfung.

Die Morgenwolken um die Lobedaburg wurden vom Wind verjagt.

Die Prüfung des Polonius. Passte perfekt hierher, in die Natur, zu Friedrich, zu seiner eigenen Position, zu ihrer Diskussion. Es ging darin ums Deuten der Wolkenbilder. War lange her, dass Goethe die Stelle zum letzten Mal gelesen hatte, trotzdem hatte er sie präsent. Er konnte sie gar nicht vergessen. War einfach zu gut.

Hamlet schaute in den Himmel und erklärte, die dicke Wolke dort droben sehe aus wie ein Kamel. Polonius, überzeugt: Genau wie ein Kamel, aber ganz genau. Schlagend ähnlich. Da schwenkte Hamlet radikal um. Meinte, dieselbe Wolke gleiche eigentlich einem Wiesel. Aber ja! Sofort konnte Polonius nur noch ein Wiesel dort oben erkennen, keine Spur von einem Kamel. Hamlet trieb es noch ärger. Deklarierte das Wiesel zum Walfisch. Und Polonius sah im selben Augenblick nur noch Walfisch und nichts als Walfisch. Fragte sich, wie irgendein Trottel dort etwas anderes als einen Walfisch sehen könne.

Wäre nicht schlecht, Friedrich auf die Hamlet'sche Probe zu stellen. Gelegenheit und freier Himmel genug.

Als Goethe die Frühstücksversprechungen einatmete, ging es ihm bereits wieder blendend.

—

Beruhigend, dass Friedrich und Koethe erst gegen vier eintrafen. Vorher hätte Goethe eine Ausrede gebraucht. Die wussten nämlich nichts Besseres, als sofort wandern zu wollen. Zur Lobedaburg hinauf. Und das bei diesen Temperaturen und Ziegesars Keller! Über der Lobedaburg standen ein paar Wolken weiß auf Blau. Wie gestern. Vermutlich würden sie sich wie gestern gegen Abend hin auflösen. Goethe war sicher, diese Art Wolken in einheitlicher Höhe in den letzten Jahren selten gesehen zu haben. Jetzt auf einmal fast täglich. Waren das Schönwetterwolken? Friedrich, der wochenlang zeichnend unterwegs war, könnte es wissen. Belege liefern für die Theorie. Wollte er aber vermutlich nicht. Goethe sah ihn von seinem Zimmer aus unten neben Koethe auf einer Bank im Garten sitzen. Komisch, dieses Gespann. Oder heimtückisch? Friedrich hatte die Augen geschlossen und das Gesicht der Sonne zugekehrt, die durch die Blutbuchenwipfel fiel.

Scharf sehen und möglichst weit vorausschauen musste doch das Ziel jedes Menschen sein. Jedes aufgeklärten jedenfalls. Konnte man erst einmal genau vorhersagen, wann wo wie stark die Erde bebte, Vulkane spien, Stürme tobten, ließ sich Unheil verhüten. Ja, wer dabei sein wollte in der frischen Luft der Wissenschaft, konnte es sich nicht im Mief der Weltfremdheit gemütlich machen. Konnte vor allem nicht die Augen verschließen. Aber die Wolkengucker fürchteten sich vor dem klaren Blick aufs Morgen und Übermorgen. Verkrochen sich unter die Bettdecke, um nicht der Zukunft ins Gesicht zu blicken.

Merkte Koethe nicht, dass nur Angst dahintersteckte, wenn sie von Schändung der Natur faselten, bloß weil eine Straße durch ein Tal gelegt wurde? Wenn sie es grausam nannten, dass Wald abgeholzt wurde für eine Industrieanlage? Lächerlich. Friedrich konnte zeichnen und malen, so gut er wollte. Den Durchbruch würde er nur schaffen, wenn er sich endlich mal mit den Richtigen verbündete. Koethe war wohl einer von den Falschen. Ob Friedrich für Goethe und sein Wolkenprojekt der Richtige war, würde er nun gleich prüfen. Richtig war er nur, wenn er aufrichtig war. Goethe ging gut gelaunt die Treppe hinunter. Vielleicht konnte man den anderen die Wanderung ausreden. Der Weg durch den Park von Drackendorf war angenehm. Warum nicht einfach hierbleiben?

Leider wollte auch Sylvie hinauf zur Lobedaburg. Der Weg war mit spitzem Schotter bedeckt. Und steil. Steiler jedenfalls als vor neun Jahren, als Goethe ihn zum ersten Mal gegangen war. Sogar steiler als vorletztes Jahr. Warum mussten bewährte Wege geändert werden?

Sylvie kletterte wie eine Schneeziege in ihrem weißen Kleid voraus, wendig, leicht, schnell. Sprang, blieb stehen, reckte, drehte den Kopf. Einen schmalen, langen Kopf auf einem schmalen, langen Hals. Ah, Anmut! Welche Wohltat. Belebte die Glieder spürbar. Immerhin, die Schopenhauer hatte er abgehängt. Koethe war auch hinter ihm zurückgeblieben.

Nur ein paar Schritte, vermutlich aus Höflichkeit. Aber dieser Friedrich. Ging ganz stetig, wie eine Maschine. Wo er doch angeblich Maschinen hasste. Er war der Erste ganz vorn. Dachte gar nicht daran, sich nur einmal umzuwenden. Es war ihm wohl egal, wie es den anderen erging. Ob da einer auf der Strecke blieb. Tja, so waren sie, diese romantischen Egoisten. Aber dann ein Geschrei um jedes Stück Tal, wo der Fortschritt seinen Fuß hinsetzte.

Sylvie blieb stehen, drehte den Kopf. Reizend, einfach reizend, dass sie nach ihm sah. Oder sah sie gar nicht nach ihm? Wo ging ihr Blick hin? Etwa zu diesem Koethe? Kaum. Nein, musste ein Irrtum sein.

Bis Goethe oben bei der Ruine angelangt war, hatte Friedrich sich bereits auf einen Mauerrest gesetzt, seine Mappe aufgeklappt, Stifte herausgesucht, neben sich gelegt und zu zeichnen begonnen.

Goethe sah ihm über die Schulter. Er musste noch warten, bis der Atem wieder rundlief. Ziehende Wolken, oben fedrig faserig, darunter kuppelig geballt. Dieser Friedrich hatte es heraus.

Sehen Sie die Wolke dort oben. Sieht die nicht aus wie der Markusdom?, fragte Goethe.

Friedrich legte den Kopf in den Nacken und zog die Nase hoch. Starrte in den Himmel und schwieg.

Nun, finden Sie nicht, dass die Wolke, ja, die da, genau aussieht wie der Markusdom?

Keine Ahnung, sagte Friedrich. Kenn ich nicht, diesen Dom. Nie gesehen. Wie der Greifswalder jedenfalls sieht sie nicht aus, die Wolke.

Ich könnte auch sagen: wie eine Suppenterrine, sagte Goethe.

Ach was. Dann finden Sie, dass dieser Markusdom wie eine Suppenterrine aussieht? Hätt ich nie gedacht, dass jemand Dome baut, die wie Suppentöpfe aussehen. Friedrich lachte. Ein Suppentopf! Da liegt Gott dann in der Suppe! Er schlug sich auf die Schenkel. Wollte wissen, wo dieser Dom stand.

Der steht in Italien, in Venedig, sagte Goethe.

Die Italiener. Friedrich hatte sein Thema und biss sich fest. Es wurde Zeit, weiterzumachen, bevor die Wolke sich wirklich völlig veränderte.

Na ja, eigentlich sieht sie auch gar nicht aus wie eine Suppenterrine, durchbrach Goethe Friedrichs Schmähungen in Pommer'schem Platt. Sieht aus wie der Kopf von Juno Ludovisi.

Der Kopf von wem?

Von Juno, Göttin Juno. Berühmte Marmorskulptur in den Vatikanischen Museen.

Und die sieht wirklich so aus? Ich habe schon immer gesagt: Der Papst ist ein Irrer, ein irrer Halunke. So was kauft der! Muss ich Kühn erzählen. Ich meine: Für eine Wolke sieht die ja großartig aus, aber für eine Skulptur! Ich fasse es nicht.

Goethe lachte. Kann ich verstehen, zu weit weg. Die naheliegenden Vergleiche sind besser. Ganz klar, die Wolke sieht aus wie ein Wiesel.

Friedrich glotzte ihn an. Er räusperte Schleim hoch, spuckte aus, schüttelte den Kopf. Entschuldigung, aber meinen Sie das ernst? Neinnein! Können Sie nicht ernst meinen. Oder will sagen: Haben Sie jemals ein Wiesel gesehen? Sie kennen sich ja mit viel aus. Die Seidler sagt, mit allem. Aber, Entschuldigung, mit Wieseln nicht. So sieht bestenfalls ein Dachs aus. Ja, ein Dachs, finden Sie nicht?

Goethe schwieg und blickte in den Himmel.

Friedrich blickte ebenfalls in den Himmel. Die seien nämlich ganz schön fett, die Dachse, sagte er. Hätten eine richtige Wampe.

Goethe schwieg mit verschränkten Armen.

Deshalb kämen die Dachse so plump daher, sagte Friedrich. Wie ältere verfressene Männer, die es keinen Berg rauf mehr schaffen.

Goethe schwieg lauter. Er spürte Friedrichs Blick auf seinem Profil, dann Friedrichs Hand an seinem Unterarm.

Ach, nichts für ungut, lassen wir das. Tut mir leid, wenn ich Sie beleidigt hab. Tut mir echt leid wegen dem Wiesel. Man muss ja nicht alles wissen. Ganz sympathisch, dass Sie auch mal blödes Zeug schwätzen.

Friedrich nahm die Hand weg. Sie hatte eine mehlige Spur hinterlassen. Goethe schlug den Staub vom Stoff. Er schwieg noch immer. Es war jetzt wohl das Beste, den Dialog einfach laufenzulassen. Vielleicht auf diese Weise Friedrich auflaufen zu lassen. Er war schon dabei, sich zu verfahren.

Friedrich zeichnete weiter. Dann fing er an zu reden wie eine Mutter, die ihr Kind tröstet. Er finde das gar nicht so wichtig, ob die Wolken irgendetwas ähnlich sehen. Das wollten die Wolken gar nicht. Sei ihm nur recht, dass sie das nicht wollten. Ein Maler solle ja nicht abmalen, so wie die Mädels in der Galerie die Heiligen von anderen. Ohne vom Papier aufzublicken, fragte er: Wissen Sie, was der Maler soll?

Ach, wie sollte ich das wissen? Ausgerechnet ich!, wollte Goethe sagen. Doch Ironie war an solche Leute verschwendet. Die hatten dafür so viel Sinn wie für Sauternes zur Entenstopfleber. Außerdem war ihm bekannt, was Friedrich verbreitete: Der Maler solle seine Seele widerspiegeln in der Natur.

Der Maler, sagte Friedrich, während seine Hand weiter auf dem Papier nach oben rückte, soll …

… sich in der Natur erkennen, unterbrach Goethe ihn.

Friedrichs Hand blieb stehen. Nach einer langen halben Minute erst sah er hinauf zum Gesicht über den verschränkten Armen.

Genau. Baah, jetzt bin ich sprachlos. Genau das ist meine Rede.

Schön, dass wir uns einig sind, sagte Goethe. Aber jede Erkenntnis braucht ein System. Sonst lässt sie sich nicht vermitteln, verstehen Sie?

Friedrich zeichnete schweigend weiter. Goethe sah Friedrichs rechter Hand zu, die nun auf dem Gemäuer der Burgruine lag und anfing, die Wolken darüber zu skizzieren. Mit Theorie war Friedrich nicht beizukommen. Besser mit einem Beispiel.

Schauen Sie, Friedrich, als ich ein Schulkind war, waren um die tausend Tierarten bekannt. Heute sind es doppelt so viele Schlupfwespenarten.

Stechen nicht, sagte Friedrich, ohne zu unterbrechen. Sind gut gegen Schädlinge. Sicher bannte sein Stift das nächste wolkige Gebilde über der Ruine aufs Papier.

Darum geht es nicht, sagte Goethe. Die Menschheit dürfe nicht den Überblick verlieren. Einmal verloren, sei er nicht mehr zu gewinnen.

Plötzlich stand Koethe neben ihm. Roch nach billiger Seife, Mottenpulver und etwas Heilkräuterigem. Nein, nach dem hatte sich Sylvie bestimmt nicht umgedreht.

Lassen Sie ihn, sagte Koethe. Er legte Friedrich eine Hand auf die Schulter.

Koethe sah auf die Wolken unter Friedrichs Hand, dann

auf die Wolken über der Lobedaburg. *Prächtige Teppiche*, sagte Koethe mit Predigerstimme, *womit Gott seine Herrlichkeit vor unseren Augen verschließt.*

Teppiche! Diese Wolken Teppiche! Und dann auch noch von Gott. Was wollte Koethe denn damit sagen?

Stammt von Ihnen, der Satz, sagte Koethe. Nur heißt es bei Ihnen Götter statt Gott. Lang her, aber dreißig waren Sie auch schon.

Goethe spürte seinen Magen. Wieder raubte ihm einer das Grundrecht: das Recht auf Veränderung. Schlimm genug, dass es die in Weimar ihm nahmen. Nun wollte es ihm auch noch einer wie Koethe nehmen. Alle nagelten sie ihn fest auf das einmal Gesagte. Die Wolken ließen sich von keinem festnageln. Koethe stand sehr nah neben ihm. Goethe fühlte sich in der Klemme. Das hasste er. Sogar dann, wenn die Klemme aus Sylvies Armen bestand. Vor allen Leuten war sie ihm bei ihrem Weimar-Besuch um den Hals gefallen, hatte ihn auf die Wange geküsst, auf beide Wangen sogar. Das war nach den Wochen mit ihr in Karlsbad gewesen. Danach hatte Goethe den Tod von Sylvies Mutter einfach übergangen. Das hatte gewirkt. Jetzt war es Sylvie, die ihn aus der Klemme befreite. Drunten unterm Birnbaum wartet das chinesische Getränk, rief sie. Bitte kommt!

Es hätte noch immer nett werden können. Ein Wind auf dem Rückweg kühlte. Goethe freute sich, dass er nicht ins Schwitzen geriet. Nur warum musste dieser Wind ausgerechnet Sylvies Schal in die Luft blasen? Ein weißer, blau gestreifter Schal, der vor dem blauweißen Himmel flatterte, talwärts. Sie rannte ihm nach, stolperte, stürzte. Musste dieser Koethe ausgerechnet schneller sein! Er half ihr auf. Alle sahen dem Schal zu, wie er weitersegelte und dann auf einmal niederging und im Hungerbach landete. Von oben sah man ihn treiben. Friedrich rumpelte durchs Geröll hinab. Schlug sich unten durchs Gestrüpp am Bachrand, stieg ins Wasser, das ihm bis zu den Schenkeln stand. Friedrich kriegte den Schal zu fassen. Wrang ihn aus, kam grinsend zurück zu den anderen, drückte Sylvie den nassen Klumpen in die Hand. Sie dankte Friedrich, als habe er ihr Leben gerettet. Aah, der Schal stammte von der verstorbenen Mutter. Na dann.

Er brauche vor dem Abendessen eine Pause für sich, sagte Goethe. Außerdem sei Tee Gift für ihn. Was ihm jetzt guttun würde, wusste er. Im Salon hatte er auf der Kommode rechts die *Allgemeine Literatur-Zeitung* liegenlassen, Maiausgabe. Darin wurde das Buch von einem gewissen Tiedemann besprochen. *Über die Anatomie kopfloser Missgeburten. Ein wichtiger Beitrag zu pathologischen Anatomie*, hatte drübergestanden.

Die Zeitung war verschwunden. Hatte sie jemand auf sein Zimmer gelegt? Nein, auch dort nichts. Zufall? Oder wollte ihn jemand ärgern? Das Misstrauen tickte in Goethe, lauter als noch am Morgen.

Sylvie und Pauline versprachen, die Zeitung zu finden. Auch die anderen Gäste zu fragen.

Goethe schlenderte, die Hände auf dem Rücken, durch den Park. Möglich, dass Friedrich dort hockte und zeichnete. Er hätte nicht sagen können, warum, aber er hatte Friedrich im Verdacht, was die verschwundene Zeitung anging. Der Wind schwieg. Die Vögel schwiegen. Zog ein Gewitter auf? In der Abendstille wurde jeder Menschenlaut zum Lärm. Da, Geräusche, ein Scheppern, darüber ein angestrengtes Atmen. Es kam von dort, wo neben dem Küchenausgang die Remise lag. Friedrich schnaubte doch meistens.

In dem Gewölbe stand Ziegesar in Drillichhosen, Schürze

vor dem Leib, Blut auf der Schürze. Vom Gewölbescheitel herab an den Hinterläufen aufgehängt baumelte ein junger Bock. Das Fell war bereits vom Körper abgezogen. Mit der blutigen Seite nach oben lag die Decke auf den Steinfliesen. Rot und nackt glänzte das Fleisch. Ziegesar wusch in dem Emaileimer am Boden sein Messer ab.

Ein Schmalspießer, sagte er zu Goethe und zeigte auf das schmächtige Geweih des Tiers. Ziegesar griff den Wetzstein, schliff die Klinge nach, prüfte mit dem Daumen die Schärfe. Wissen Sie, für Schmalspießer ist die Schonzeit vorbei. Er schnitt den Nacken rundum ein, drehte den Kopf des Bocks um die eigene Achse, brach das Genick. Ein Schnitt am Gelenk, und der Kopf war entfernt. Goethe konnte den Blick nicht abwenden. Ziegesar arbeitete mit der Routine eines Chirurgen. Er begann mit dem Zerwirken. Löste von der Brustseite aus die Schulter von Rippen und Schulterblatt. Trennte die Rippen- und Bauchlappen ab. Ins Schweigen des Zerwirkgewölbes kullerte das Kichern von Sylvie und Pauline. Schon standen sie in der Tür, Friedrich zwischen sich, als wollten sie ihn abführen.

Sagen Sie's ihm selbst, sagte Sylvie zu Friedrich.

Hab damit meine nassen Stiefel ausgestopft, sagte Friedrich.

Ob ihm aufgefallen sei, worum es in der Zeitung ging? Was groß auf der ersten Seite stand?, fragte Goethe.

Friedrich schüttelte den Kopf. Seine Stiefel seien sehr nass gewesen. Das Leder reiße und schrumpfe, wenn man nicht schnell mit dem Ausstopfen anfange.

Dann starrte er auf das tote Tier und auf Ziegesars mehlweiße Hand, die das rote Messer führte.

Er bewundere das kunstgerechte Zerlegen, erklärte Goethe.

Worum ging es denn in dieser Literaturzeitung?, fragte Ziegesar, während er wieder das Blut vom Messer wusch.

Um Anatomie, sagte Goethe. Friedrich gab ein Ächzen von sich. Gekrümmt stand er da. Die knochigen Hände auf die Leibesmitte gepresst, an den Knöcheln gerötet, die Fingerkuppen stumpf. Den Kopf hatte er gesenkt, die Lider zusammengekniffen. Ein Bild des Jammers, dieser Hüne von einem Mann. Kein Wunder, dass Friedrich die Zeitung zerknüllt und missbraucht hatte. Bestimmt war ihm das Wort *Anatomie* ins Auge gesprungen, ganz bestimmt. Das Zerlegen musste ihm zuwider sein. Tja, schade. Konnte wohl doch kein Großer werden. Niemals heranreichen an einen Leonardo. Sogar dass jedem Gefängnis drohte, der Leichen sezierte, war Leonardo egal gewesen. Seine Passion für Anatomie hatte ihn zum Zukunftsgeist gemacht. Hatte seinen analytischen Geist geschärft, der schließlich alles zu zerlegen vermochte. Fast alles.

Die Wolken zu zerlegen war Leonardo nicht gelungen. Ein schwieriges Objekt ohne Begrenzung, ohne eindeutigen Umriss, hatte Leonardo sich über sie beschwert. Himmelskörper ohne Körper. Nun aber lag die Anatomie der Wolken in der Luft. Fragte sich nur, wer der Erste sein würde, der dort das Verstandesskalpell ansetzte. Vielleicht der jüngere Humboldt, vielleicht einer von der Londoner oder Pariser Forscherfront. Vielleicht aber auch ein Dichter. Einer, der es bereits Newton gezeigt hatte.

Friedrich hatte sich zur Seite gewandt. Er stand außerhalb der Tür. Goethe betrachtete sein Profil. Die niedrige Stirn, noch niedriger, weil er sie runzelte. Den Backenbart, der sich weißlich blond bis in die Mitte des Halses über den Adamsapfel hin krauste, wo ihm schon das Brusthaar entgegenwuchs. Altertümlich, unschön, unhygienisch. Nicht gesellschaftsfähig. Ja, dieser Bart. Das war viel mehr als nur ein Bart. Da drin steckte das Unzeitgemäße. Mit ihm wucherte das Mystische in Friedrichs Hirn. Dieser Bart, das war Symptom dessen, was an Friedrich krank war. Was sich dem gesunden Denken widersetzte. Brächte man ihn dazu, diesen Bart abzuschneiden, sähe sich Friedrich glatt rasiert aus dem Spiegel entgegen: Er wäre zuerst äußerlich ein anderer. Würde dann auch innerlich ein anderer werden. Könnte dann für das Wolkenprojekt zu gebrauchen sein.

Eins noch, Friedrich, sagte Goethe. Pauline und Sylvie, Friedrich stützend, als wäre er ein schwerkrankes Kind, sahen ihn an. Die Augen randvoll mit Mitleid. Ah, diese ansteckende Gefühlsduselei.

Fangen Sie bloß nicht wieder mit der verdammten Anatomie an, sagte Friedrich, ohne sich zu bewegen.

Ach was, sagte Goethe. Ein Lächeln im Bariton. Jeder mochte seine Stimme. Musste doch ankommen. Ich wollte Sie nur etwas Privates fragen.

Friedrich nickte, krampfhaft zur Seite blickend.

Warum tragen Sie diesen Bart?

Die Frage riss Friedrich herum. Er starrte Goethe an. Fasste sich mit der rechten Hand an die Kehle. Öffnete den Mund zum Schrei. Goethe sah starke gelbe Zähne, eine breite blaurote Zunge, eine zartrosa Mundhöhle. Der Schrei blieb aus. Und war doch lauter, als jeder Schrei hätte sein können.

Keiner rannte Friedrich nach. Keiner hätte ihn eingeholt.

X

RAUREIF MACHTE DEN SPIEGEL blind. Die Dachkammer
bei ihren Gastgebern in Weimar war nicht heizbar. Hart war
die Kälte eingebrochen Ende November. Louise Seidler drück-
te das Eis auf der Waschschüssel ein. Wischte den Spiegel ab.
Freundlich nannte Goethe sie in seinen Briefen. Meine artige,
sanfte, freundliche Freundin. Freundlich sah sie an diesem
Morgen nicht aus. Das Gesicht hell. Haare, Augen, Wimpern,
Brauen, alles hell. Der Ausdruck? Düster. Wie schlecht ge-
launt. Um neun sollte sie bei Goethe sein. Bis dahin musste
das verschwunden sein.

Goethe hasst schlechte Laune mehr als jede andere Sünde,
hatte die Schopenhauer sie gewarnt. Das sei nur ein Missfal-
len an sich selbst. Die Lust, anderen die Freude zu verderben.
Merken Sie sich das, Kind, hatte Frau Schopenhauer ihr ein-
geschärft, als sie von Goethes Auftrag erfuhr.

Louise Seidler ertastete die Falte zwischen den Brauen,
strich sie glatt. Es war keine Laune, es war eine Ahnung. Auch
nicht besser, was Goethe anging. Er gibt nichts auf dunkle
Ahnungen, der Meister, hatte die Schopenhauer ihr erklärt.
Diese sogenannten Ahnungen seien nur Erinnerungen an die
unglücklichen Folgen einer Tat. Ob selbst vollführt oder mit-
erlebt.

Friedrich war ganz anderer Ansicht. Gott spricht nicht in

Wörtern zu uns. Sondern in Ahnungen, in Zeichen, in Wolken. Friedrich war ausgerastet, als Louise ihm einen Astronomen hatte vorstellen wollen, Professor in Jena, ein möglicher Kunde.

Früher gab's noch Sternenbotschaften. Jetzt gibt es nur noch Sternenwissen, hatte Friedrich geschrien. Mit ihrem Scheißwissen haben sie uns die Ahnungen zugepflastert. Gewissheiten! Gewissheiten! Die Sauhunde haben nur eine verdammte Angst. Die halten das Unendliche nicht aus.

Dann hatte er sich ans Fenster gestellt und lange hinausgeschaut. Davon war er ruhig geworden. Gut, hatte er gesagt, ohne sich umzuwenden, dass sie uns die Wolken nicht kaputt gemacht haben. Bis jetzt nicht. Die schicken noch Botschaften.

Als die Schwester der Seidler gefragt hatte: Welche zum Beispiel?, hatte er dumme Kuh gesagt.

Friedrich liebte das Ahnungsvolle. Er malte es auch. Doch Louise Seidler war heute zu Goethe bestellt, nicht zu Friedrich. Bis sie am Frauenplan ankommen und Goethe gegenübersitzen würde, musste es weg sein, das Dunkle.

Als sie aus der Dachkammer in die Küche hinunterging, drang ihr auf der Stiege schon Schweigen entgegen. Eine Zeitung lag neben dem Brotlaib und dem Marmeladeglas auf dem Tisch, aufgeschlagen. Blutrote Marmelade. Ihre Gastgeber blickten sie an. Stumm. Die Nasen wund. Die Augen leer geweint. Die Spuren der Rinnsale noch in den Gesichtern.

Sein Name stach heraus. Die drei i in Vornamen und Nachnamen. Heinrich von Kleist. Der Rest verschwamm.

Er hat sich erschossen, sagte die Frau. Im Freien.

In den Mund hat er sich geschossen, sagte ihr Mann.

Für den Weg zu Goethes Haus brauchte Louise fast doppelt so lange wie sonst. In den Mund. In den Mund geschossen. Ein Mund, der wohl selten geküsst hatte, nach dem, was man sich erzählte. Das Bild der Pistole im Mund versperrte Louise Seidler die Sicht auf die Straße. Wie sollte sie das Dunkle aus ihrem Gesicht so schnell verbannen können? Sie hatte Kleist nie kennengelernt. Aber viele seiner Stücke kannte sie und die Geschichten von seinen Misserfolgen. Ihr war es so vorgekommen, als sei er ein Seelenverwandter von Friedrich. Erst recht, seit sie wusste, was Kleist über Friedrichs Bild vom Mönch am Meer geschrieben hatte. Plötzlich sah sie Friedrich, eine Pistole in der Hand, und sah, wie er den Lauf der Pistole in seinen Mund steckte.

—

Das Zimmer, in dem sie an Goethes Porträt arbeitete, nannte er Urbino-Zimmer. Das größte Gemälde dort zeigte den Herzog von Urbino. Schöner Ort, dieses Urbino, sagte Goethe. Lichter Geist überall.

Ein Zimmer wie ein Frühlingstag am Mittelmeer. Jedenfalls stellte sich Louise Seidler den so vor. Drei Fenster zum Frauenplan hinaus, die Decke weiß, die Wände himmelblau gestrichen. Immer sonnenwarm beleuchtet, auch an Tagen wie dem heute. Der Tod passte hier nicht her. Als Kind war die Seidler sicher gewesen, dass es unter blauem Himmel keinen Tod und keinen Krieg geben könne. Vielleicht dachte Goethe genauso und er hatte deshalb das Zimmer blau streichen lassen.

Die Nachricht von seinem Tod wird Goethe zu schaffen machen, hatten ihre Gastgeber gesagt. Sie waren irgendwie mit Kleist verwandt. Er hat ihn ja nicht gemocht. Irgendwie geschätzt schon. Goethe hätte viel für ihn tun können. Es muss ihn quälen, das Versäumte.

Nichts ist schlimmer als das Nichtgetane, wenn einer tot ist, hatte ihr Gastvater gesagt.

Das Gute, was man nicht an ihm getan hat, hatte seine Frau geflüstert.

——

Goethe wirkte ausgeschlafen. Louise hatte schon seit drei Tagen stundenlang Goethes Stirn studiert. Eine auffallend hohe Stirn. Ausgeschlafen war die Stirn glatt, für sein Alter jedenfalls. Riemer, der Sekretär, stand hinter Goethe, er war eigentlich eine halbe Handbreit größer. Stand aber immer gebeugt da.

Goethe redete vom Wetter, bis sie ihre Pastellkreiden bereitgelegt hatte. Wusste er Bescheid?

Kommen Sie nicht zu früh. Morgens studiert er Zeitungen und Journale, hatte Riemer vor der ersten Sitzung gesagt. Darf dabei nicht gestört werden.

Auf dem kleinen Kirschholztisch neben Goethe stand eine Wasserkaraffe mit zylindrischem Hals. Über den Hals war ein Glas gestülpt. Riemer nahm das Glas, schenkte Wasser ein, stellte es neben Goethe. Goethe nahm das Glas, schob es an die äußerste Tischkante. Es stand zu einem Drittel über. Goethe stieß nur wie zufällig an die Tischkante. Das Glas fiel zu Boden. Während Riemer nach dem Hausmädchen rief, sagte Goethe, auf die Scherben in der Pfütze blickend: Sehen Sie, meine Liebe, wer so lebt, will's nicht anders. Mich wundert nichts. Höchstens, dass es nicht früher passiert ist.

Also er wusste es. Sie war erleichtert. Eröffnen musste sie es ihm nicht, aber mit ihm drüber reden.

Riemer stellte ein neues Glas in die Mitte des Tisches und goss es zur Hälfte voll. Meingottja, Sie haben es prophezeit, Herr Geheimrat: Als es bei Kleist anfing mit seiner Wissenschaftsskepsis, war er eigentlich am Ende.

Den braven Riemer nannte Goethe ihn. Er durfte Goethe korrigieren. Nicht ihn selbst, nur Fehler im Werk. Das hatte er gelernt als Lehrer für Griechisch und Latein. Brav: nannte Goethe sie vor anderen auch so? Die artige, brave Seidler?

Goethe setzte sich in seinen Lehnstuhl. Rückte sich zurecht. Setzte das Gesicht auf, das ihm am besten stand. Das Kinn, ein schweres Kinn, gesenkt, die Augen weit offen. Auf Befehl konnte er darin Licht anstellen. Einszweidrei: Funkeln!

Ich finde es richtig, zu sagen: Der Mensch ist feige, der sich das Leben nimmt. Ungehörig wäre es, jemanden feig zu nennen, der an einem bösartigen Fieber stirbt. Goethe redete, ohne dabei mehr als die Lippen zu bewegen. Das Porträtiertwerden war er gewohnt.

Riemer hatte sich seitlich aufs Sofa gesetzt. Die Seidler hörte ihn rascheln. Dann sich räuspern. Riemer räusperte sich immer, bevor er etwas sagte. Feige, sehr richtig. Der hat sich ja nichts alleine getraut, sagte er. Immer hat er eine Begleitung gebraucht. Früher die starke Schwester, jetzt sie, diese krebskranke ... wie heißt sie? Vogel. Unglücksvogel, was? Er raschelte wieder.

... haben gemeinschaftlich diese Welt verlassen, aus reinem Verlangen nach einer besseren. Tz, tz, tz. Unfasslich! Da feiert es einer in der Zeitung als Heldentat, dass Kleist diese junge Frau auf ihren Wunsch erschossen hat und dann sich selbst. Tz, tz, tz. Das werde Leserbriefe geben, erklärte Riemer. Ein Doppelverbrechen zu verherrlichen als Heldentat, das gehe wohl doch jedem zu weit. Jedem gesunden Menschen. Diese

Kleist'sche Mischung aus Brutalität und Weichlichkeit, die müsse doch jedem Gesunden zuwider sein.

Tja, aber das Romantische ist nun mal das Kranke, sagte Goethe. Das Klassische das Gesunde.

Louise sah aus dem Augenwinkel Riemer die Zeitung zusammenfalten. Gewissenhaft im Falz zusammenfalten. Der brave Riemer. So, wie Goethe mit ihm umsprang, hielt er Bravsein für ein Zeichen von Schwäche. Nützlich für die Stärkeren. Menschen, die Goethe umwarb, waren jedenfalls nicht brav, soweit Louise es beobachtet hatte. Sylvie war es mit Sicherheit nicht. Louise war dabei gewesen, als Sylvie in Jena Goethe von den Wanzen erzählt hatte, die sie in Drackendorf nachts bissen. Louise war das peinlich gewesen. Goethe nicht. Nach ihm seien diese Viecher ganz verrückt, hatte er gelacht. Verliebt in ihn, entsetzlich. Auch Pauline traute sich, Intimes und Pikantes auszuplaudern. Erst recht nicht brav war diese Bettine Brentano. Louise Seidler hatte sie bei Goethe kennengelernt. Ein roter, ein grüner Stiefel und buntkarierte Sprüche. Aber die musste eben wie Sylvie und Pauline nicht leben vom Selbstverdienten.

Die Seidler begann, an Goethes Mundpartie weiterzuarbeiten. Wie viel Wahrheit war erlaubt? Ihre Gastgeber hatten berichtet, dass Meyer in jungen Jahren ein Goetheporträt geschaffen hatte. Darauf sah Goethe genau aus, wie er damals ausgesehen hatte, erinnerten sie sich. Unfrisiert, ungepflegt, unwirsch. Goethe hatte das Bild sofort versteckt. Meyer sei bis heute beleidigt. Er habe keine Ahnung, was Goethe damit angestellt habe. Vielleicht zerschnitten.

Und was ist mit Ihnen?, fragte Goethe.

Er wollte, dass Louise von sich erzählte. Nur was? Wo immer sie hinhörte, hinsah, verbot sich, darüber zu reden.

Sie sah Napoleons Ehrenlegionskreuz auf Goethes weißem Halstuch. Aber von Napoleon reden? Ihr Geliebter war Franzose gewesen, doch er hatte Napoleon einen Schlächter geschimpft. Sonst hätte der alte Seidler nie in die Verlobung eingewilligt. Die Zeitung mit dem Bericht über Kleists Selbstmord lag zusammengefaltet auf dem Sofa. Goethe fand Selbstmörder feig. Und als an ihrem zweiundzwanzigsten Geburtstag die Nachricht vom Tod des Geliebten eingeschlagen war, hatte Louise selbst auch vorgehabt, von irgendeinem Turm zu springen. Also: Wovon erzählen? Von gemeinsamen Bekannten? Von Friedrich? Nach dem, was Sylvie aus Drackendorf berichtet hatte, war das nicht ratsam. Von ihrem Vater, dem Stallmeister? Goethe kannte ihn seit langem. Aber sollte sie sich Goethe gegenüber entrüsten, dass ihr Vater in Jena es mit einer tochterjungen fremden Frau trieb, während seine eigene von einer Todeskrankheit aufgezehrt wurde? Goethe hätte das kaum empört. Von ihren Gastgebern wusste Louise, dass die junge Caroline Ulrich, Uli genannt, im Hause Goethe offiziell Sekretärin und Gesellschafterin von Goethes Frau war. Schrägschwarze Augen über hohen Wangenknochen. Nichte nannte Goethe sie. Nein, Waise, sagte Riemer. Auf Goethes Güte angewiesen. Keins von beidem stimmte, sagten die Gastgeber der Seidler. Uli sei nicht verwandt und nur halb verwaist. Ulis Vater habe wegen Betrugs aus dem Dienst nach unbekannt fliehen müssen. Sicher war: Goethe sah ihr zu lange nach, wenn sie lautlos aus dem Raum glitt. Fasste sie zu lange an der Hand. Nannte sie zu oft mein schöner Mandarin. Und Goethes Frau war weiß aufgedunsen, als blähe sie die Todeshefe.

Sollte sie vom Studium in Dresden berichten, von ihrem alten Lehrer, Professor Vogel? Vogel hieß die Todesgefährtin von Kleist. Schlechte Idee. Louise würde ihr Mitleid mit den beiden Hoffnungslosen nicht verbergen können. Auch ihre Bewunderung für Kleist, vor allem für seine *Penthesilea*. Einmal so sein wie die, so unbedingt.

Am nächsten lag es, über Sylvie und Pauline zu reden. Doch jederzeit konnte Frau Goethe hereinkommen. Und das hatte Louise bereits bemerkt: Bei den Namen Sylvie und Pauline fing Frau Goethe immer zu blinzeln an, krampfartig.

An der Wand hinter Goethe hing ein Landschaftsbild, ein Niederländer. Wohl eine Kopie. Niedriger Horizont, hoher Himmel, treibende Wolken. Sie selbst konnte es nicht, das Wolkenmalen. Luftmalen, wie Friedrich es nannte. Mach ich für Sie, wenn Sie's als Hintergrund brauchen, hatte Friedrich gesagt. Der Kollege Kersting malt mir ja auch Figuren rein. Weil ich keine Figuren kann. Mit der Anatomie hab ich's nicht.

Waren Wolken ein Thema? In Dresden war es eines. Dass es neuerdings an der Kopenhagener Kunstakademie eine Klasse für Wolkenmalerei gab, trieb die jungen Maler um. Die jungen Dichter trieb es um, dass ihre Kollegen in England verrückt nach *clouds* waren. Von Sylvie hatte Louise erfahren, dass Goethe sich neuerdings brennend interessiere für Witterung und Wolken.

Großartig, sagte sie und ging mit Weiß über die Falten an Goethes Mund. Im Pastell war das Korrigieren einfach. Großartig, wie dieser Niederländer in Ihrem Rücken die Wolken gemalt hat.

Goethe bat, die Sitzung zu unterbrechen. Kluges Kind, sagte er. Wolken sollten, müssten jetzt das große Thema sein. Gerade in diesen unsicheren Zeiten. Die Wolken lehren uns etwas Wesentliches: dass sich extreme Wandlungsfähigkeit und Dauer vereinen lassen. Sie sind grenzenlos beweglich und unsterblich.

Riemer räusperte sich. Man könnte meinen, Sie reden von sich selbst, sagte er.

Goethe setzte sich wieder, rückte sich zurecht und sah Louise an. Nun sind Sie dran, meine Gute. Sie und Ihre Wolkengedanken.

Es musste heraus. In der *Penthesilea*, sagte die Seidler und schraffierte das Revers, in Kleists *Penthesilea* …

Auf einmal zeigten sich Flecken auf Goethes Stirn, unschöne Flecken.

Ja?, fragte er.

… da haben mich die Wolkenpassagen begeistert.

Zum Beispiel?

Das Glück, gesteh' ich, wär mir lieb gewesen; / Doch fällt es mir aus Wolken nicht herab.

Ah ja, sagte Goethe, fast ohne die Lippen zu öffnen. Und?

Sie könne nicht alle Stellen auswendig. Aber es sei ihr unvergesslich, wie Kleist in diesem Stück die Macht der Wolken mit der Macht des Schicksals verbunden habe.

Irgendwer muss ja schuld sein, sagte Riemer. Dabei habe sich Kleist sein Leben selbst vermasselt. Ganz alleine. Kleist habe als Offizier versagt, als Bauer, als Ökonom. Als Schriftsteller sei er nicht verlegt, als Bühnenautor nicht aufgeführt worden, und als Journalist habe er Bankrott gemacht. Mit Gottundderwelt habe dieser Kleist sich angelegt. Aber schuld daran müssten die Wolken sein!

Die Flecken auf Goethes Stirn waren nun so stark, dass die Seidler nicht weiterarbeiten konnte. Goethe lächelte ihre Entschuldigung weg. Erhob sich, nahm sie am Arm, führte sie von ihrem Arbeitsplatz Richtung Esszimmer. Es werde ohnehin bald Zeit fürs Mittagsmahl. Ein kleiner Malvasier vorneweg vielleicht?

Vor dem Niederländer hielt er inne. Er deutete auf die zum Bleichen ausgebreiteten Leinenbahnen auf der Wiese. Auf die Kühe dahinter, auf den Kirchturm und die Dächer am niedrigen Horizont. Auf den Weg, der sich von vorn durch die Wiesen und Leinenbahnen und Kühe bis zu den Häusern wand. Viel Himmel, aber genügend Ordnung, um auf Erden spazieren zu gehen. Dieser Niederländer, der habe vor hundertfünfzig Jahren mit beiden Beinen auf dem Boden des Wirklichen gestanden, nur den Kopf in den Wolken. Die jungen romantischen Geister heute, die stünden leider mit den Füßen auf den Wolken.

Er nahm ihre beiden Hände zwischen seine. Kind, sagte er, hüten Sie sich. Es wäre schade um Sie.

Als sie beide unter der Tür standen, drehte sich Louise nochmals um. Blickte zurück auf die schönen Bilder an den schönwetterblauen Wänden. Der Himmel war blau und wolkenlos gewesen, als sie vom Tod ihres Liebsten erfahren hatte.

Haben Sie … Sie brach ab. Zu kühn die Frage.

Goethe legte einen Finger unter ihr Kinn. Fragen Sie, meine Liebe.

Haben Sie denn keine Angst vor dem Tod?

Goethe leuchtete. Nein, mein Kind. Die Überzeugung der Fortdauer entspringt bei mir aus dem Begriff der Tätigkeit. Wenn ich bis an mein Ende rastlos wirke, ist die Natur verpflichtet, mir eine andere Form des Daseins zuzuweisen. Wenn die jetzige meinen Geist nicht mehr aushalten kann –

Es war richtig gewesen, den Mund zu halten. Goethe nichts zu erzählen, was sein Schönwetterblau hätte stören könnte. Pferde wissen viel über ihre Reiter, hatte Stallmeister Seidler seiner Tochter beigebracht. Über ihre Schenkel, ihre Gewichtszunahme, ihre Ängste, ihre Grausamkeit. Und ihre Abwege. Könnten sie reden, wären sie verhasst. So werden sie geliebt.

Goethe hatte sich offenbar gefallen auf ihrem Porträt. Sein Freund Knebel aus Jena war ein paarmal vorbeigekommen während der Sitzungen. Fünf Jahre vor Goethe geboren, kannte er die unangenehmen Überraschungen, die das Alter beim Porträtiertwerden mit sich brachte. Auf dem Seidler-Goethe keine Spur von solchen Überraschungen. Goethe sah so aus, wie man sich Goethe vorstellte. Alterslos, schattenlos, in sich ruhend.

Knebel hatte daraufhin ebenfalls ein Bildnis bei der Seidler bestellt.

Knebel ist eine Gießkanne, lästerten die Gastgeber der Seidler. Der bewässert die Gegend mit verdünnter Goetheweisheit. Für die Seidler war das gut. Auf einmal wollten Dutzende von Damen in und um Weimar in Pastell der Nachwelt erhalten bleiben.

In den Salons der Damen fing es bereits in den Eingeweiden der Seidler an zu rumoren. Ein Unwohlsein, das sie nicht verorten konnte. Als ob sie etwas vergifte. Es vergällte ihr jeden Bissen und die Stimmung. Der Tee war mit Sicherheit nicht schuld daran. Die zehn, zwölf Grad minus waren es auch nicht. In den Salons der Damen wurde gut geheizt. Unangenehm war dort nichts und niemand. Es roch nach Portwein, gewienertem Parkett, Büchern und Wäsche, die mit Lavendel aufbewahrt wurde. Nach Wohlstand.

Nachdem Louise Seidler abends zum dritten Mal ihren Teller fast gar nicht berührt hatte, fragte ihre Gastgeberin: Seit wann? Seit wann ist dir so unwohl?

Louise Seidler erinnerte sich genau. Zum ersten Mal war ihr unwohl gewesen, als eine der Damen gefragt hatte: Wenn Sie in Dresden studieren, kennen Sie diesen Friedrich? In Berlin hatte sie in der Akademieausstellung Bilder von ihm gesehen. Meingottnochmal, wie der den Himmel malt. Wie der die Wolken malt. Wie der das All aufgehen lässt über dem Meer. Es zieht einen hinein.

Ja, hatte die Seidler gesagt. Sie kenne ihn. Ganz gut sogar. Sei mehrmals in seinem Atelier gewesen. Habe gemeinsame Freunde und Bekannte.

Danach war in ihr diese Übelkeit aufgestiegen.

Ob sie in Friedrich verliebt sei?, fragte die Gastgeberin. Ach was. In Friedrich kann man sich nicht verlieben, sagte Louise. Weil er das nicht will.

Dachte sie an Friedrich und Verliebtsein, sah sie ihn in seinem alten Ledermantel, an dem das Regenwasser herunterlief.

Trotzdem, mit Friedrich hing es zusammen, dass sie sich schlecht fühlte.

Konnte es ein schlechtes Gewissen sein, weil sie in der gutbeheizten Sicherheit unterwegs war und mit gefälligen Porträts ihr Geld verdiente, während er irgendwo im Winterunwetter am Abgrund entlangwanderte und dann das nächste Bild riskierte, ohne zu wissen, ob es irgendwer kaufte?

Nein, das war es nicht. Friedrich wollte es ja nicht anders. Der hätte mit ihr nie im Leben getauscht.

Ihre Mutter hatte, wenn jemand kotzen musste und nicht wusste, was der Grund dafür war, gesagt: Probier's im Kopf aus. Denk an das, was du in letzter Zeit gegessen hast. Geh es der Reihe nach durch. Bei was wird dir schlecht?

—

Es war wärmer geworden. Schon morgens hingen diese graugetränkten Schafwollballen tief am Himmel, von denen Louise Seidler wusste: Die brachten Schnee. Warum? Keine Ahnung. Seit ihrer Kindheit kannte sie die Schneewolken auswendig. Malen hätte sie die aber nicht können. Vielleicht lernte man es nur, wenn man Wolken in der freien Luft studierte wie Friedrich, tagelang, oft wochenlang. Dabei malte er sie dort draußen nie. Das geschah in aller Stille im Atelier.

Louise Seidler freute sich auf den Schnee. Besser fühlte sie sich noch immer nicht. Nach wie vor suchte sie nach der Wurzel des Übelseins. Vielleicht verhalf ihr ein Zufall drauf.

Es war die Neugier auf diesen Meyer, von dem in Kunstkreisen überall die Rede war, die sie ins Fürstenhaus trieb. Dort wohnte Heinrich Meyer privat und betrieb eine Etage darunter seine Zeichenschule. Ob in Jena, Dresden oder hier in Weimar: Beliebt schien der Mann nicht zu sein. Sieht harmlos aus, hatte ihr Lehrer Kügelgen die Seidler gewarnt. Spricht aber, ohne mit der Wimper zu zucken, Todesurteile aus. Über Bilder wie Künstler. In Goethes Namen, deshalb traut er sich.

Goethe hatte den Schweizer als Kunstsachverständigen vor zwanzig Jahren nach Weimar geholt und zu seinem Sprachrohr gemacht. Für Kunsturteile. Verurteilungen meistens, hieß es. Sympathien hatte das Meyer nicht beschert. Ziemlich einsamer Kauz wohl. Erst spät, deutlich über vierzig, hatte Meyer geheiratet. Umgänglicher sei er davon nicht geworden, sagte Kügelgen. Er nannte ihn nur Wehkaeff. Mit

W.K.F. signierte Meyer Beiträge, in denen er schrieb, was er und Goethe meinten. Offiziell bedeutete W.K.F. Weimarer Kunstfreunde. Mit dem Großteil der Kunst gingen Goethe und Meyer allerdings nicht wie Freunde um. Sie ruinierten mit ihrer Kritik Existenzen, wussten das und wollten das, meinten auch die Gastgeber der Seidler. In Berlin waren die Weimarer Kunstfreunde verhöhnt worden, sogar in der Presse. An ihren Bewertungen hatte das nichts geändert. Was die Seidler von Friedrich über Meyer wusste, war verwirrend. Einerseits hatte Meyer, also Goethe, Friedrich vor bald sieben Jahren den Weimarer Kunstpreis für zwei Sepiazeichnungen zuerkannt. Andererseits hatte Meyer, also Goethe, kurz nach Goethes Atelierbesuch in Dresden fünf Gemälde Friedrichs kommentarlos zurückgeschickt. Sie wusste außerdem, dass Meyer, also Goethe, lamentierte, der Ankauf von Friedrichs Gemälden durch das preußische Königshaus beweise den Verfall des guten Geschmacks dort. Jetzt hatte Meyer aber gerade im Fürstenhaus eine Ausstellung eröffnet: mit Werken von Friedrich. Nur Zeichnungen, keine Gemälde. Das Fürstenhaus war nicht mehr als zehn Minuten zu Fuß vom Quartier der Seidler entfernt.

Meyer war gerade dabei, den Zeichenschülern Friedrichs Bilder zu erklären. Er sah wirklich harmlos aus. Ein verhärmter Mann in Grau. Haar, Kappe, Haut, Rock und Hose grau. Auch das Lächeln wirkte grau. Dass der Schweizer schon so lange in Weimar lebte, war ihm nicht anzuhören. Sein ch war schartig, das k reibeisenrau geblieben.

Die Seidler hielt sich im Hintergrund. Meyers Stimme schnarrte sich durch Urteile. Sehr sorgfältig seien diese Zeichnungen. Da stecke viel Fleiß drin. Er lobte, wie genau er eine Weißtanne wiedergebe, einen Felsbrocken, einen

Eichenstamm. Offenbar hatte er nichts gegen Friedrich einzuwenden.

Doch auf einmal fing er an, über Dinge zu reden, die nirgendwo zu sehen waren. Über irgendein Scheißhaus, das Friedrich gezeichnet habe. Und über Friedrichs Gemälde. Mit weinerlicher Stimme beklagte Meyer Friedrichs verdorbenen Geschmack.

Guter Geschmack ist nur der, den Sie haben, was?, sagte sehr laut einer, der offenbar nicht zu den Schülern gehörte. Die Schüler kicherten, knufften sich, tuschelten, raschelten. Der verdorbene Geschmack hat Meyer wohl die Laune verdorben, brummte einer, der nah bei der Seidler stand. Oder den Magen. Danach sieht er aus, sagte der neben ihm. Keiner hörte mehr zu.

Harmonie und Heiterkeit zeichne große Kunst aus, schnarrte Meyer. Erst recht große Landschaftsmalerei. Bei Friedrich sei alles unharmonisch und trist. Wanderer sähen aus, als wollten sie sich gleich von der Klippe stürzen. Und die Wolken nach Unheil.

Was war das? Von hinten sah die Seidler, wie sich die Zeichenschüler plötzlich zusammendrängten, die Hälse reckten, nach vorn schoben. Schlagartig war das Geschwätz abgestellt. Da musste etwas passiert sein. Sie sah ihn nicht, sie hörte ihn. Durch welche Tür war Goethe hereingekommen?

Jedes Wort verstand sie jetzt, sogar hier hinten.

In die Aufmerksamkeit hinein ließ Goethe Satz um Satz steigen. Diese Stimme, diese Sätze! So, wie Goethe sprach, konnte er sagen, was er wollte.

Gönner fördern Künstler, auch junge Künstler wie Sie, hörte Louise ihn reden. Das ist ja recht und gut. Aber dadurch wird meistens nicht die Kunst gefördert.

Stille.

Wir Weimarer Kunstfreunde wollen Künstlern den Weg zur wahren Kunst weisen. Kunst gefällt nur, wenn sie den Charakter der Leichtigkeit hat, sagte Goethe.

Stille.

Leider seien die Weimarer Kunstfreunde von Berliner Kunstfeinden davon abgebracht worden, mit dem alljährlich gestifteten Weimarer Kunstpreis Kunst zu fördern. Nun gebe es diesen Preis nicht mehr. Also auch keine Unterstützung für junge Menschen, die sie bräuchten.

Ach was, sagte der Laute von vorher. Sie geben den Menschen nur Geld, Lob und Öffentlichkeit, damit sie abhängig werden. Von Ihnen, von Ihrem Gottesurteil. Aber ich sag Ihnen eins: Dieser Friedrich braucht Sie nicht. Der kann zu viel.

Goethe Stimme blieb weich.

Kann viel? Nein: könnte viel. Er geht einen Irrweg, dieser Friedrich. Einen gefährlichen Irrweg.

Das heißt?, fragte der Laute.

Dass er in einer Heilanstalt, im Armenhaus oder im Gefängnis enden wird, oder?, sagte Meyer. Er sagte odr.

Vielleicht auch wie Kleist, sagte Goethe.

Der Laute ging laut vorn hinaus. Die Seidler schlich sich leise hinten hinaus. Ihr war übler als zuvor. Jetzt wusste sie wenigstens, warum. Reden hieß die Karriere aufs Spiel setzen. Schweigen hieß Friedrich verraten. Am Ausgang blieb sie stehen. Es schneite.

Überstürzt reiste Louise Seidler nach Dresden zurück. Erst beim Betreten von Kügelgens Atelier kam sie zu sich. Ihr Lehrer trug wie gewöhnlich eine Jacke aus Nanking-Seide in

Safrangelb. Punsch im Glas, orientalischer Teppich über dem Kanapee, kaum ein freier Zentimeter Wand um ihn her. Abgüsse von antiken Plastiken im Regal. Auf Tischen Porzellanpokale, Blechkronen, Samtmäntel, Lorbeerkränze. Brauchte er für seine allegorischen Gestalten. Kamen gut an. Kügelgen war näher dran an Goethe als Friedrich in seiner Mönchszelle. Erst letztes Jahr hatte er Goethe porträtiert, in dessen Auftrag. Trotzdem, Kügelgen war Friedrichs Freund. Also. Es ging vielleicht doch: Friedrich nicht zu verraten und Goethe nicht zu verprellen.

Kügelgen malte gerade die Engelsköpfe auf einer Kopie von Raffaels *Sixtinischer Madonna*. Schon verkauft, sagte er. Wie es bei Goethe gewesen sei.

Zufrieden, hochzufrieden sei er mit ihrem Porträt. Außerdem habe er ein Bild von ihr bei sich behalten für die nächste Ausstellung bei Meyer.

Und? Wie viel?

Sechs, sieben Sitzungen.

Geld, sagte er und ging zum nächsten Engel über. Wie viel Geld!

Geld? Habe sie nicht bekommen. Wofür auch. Goethe hatte ihr das Porträt überlassen, zum Herumzeigen. Das sei die beste Werbung. Eine Künstlerin, die Goethe porträtiert hat, von der will jeder gemalt werden, hatte er gesagt.

Kügelgen legte Pinsel und Palette ab.

Soll das heißen: Goethe hat nichts bezahlt?

Sie nickte.

Und für das Bild, das er dortbehalten hat?

Sie schüttelte den Kopf.

Kügelgen schüttelte ebenfalls den Kopf.

Sie sei noch schlimmer als Friedrich, sagte Kügelgen. So

bald wie möglich müsse sie nach Weimar reisen. Nicht allein. Mit ihrem Vater, dem Stallmeister. Der solle gefälligst ihr Honorar eintreiben lassen. Er, Kügelgen, sei von Goethe entlohnt worden, sofort. So was traue Goethe sich nur bei Frauen. Er halte von Frauen nichts. Nicht mehr jedenfalls. Höchstens noch von den nackten in seiner Erotika-Sammlung.

Die Seidler protestierte. Goethe habe sie geschickt genannt, vor anderen. Außerdem gefördert. Folgeauftrag von Knebel, Folgeaufträge von den Damen ringsum.

Gefördert? Der will nur, dass Sie genau das machen, was er für Kunst hält. Ihr Vater würde so etwas Dressur nennen. Als Nächstes, sagte Kügelgen, lässt Goethe von Meyer nach seinen Angaben einen Entwurf anfertigen, den Sie dann ausführen dürfen. Da wette ich mit Ihnen drauf.

Er pinselte die Wolke unter den Engelsarmen. Lieber Erstklassiges kopieren als dritter Klasse krepieren, meinte er.

War das für sie ein Zeichen, zu gehen? Louise Seidler wandte sich zur Tür. Auf der Ablage neben der Tür sah sie ein Sepiablatt liegen. Es hielt sie fest. Was für eine Szene! Was für eine Stimmung! Einwandfrei nicht von Kügelgen, dieses Blatt.

Ein Leichenzug, der gerade auf dem Friedhof angekommen war. Fünf Grabhügel mit Kreuzen, auf den Kreuzen Namen. Ein Priester stand beim Sarg. Schien eine Predigt zu halten. Zeigte mit der Hand in die Höhe. Dort, wo er hinzeigte, ein weißer Schmetterling. Um den Priester her Trauernde, geknickt. Daneben die Ruine eines Gebäudes. Darüber ein Regenbogen. Über allem ein Himmel voller Wolken. Aus den Wolken fiel ein Lichtstreifen. In ihm flatterten fünf weiße Schmetterlinge. Die Namen auf den fünf Grabhügeln kannte sie. Friedrichs Eltern, Brüder, Schwester. Bei dem frisch aufgehäuften Hügel lag ein Kreuz, fertig zum Aufstellen. Beschriftet: *Hier ruht in Gott C. D. Friedrich.*

Unten auf dem Blatt stand: *Mein Begräbnis.*

Friedrich tot. Sie war schuld. Sie hatte ihn totgeschwiegen. Verraten. Er hatte es erfahren. Das hatte ihn in den Tod getrieben. Einen Tod wie den von Kleist. Die Seidler schrie. Der Schrei ging nach innen, schoss in den Mund. Niemand hörte ihn.

Kügelgen half ihr vom Boden auf.

Das will er an Goethe schicken, sagte er. Ausgerechnet dieses Blatt. Mit mir als Absender. Bei Professor Kügelgen macht Goethe das Couvert auf, hat Friedrich gesagt. Und ohne Erklärung schicken, hat er ihm eingeschärft. Entweder Goethe versteht was, oder er versteht gar nichts.

Wann – wann hat Friedrich das gezeichnet?

Ach, sagte Kügelgen und setzte ihr ein Punschglas an die Lippen, das ist Jahre her. Um die sieben Jahre schon. Kurz nachdem er versucht hat, sich umzubringen.

Die Seidler prustete ihm den Punsch ins Gesicht.

Kügelgen wischte sich das Gesicht ab. Ja, er hat sich ein Messer an die Kehle gesetzt, sein bestes.

Und?, fragte die Seidler.

Kügelgen bellte eine Art Lachen heraus. Na ja, Sie kennen ihn ja. Friedrich kann keiner Schnecke was zuleide tun. Der kann kein Blut sehen. Fiel in Ohnmacht, als er sein eigenes Blut sah. Das Mädel von der Gemischtwarenhändlerin hat ihn gefunden.

Aber was dann? Seither …

Seither, sagte Kügelgen und malte einen Schatten auf die Wolke, trägt er diesen Wucherbart. Auf der sicheren Seite sei Friedrich noch nicht.

XI

GOETHE MOCHTE SIE, hatte sie immer gemocht: Luft, die andere abgestanden schimpften. Schon als Kind. Zugluft lenkte ihn ab. Bei Wind konnte er seine Gedanken nicht sammeln. Wurden ihm weggeblasen. Gut, er mochte die abgestandene Luft nur, wenn es seine Luft war. War angenehm im eigenen Dunstkreis. Darin geborgen, fiel die Sammlung leicht. Ja, das war der Vorteil der immer enger ums eigene Ich gezogenen Kreise.

Im Frühjahr 1812 aber drängte es ihn zum Luftwechsel. Sogar Durchzug würde er hinnehmen. Er wusste genau, warum.

Es roch nach Verwesung um ihn her. Selbst schuld, jaja. War seine Idee gewesen, die eigene Lebensgeschichte aufzuschreiben. Seit Monaten hatte er sie Riemer diktiert. Kindheit war glattgelaufen, auch die frühe Jugend. Aber dann. Hatte nicht bedacht, was das hieß: Toten zu begegnen, die besser unter der Erde des Vergessens geblieben wären. Lenz zum Beispiel. Zwanzig Jahre war es her, dass auf einer Straße in Moskau seine Leiche gefunden worden war. Ein Bettlerkadaver, von der Polizei in die Anatomie geschafft. Seziermaterial für Studenten. Die Reste von Lenz verscharrt, an unbekanntem Ort.

Habt euch doch als Studenten mal Brüder genannt. Habt euch geküsst, ewige Treue geschworen, gegenseitig als Genies gepriesen. Hättest ihn leicht retten können. Ihm eine Tür öffnen. Ihm zur Aufführung verhelfen, zu einem Verlag. Oder wenigstens zu einer Überlebensarbeit und einer Suppe pro Tag und einem Bett für die Nacht. Ganz leicht hättest du das können. Aaah, nun hatte er sie wieder im Ohr, die Vorwürfe. Und diesen Leichengestank in der Nase.

Zurückblicken ins Vergangene war heimtückisch. Machte alt. In den Himmel blicken, das verjüngte. Lindenau hatte ihm vor kurzem seine Beobachtungen über den großen Kometen von 1811 geschickt. Leider gut, sehr gut. So etwas müsste ihm gelingen. Wetterstationen, Sternwarten, das waren die Labore von morgen. Dort konnte mit den besten Instrumentarien der Himmel seziert werden. Wolkenglotzer, Himmelschaumschläger waren von gestern. Lenz war ein Gestriger gewesen, Arnim, dieser Poet des Verschwommenen, war einer. Friedrich auf dem besten Weg, einer zu werden.

Na gut, diesen Lenz hatte er für die Nachwelt erledigt, mit ein paar Sätzen. Nicht schade um ihn. Ein Spinner und ein Ränkeschmied. Nicht mehr als ein vorübergehender Meteor. *Zog über den Horizont der Literatur, ohne eine Spur zu hinterlassen,* hatte Goethe geschrieben. Fertig. Endgültig begraben.

Ja, er musste heraus aus Weimar, dringend. War ja nicht nur, was ihm aus der Vergangenheit entgegenwehte, unangenehm. Auch der scharfe Geruch von Verleumdungen und Intrigen im Theater, seinem Theater. Nichts mehr dran zu ändern, dass Carl August die Jagemann, Mutter seines jüngsten Sohns, zur Freifrau Heygendorff erhoben hatte. Aber daran, dass er sie zur Operndirektorin ernannt hatte. Daran, dass sie auf sein Amt als Oberdirektor spekulierte und als singende Schauspielerin nun in seinem Theater mit herumfuhrwerken durfte, musste noch etwas zu ändern sein. Und er selbst hatte diese Person einmal gefördert! Die Sache war festgefahren, vorerst. Die Folge? Ungeheuerlich! Unvorstellbar! Er, Goethe, den jeder reden hören wollte, hatte sich im Schweigen eingerichtet. Trostlos dort. Einzelzelle mit fast keinen Besuchern. So ging's nicht weiter.

Er beschloss, den Ort zu wechseln … Ab in die Kur. Neue Gesichter würden ihm guttun. Zuhörer mit offenen Mündern, junge, weibliche, sogar berühmte. Kaiserin Ludovica lechzte nach ihm. Sie wollte, dass er ihr aus seinem Exposé vorlas.

Was zum Teufel willst du jetzt bei der Kälte in Karlsbad machen?, hatte Carl August gefragt. Schon Ende April, Anfang Mai zur Kur nach Böhmen zu reisen mache krank und trist. Keine Sonne, keine Leute, nichts los. Goethe hasste Kälte. Das war keineswegs eine Alterserscheinung. Sie war ihm von jeher zuwider. Wie Zugluft und Unordnung. Aber es half nichts.

Ganz am Anfang der Reise sah es so aus, als sollte Carl August recht behalten. Unterwegs Gerumpel, Geschrei, Dreck. Schwere Karren auf allen Straßen. Fahrrinnen, tief gespurt. Missgelaunte Soldaten, die Gesichter fahlgrau wie der mit Schlamm vermatschte Schnee. Napoleons Truppen auf dem Weg zum Russlandfeldzug. Hass wehte dem Franzosenkaiser nach wie ein beißender Geruch. Wo immer er sich und seine Leute in Sachsen einquartiert hatte, wünschte man ihm den Untergang. Schlimm genug, dass Sachsenkönig Friedrich August mit dem Besatzer Napoleon hatte Frieden schließen müssen, nachdem ihn die Preußen nach der Schlacht von Jena und Auerstedt hatten sitzenlassen. Dass Leute des Korsen in Dresden Wohnungen demoliert, Brücken gesprengt, Seuchen eingeschleppt, Frauen vergewaltigt, alle Vorräte weggefressen, Fässer leer gesoffen, Preziosen und Pferde einkassiert hatten, quittierten die Dresdener mit dem Wunsch,

Napoleon möge verrecken. Keiner ahnte, was Goethe ihm wünschte: Viel Erfolg! Die Großen mussten sich über Grenzen hinweg verbinden. Größe sollte siegen! Nur Kleingeister hatten Angst davor. Vor großen Fortschritten, Neuerungen, Bauvorhaben oder Denkern. Tja, Napoleon war denen auch zu groß. Laut sagen durfte Goethe das nicht. Wäre nicht gut angekommen. Wie vieles, was ihm auf der Zunge lag. Gut, dass er gelernt hatte, hinunterzuschlucken. Sonst hätte er zu Carl August gesagt: Schass deine Mätresse weg. Die vertreibt mich noch aus Weimar, für immer. Entweder sie oder ich. Er hatte es nicht gesagt. Was, wenn Carl August geantwortet hätte: sie?

Der erste Teil der Reise war düster. Dann auf einmal die Wende. Auf der Weiterreise klarer Himmel über Franzensbad. Klare Sicht auf Karlsbad. Frühlingstemperaturen. Die Kastanienknospen gingen auf, die Lärchen trieben aus. Die Fichtenwälder rochen nach Honig.

Als er nach vier Tagen ankam, empfing ihn Karlsbad, als habe es das Aufstehen verschlafen. Keine Musik in den Pavillons. Die Marmorböden in den Kolonnaden noch schmutzstumpf. Rabatten nicht voll bepflanzt, Wirtshäuser halb leer, Auslagen spärlich. Auf der Promenade mehr Handwerker als Kurgäste unterwegs, so gut wie keine Laufburschen mit Gepäck oder Geschenken. In den Foyers Laken über den Polstersesseln, im Gasthof noch der Wintergeruch. Nirgendwo die Geräusche der Koketterie. Zu früh, also doch. Wenig Leute da, schöne, junge, weibliche überhaupt nicht. Der Schnee – erst seit kurzem sei er weggeschmolzen, entschuldigte man sich.

Dann auch noch sein neuer Sekretär, dieser John. Nur weil Riemer Gymnasialprofessor geworden war. Wo er das Unterrichten hasste. Aber Demütigungen noch mehr, raunte es in

Weimar. Raunen lassen. Riemer, der kam zurück, garantiert. Nur wann. Empfehlung von seinem Sohn, dieser John. Was war da zu erwarten. Hühnermönch nannte Goethe seinen Sohn. Gemein fanden das manche. Oh nein, zutreffend, stellte Goethe erneut fest. Wie alles, was vom Hühnermönch kam, war auch dieser Sekretär nicht zu gebrauchen. Naschhaft, faul, eingebildet und auch noch versoffen war dieser John. Schließlich der Ärger mit der Verteuerung. Preise gestiegen, Umrechnungskurse für Ausländer schlechter, deutlich. Hätte trotzdem keinen Ärger geben müssen, keineswegs. Nicht für ihn.

Ich ziehe in den dritten Stock um, verkündete Goethe in seinem Stammgasthof. Dort war es preiswerter als in der Beletage.

Aber Herr Geheimrat, bleiben Sie doch. Sondertarif selbstverständlich. Uns eine Ehre. Der dritte Stock? Ist Ihnen nicht angemessen.

Hätte er drauf hören müssen – hätte. Hörte er aber nicht.

Im Karlsbader Weinkeller horrende Preise. Transportprobleme, hieß es. Wegen Napoleon. Die Fuhrwerke, der Straßenzustand, Sie wissen ja. Schlägt sich nieder.

Wie sollte er denn arbeiten ohne das, was seine Gedanken prickeln ließ? Sogar die Gespräche waren schal.

Goethe ließ durchsickern, dass er an seinen Erinnerungen weiterarbeite. *Dichtung und Wahrheit*, mit hohem Anteil an Wirklichkeit. Es können alle und alles drin vorkommen.

Kapiert? Nein.

Es blieb beim horrenden Preis.

Auch in Karlsbad war Goethe wieder in der Einzelzelle des Schweigens gelandet. Gespräche? Sprechen mit John? Dieser John war ein Niemand. Fiel nur auf durch Dreistigkeit. Gönnte sich sogar die Frechheit, zu kränkeln, er mit seinen Anfang zwanzig. Bezahlt im Bett zu liegen und zu jammern. Von wegen Infektion, der schlief seinen Rausch aus.

Es war gut, dass sich für den 13. Juni der ältere Humboldtbruder angekündigt hatte. Letztes Aufatmen, bevor Christiane kam. Außer Meyer war Wilhelm von Humboldt der einzige Mensch auf der Welt, mit dem Goethe sich unterhalten konnte. Auf seinem Niveau. Humboldt, mit dem konnte er reden über sein Wolkenvorhaben.

Goethe wartete auf einer Bank nahe dem Neubrunn im Freien auf ihn. Sah ihn kommen. Und wie! Mit einer Schleppe aus Bewunderung. Humboldt schauten die Frauen nach. Sogar Männer. Kein Wunder. Der wurde von Weltparfum umweht. Stieg jedem in die Nase. Paris, Rom, jetzt Wien, für Jahre jeweils. Zur Not als Ausweichquartier zwischendrin das Familienschloss in Berlin. Neidisch konnte man werden, jeder andere zumindest. Nicht ein Goethe. Könnte er alles selbst haben. Napoleon hatte ihn nach Paris eingeladen. Kaiserin Ludovica nach Wien. Nein, an mangelnden Angeboten lag es nicht. Im Vertrauen gab Goethe es zu: Seine Entschlusskraft war erschlafft. Sich aufteilen unter Jena, Weimar, Karlsbad, das war's. Er konnte sich das leisten. Die Welt suchte seine Nähe, na also. Sogar Humboldt.

Die fünf großgezogenen Kinder waren spurlos an ihm vorübergegangen. Vermutlich er auch an ihnen. Zwanzig Jahre Ehe! Er mit fünfundvierzig noch immer ohne Bauch, kein Doppelkinn. Sie, hieß es, noch immer schön. Der ältere Humboldt, wie der das macht? Seine Frau lässt ihm jede Freiheit und er lässt ihr jede, hatte Goethe gehört. War bei ihm doch nicht sehr viel anders.

Humboldt wollte spazieren gehen. Nur drei Tage war er

hier, dann wieder auf Achse. Wohin? Egal, Bewegung, Hauptsache, Bewegung. Goethe schlug vor, hinauszuwandern in den Süden der Stadt. Zur Vier-Uhr-Promenade. Ein Gutsbesitzer hatte sie anlegen lassen, dort, wo die Tepl nach Westen abbog. Alleen breit, Wege gepflegt, der Geruch der Föhren vom Bergrücken dahinter. Ziel der Posthof.

Wie hirnlos müssen Kurgäste sein, höhnte Humboldt: dass sie sich vorschreiben lassen können, um vier Uhr zu promenieren.

Tja, der hatte eben keine Ahnung vom Pendeln im Rhythmus des Tages. Vom langsamen Hineingleiten und langsamen Auftauchen aus dem Tümpel des Mittagsschlafes. War Humboldt anzumerken, dass er nur Kurzbesuche in Badeorten absolvierte, er verstand nichts vom Promenieren. Anfangs ging er zu schnell. Zielbewusstes Gehen hatte in einem Badeort nichts zu suchen. Dann ging er ungleichmäßig. Fast noch schlimmer als zu schnell. Machte ein paar rasche, auch noch energische Schritte, blieb dann stehen, bis Goethe nachkam. Sollte ihm das ein Gefühl von Unterlegenheit geben? Ihm vorführen, dass er zwanzig Jahre älter war? Achmeingott, war eben doch nicht in allem groß, dieser Humboldt.

Goethe wurde gegrüßt. Von jedem, der entgegenkam. Namentlich. Humboldt nickten sie bestenfalls zu.

Er habe gehört, sagte Humboldt, Goethe sei dieses Mal in Karlsbad häufig mit dem Steinschneider Müller unterwegs. Immer noch zugange in der Steinkunde? Er bekomme es überall mit: Goethes Ruhm als Geologe und Mineraloge. Sei ja sogar verewigt.

Klar, worauf Humboldt anspielte. Vor ein paar Jahren hatte der Entdecker von Nadeleisenerz dieses Gestein nach Goethe benannt. Goethit.

Besteht nicht auch Rost hauptsächlich aus Goethit?, fragte Humboldt.

Und so einer galt als feiner Mann. Von wegen. Sie entfernten sich von der Ortsmitte. Die Luft prickelte stärker, roch würziger, wurde etwas kühler. Doch auch weiter draußen blieb es dabei. Goethe wurde gegrüßt. Ihn erkannten sie. Humboldt? Na ja, wer mit Goethe daherkam, war eben irgendetwas Besonderes. Die schönen und jungen, auch die berühmten Gäste waren mittlerweile angereist. Nicht so viele wie sonst. Napoleon sorgte für Verunsicherung, bei den Russen, den Österreichern. Immerhin, Hüte, weiße Kleider, Komtessenkichern, Parfum.

Erst als sie bei der Vier-Uhr-Promenade ankamen, blieb Goethe stehen. Wesentliches konnte nicht im Gehen gesagt werden. Er wandte sich um. Atmete. Schwieg. Blickte zurück. Sparte sich die Geste, die himmelgreifende. Humboldt würde verstehen, wenn er seinem Blick folgte. Ja, er folgte. Sehr gut.

Ein lauer Wind trieb die Wolken von Westen nach Osten.

Das ist mein neues Revier, sagte Goethe.

Die Wolken? Die Witterung? Ziemliches Neuland.

Ziemlich? Ja, man müsse der Erste sein. Wie der jüngere Humboldt in der Erkundung südamerikanischer oder kanarischer Flora. Nur der Erste gehe in die Geschichte ein. Der Erste, der etwas Neues sieht. Es erkennt und nachweist.

Humboldt nickte.

Das Atmosphärische, sagte Goethe, entspreche der Stufe, auf der er nun stehe. Oberhalb der Zoologie, Mineralogie, Geologie, konkreten Anatomie. Oberhalb des Irdischen.

Humboldt nickte.

Auf dem Weg in höhere Sphären.

Ach ja?, sagte Humboldt. Etwas in seinem Ausdruck warnte Goethe. In diesen Augen glitzerte dieses Gutgelaunte der Überraschungstäter. Gehen wir weiter?, fragte Humboldt. Redete wie nebenbei. Als interessiere ihn der Kies auf dem Weg, das Licht im Laub mehr. Von seinem Bruder habe er gehört, dass es da einen in London gebe. Verschrobener Kerl offenbar. Inhaber einer chemischen Fabrik. Chiningewinnung vor allem.

Was faselte Humboldt da? Gut, Chinin hatte er schon geschluckt. Was hatte er nicht geschluckt. Aber sonst?

Quäker, sagt mein Bruder. Überzeugter Quäker. Die Fabrik läuft. Hat Geld, der Kerl. Verzichtet auf jeden Luxus. Lebt angeblich asketisch.

Fällt Quäkern nicht schwer, sagte Goethe. Klang nicht so leichthin, wie es sollte. Aber: Was ist er?

Apotheker. Im eigentlichen Beruf.

Im eigentlichen Beruf. Da glomm schon, was gleich losgehen würde. Fragen? Nicht nötig.

Seit neunundzwanzig Jahren schon habe er sich seinem Nebenberuf verschrieben, wusste Humboldt. Mit Haut und Haar und all seinem Geld. Das sei angeblich die einzige Leidenschaft dieses sonderbaren Mannes.

Leidenschaft wofür?

Wolken, sagte Humboldt. Wollen wir hier eine Stärkung zu uns nehmen?

Am Tisch im Posthof spürte Goethe auf einmal, dass seine Füße geschwollen waren. Die Beine vermutlich auch. Spürte den Schweiß auf seiner Nase. Wischte ihn gründlich ab. Er rechnete. Neunundzwanzig Jahre. 1783 also.

Dass er damals in den Himmel schaute, wundert uns ja nicht, sagte Goethe. Das Jahr vergisst keiner.

In England, sagte Humboldt, war's noch viel schlimmer.

Sehr viel schlimmer. Bestellte eine Flasche Rheingau Riesling. Auf seine Rechnung. War doch ein feiner Mann.

Beide schwiegen. 1783. Damals konnte man in Mitteleuropa gar nicht anders, als über das Wetter nachzudenken. Der Frühling war harmlos gewesen, etwas kühl, aber harmlos. Dann war ein Sommer angebrochen wie keiner zuvor. Die Tage erdrückend warm und diesig. Dann verhangen und stickig. Die Bäume begannen ihr Laub zu verlieren. Mitten im Juli schien am helllichten Tag die Sonne verdunkelt. Nachts war es trüb. Unmöglich, Mond und Sterne auszumachen. Die Menschen bekamen Angst. Es kam noch schlimmer. Manchmal sah die Sonne aus wie ein Mond in Wolken. Ihr Licht rostig braun. Schwefliger Geruch hing in der Luft. Keiner wusste, woher er kam. Dichter Nebel, blaugrau, lag über allem. Verzog sich nicht. Die Unfälle nahmen zu. Am hohen, trockenen Mittag sahen Kutscher und Reiter weniger weit als bei Novemberwetter. Pferde scheuten vor jähen Windböen, Schafe blökten, Rinder brüllten auf der Weide, umschwärmt von schwarzen Fliegenwolken. Kinder kotzten ohne Grund, die Alten japsten nach Luft, fast jeder jammerte über Kopfschmerzen. Fleisch zu transportieren war unmöglich. Verdorben kam alles an. Dann zogen die Gewitter auf. Oft zwei in einer Woche. Zehn, zwanzig Blitze zugleich am Himmel. Es klirrte, brannte, schrie durchs Gewitterläuten der Kirchen. Die Angst vor dem Weltenende galoppierte durch Dörfer und Städte. Metzelte die Vernunft nieder, jagte den Aberglauben zurück in Hütten und Paläste. Stand doch in der Apokalypse des Johannes: Rauch aus der Unterwelt wird es ankündigen, das Herannahen des letzten Tages.

Im Herbst war dann von Kopenhagener Forschern die Erklärung geliefert worden: Aschewolken. Auf Island war im

Frühsommer ein Vulkan ausgebrochen. Hatte im Dezember noch immer keine Ruhe gegeben. Acht Monate lang zogen von Island aus die giftigen Schwaden um die Erde. Verheerten die Ernte. Ermordeten Menschen jedes Alters. In England sollten es über zwanzigtausend gewesen sein, die der Vulkan aus der Ferne mit seinem Schwefeldunst ins Jenseits befördert hatte.

Ja, alle hatten in den Himmel gesehen. Gelähmt von Furcht vor Armageddon, von Sorge vor einer Hungersnot. Oder fragend, neugierig auf des Rätsels Lösung.

Humboldt hatte langsam getrunken, besserwisserisch langsam, wie Goethe fand. Goethe hatte schnell getrunken. Warum hatte er sich damals nicht mit Haut und Haaren seiner Leidenschaft verschrieben? Warum hatte er nicht damals schon angefangen, nach den Wolken zu fragen? Dieser Engländer war ihm vermutlich voraus. Wollte der Erste sein. Wollte, meinetwegen. Apotheker? Nicht eben berühmt für ihren durchdringenden Geist. Außerdem ein Quäker. Kleingeister üblicherweise. Nicht geeignet für einen großen Wurf. Also: Keine Panik. Ein Dichter erfasste Zusammenhänge anders. Dachte in weiteren Räumen.

Ich habe das nur indirekt erfahren, von meinem Bruder, sagte Humboldt. Alexander kennt den Mann und seine Forschungsergebnisse aus irgendeinem Journal. *Journal of Natural* Weißderteufelwas. Die Journale würden immer mehr. Dort seien sie im letzten Jahr veröffentlicht worden. Dieser Quäker habe allerdings schon vorher darüber geredet, in einem Londoner Hinterhof-Laboratorium. Vor irgendeinem Asketen-Club.

Wie alt ist der Mann?, fragte Goethe.

Humboldt saß zurückgelehnt da, etwas heruntergerutscht

in seinem Stuhl, die Beine übereinandergeschlagen. Lächelte in sich hinein. Er könne Goethe ja gut verstehen. Für einen Menschen Mitte sechzig beginne die Zeit offenbar davonzurasen. Er sah Goethe an. Fiel ihm ein, dass Goethe im August erst dreiundsechzig wurde? Er stutzte jedenfalls.

Für jeden Menschen, sagte Humboldt. Die Zeit sei ein Gleichmacher.

Goethe wollte widersprechen. Aber da fing Humboldt wieder von dem Engländer an. Soviel er wisse, sei der nun um die vierzig. Längst ein gemachter Mann, in England berühmter als jeder Dichter. Sein Vortrag in diesem sicher schäbigen Labor …

Ja, worum ging's darin eigentlich? Vor Asketen, ich bitte Sie! Diese Wolkengeschichte hört sich für mich bisher nebulös an. Goethe lauschte seiner Stimme nach. Hatte überlegen geklungen, nicht eifernd, nicht verunsichert. Wie denn auch!

Modification of Clouds oder so ähnlich hieß das, sagte Humboldt. Jedenfalls habe das eine wahre Wolkenmanie ausgelöst. Wolkenmaler, Wolkendichter, Wolkenbeobachter seien unterwegs, und dieser Quäker sei ihr Idol. Nein, Vortragsreisen lehne er offenbar ab, Reisen außer Landes generell. Beschränke sich angeblich sehr. Quäker eben.

Noch bevor der Riesling ganz geleert war, sagte Humboldt: Gehen wir.

Humboldt ging nun langsamer. Schaute nicht mehr auf den Weg oder ins Laub. Er sah in den Himmel. Beobachtete die aufziehenden Wolken. Ein Steinadler kreiste hoch oben. Ja, so rasch steckte sie an, diese Zukunftswissenschaft. Humboldt redete allerdings nicht mehr von Klima, Wetter, Wolken. Redete von Frauen, Goethes Frauen. Er wusste Bescheid. Na gut, wer hatte nicht gehört von dem Skandal in Meyers

Ausstellung letzten Herbst. Wo Bettine Meyers Bilder niedergemacht hatte und Goethes Christiane ihr die Brille von der Nase geschlagen hatte. Woraufhin Bettine Goethes Frau als tollgewordene Blutwurst beschimpft und Goethe Bettine das Haus verboten hatte. Humboldt wusste auch, dass hier in Karlsbad jetzt, direkt nach seiner Abreise, Christiane anrücken würde. In Begleitung von Uli, dem schönen Mandarin. Ja, er kannte die Vordergründe. Tja, aber die Hintergründe nicht. Drei Briefseiten lang hatte Goethe seiner Frau vorgerechnet, wie teuer das würde. Ihr nahegelegt, ganz drauf zu verzichten. Nein, sie rollte trotzdem an. Es würde hier nicht sein wie sonst. In Weimar hatte Goethe mit der Meute, die Christiane um sich sammelte, nichts zu tun. Mit der ging sie ihre eigenen Wege. War versorgt, was Unterhaltung anging, und ließ ihn in Frieden. Hier in Karlsbad war einander nicht aus dem Weg zu gehen. Das hieß: Stagnation der Arbeit, Stillstand alles Schöpferischen. Reden über neue Schuhe, den nächsten Ball, den besten Karlsbader Strudel.

Es ist unglaublich, wie der Umgang mit Weibern herabzieht, fuhr es Goethe durch den Kopf. Sollte er das Humboldt anvertrauen? Nein, besser hinunterschlucken. War das sie, ihr Porträt auf dem Medaillon seines Rings? Vermutlich. Dass Humboldt seine Frau idealisierte wie sie ihn, war bekannt. Eine neue Mode, die romantischen Spinner machten sie vor. Der jüngere Schlegel idealisierte seine Dorothea. Musste blind sein. Schelling seine Caroline. Seit sie tot war, noch ärger. Dann auch noch die Mode, alte Frauen zu heiraten. Caroline war neun Jahre älter als ihr Mann gewesen, Dorothea war acht Jahre älter als ihrer. Ah, schon ging es los. Anstatt etwas Vernünftiges zu reden, schwärmte Humboldt vom Geist seiner Frau, ohne jeden Anlass.

Frauen und Geist? Nein, seine Gedanken zum Umgang mit Weibern würden nicht gut ankommen. Dann eben nicht.

Vielleicht verstand Humboldt aber, was ihn am meisten herabzog: Weiber konnten nicht von sich selber lassen. Keiner Idee, keiner Ironie fähig. Zu nichts imstande, was abhob. Wobei unter Weiber die verheirateten zu verstehen waren, die schwer oder hart oder beides geworden waren. Berechenbar und anödend jedenfalls. Nicht Malerinnen wie die Bardua oder die Seidler. Schon gar nicht Sylvie, Pauline, die kleine Herzlieb oder der Mandarin. Das waren Wolken. Kaum zu fassen. Verwandelten sich, entzogen sich, leicht, schwebend, animierend. Aaah!

Wissen Sie, fragte Humboldt, dass Pauline Gotter heiratet? Vielleicht hat sie es schon getan. Termin im Juni, habe ich erfahren.

Wieder eine, die ihn vorher nicht gefragt hatte, nicht einmal eingeweiht. Goethe kniff die Lippen zusammen. Die Frage Wen? stand ihm nicht.

Sie tröstet den Witwer, sagte Humboldt. Den armen Schelling. Geistig reiche Pauline natürlich niemals an ihre Vorgängerin heran.

Ja und? Auch die Vorgängerin hatte nicht an Schelling herangereicht, ganz gleich, was man von ihm hielt. Das lag in der Natur der Sache, der Geschlechter, genau gesagt. Es musste heraus. Goethe hatte es bereits niedergeschrieben für die nächsten Epigramme oder Maximen. *Frauen sind silberne Schalen*, sagte er langsam, als falle es ihm gerade erst ein, *in die wir goldene Äpfel legen. Sie sind Gefäße, damit wir unsere Idealität hineingießen.*

Humboldt blieb stehen, sah ihn an. Was war das für ein Blick? Zustimmend? Oder eher spöttisch?

Ja, die kleine Gotter. Möge Schelling mit ihr glücklich werden, sagte Goethe. Er selbst habe andere Formen der Anregung als junge Frauen. Wissenschaft, das sei die wahre Lust, die alterslos mache. Wetter, Wolken, Überirdisches. Er fühle sich derzeit auf einem Höhenflug.

Es sirrte, pfiff, rauschte. Durch die Luft stürzte es steil nach unten. Dunkel und gefiedert, groß. Dann klatschte es ein paar Meter vor den beiden neben dem Weg in die Wiese.

Beide zögerten, sich dem Haufen zu nähern. Dunkelbraun schillernd lag er da, mächtig noch jetzt. Es war kein Schuss zu hören gewesen. Wie konnte ein Adler vom Himmel fallen!

Gerade noch ganz oben. Beherrschend, sicher, überlegen. Nun ein Kadaver. Unmöglich. Ein Irrtum. Ein Tod, gegen den alles Gesunde protestieren musste.

Kann nicht sein!, sagte Goethe und starrte auf den gefiederten Haufen. Es muss einen Täter geben.

Warum?, fragte Humboldt. Jeder kann jederzeit abstürzen. Aus höchster Höhe.

Goethe beschloss, den Abend ohne Humboldt zu verbringen. Auch ohne John, ohne Dichtung und Wahrheit. Lange saß er am Fenster. Als die Nacht herabfiel, hatte er gefunden, was er gesucht hatte.

Auf eine ganz leere Seite schrieb er es.

Wolkengebärende Mutter: Erde. Materiell. Wolkenempfangender Vater: Himmel. Geistig.

Dann kam die Nacht. Mit ihr der Schmerz. Am frühen Morgen überfiel er Goethe aus dem Nichts. Stach in die Flanken, die Lenden, den Rücken. Stach ohne Erbarmen zu, stach und stach und stach, ohne nachzulassen. Wieder und wieder. Bewusstlos werden, bitte bewusstlos werden.

Der Arzt erschien erst um halb neun.

Die Nieren, sagte er. Sie müssen im Bett bleiben.

XII

DASS SEIN BETT HART war, freute Friedrich. Obwohl ihm morgens die Knochen wehtaten. Auch dass seine Gastgeber Kummer hießen und die Hausfrau schlecht kochte, freute ihn. Wäre es ihm hier zu gut gegangen, er wäre verzweifelt. Im März 1813 war er von Dresden nach Krippen abgehauen. Ein Fischerkaff unterhalb vom Elbsandsteingebirge. Nah an der Grenze zu Böhmen. Dort, wo der Krippenbach in die Elbe floss. Keine dreihundertfünfzig Seelen. Nur fünfzehn hatten so viel Geld, dass sie Dienstboten anstellen konnten: Gastwirte, Mühlenbesitzer, ein, zwei Gutsherren. Die anderen reparierten nach Feierabend ihre Boote und Dächer, flickten ihre Netze oder Socken, kochten Kinderwindeln aus oder Gräten.

Wäre es ihm zu gut gegangen, dann wären seine Träume noch schlimmer gewesen. Verfolgten ihn ohnehin tags und nachts. Mit Beinstümpfen, Armstümpfen, leeren Augenhöhlen, abgerissenen Ohren und blauschwarzen Nasen oder Händen. Zerlumpt und zerstört waren sie durch Dresden gezogen. Napoleons Soldaten auf dem Rückweg von Russland. Jedem war anzusehen, dass er noch drei, vier, vielleicht auch zehn erschossene, erschlagene, erfrorene, verhungerte Kameraden in seinem Inneren mitschleppte. Drei Viertel, hieß es, waren verreckt. Scheiße, warum habe ich mit den Feinden Mitleid, hatte Friedrich sich selbst angerempelt. Na, mit den eigenen Leuten habe ich noch mehr, hatte er sich beruhigt. Mit denen, die zu einem Jammerdasein zerfleischt heimgekommen waren. Mit denen, deren Verenden er nur ahnte, die im roten Schnee ihre Schmerzen ins Nichts gebrüllt haben mussten. Im Nirgendwo verrottet waren, falls die Wölfe etwas übrig gelassen hatten. Mit denen, die in Dresden einen stinkenden Pesttod gestorben waren. Oder erstickt in ihrer brennenden Kammer in einer der Wahnsinnsnächte. Schrecklich hell und schrecklich laut. Klirrende Fenster, berstendes Holz, einbrechende Mauern, kreischende Menschen. Überall lauerte der Tod. Was wo explodiert war und warum? Wusste meistens keiner. Dresden war verseucht von Krankheiten, Ungeziefer, Verdächtigungen, versteckten oder vergessenen Sprengstoffen. Ja, den eigenen Leuten ging es so dreckig wie denen von Napoleon.

Eigene Leute: Wer waren die überhaupt? Hatten ja auch Deutsche mit Napoleon nach Russland ziehen müssen.

Verdammte Heillosigkeit, hatte Friedrich zur Seidler gesagt, als er sie am Jahresanfang in Dresden getroffen hatte. Kein Schwein weiß mehr, was es glauben soll. Und wem. Keine Ahnung, warum die Preußen die Sachsen totschlagen und die Österreicher die Franzosen. Wo doch die Frau vom Franzosenkaiser die Tochter vom österreichischen Kaiser ist.

Politik war nie seins gewesen. Aber dieser Franzosenkaiser hatte in Friedrichs Kopf alles durcheinandergeschmissen. Rumpelkammer da drin. Nichts zu finden, nichts eingeräumt. Kraut und Rüben. Warum hielten die Sachsen zu Napoleon? Und warum fand dann trotzdem ein Gemetzel nach dem anderen in Sachsen statt? Irr, völlig irr, das Ganze. Schlimmstes Irrenhaus war offenbar Weimar. Carl August, hieß es, hasste den Franzosenkaiser, aber liebte Goethe.

Goethe liebte den Franzosenkaiser. Aber er liebte angeblich auch die Frau des österreichischen Kaisers. Schwärmte sie in Gedichten an, hieß es. Hatte ihr in Karlsbad vorgelesen. Und die österreichische Kaiserfrau hasste Napoleon. Friedrich wurde schwindlig. Nääh, bloß gut, dass er nicht auch noch in Weimar hockte.

—

In Krippen wollte Friedrich von morgens bis abends zeichnen. Das Elbsandsteingebirge hatte ihn immer getröstet. War unwirtlich wie er. Die Schluchten schroff wie sein Umgang. Hatte aber schöne Ausblicke, weit und hoch und offen. So eine Art Zukunftsraum. Vor allem, wenn die Wolken durchs Weite zogen.

Tagelang war Friedrich einsam gewandert. Hatte mit keinem als den Tannen, den Felsen, dem Wind geredet. Gedacht, er würde klarer dadurch. Oder es würde klarer. War nicht so. Huflattich sprenkelte die Wiesen, Bärlauch zwiebelte die Luft im Unterholz. Lichtgrün schimmerten die Buchen. Der April raste dahin. Noch immer hatte Friedrich nichts gezeichnet. Gar nichts. Bis sein Hintern kalt wurde, saß er auf Granitbrocken und starrte in den Himmel. Die Wolken bewegten sich. Seine Hand tat gelähmt. Er redete ihr zu. Geduldig zuerst, ärgerlich dann. Schließlich wütend, verzweifelt. War ihr egal. Rührte sich nicht.

Dem Bruder daheim hatte er geschrieben, er sei vor Seuchen und Brandschatzung und Hungersnot in das Fischerkaff geflohen. Gelogen. Was er nicht mehr ausgehalten hatte: das Gefühl, unnütz zu sein im Kampf für die Freiheit. Sein letztes Geld hatte er hergegeben, um zusammen mit Kügelgen für den Freund Kersting ein Pferd und eine schwarze Uniform zu kaufen. Der war losgezogen mit Lützows Leuten. Saugut hatte es der. Kügelgen hatten sie als Professor nicht gehen lassen. Einen wie Friedrich hatten Lützows Leute nicht brauchen können. Einen Träumer, der kein Gewehr halten, kein Blut sehen, nicht einmal einen erschlagen konnte. Wer brauchte ihn schon? Im Krieg keiner, in der Kunst keiner, in der eigenen Familie keiner, in Dresden keiner.

Friedrich war drauf gekommen, wer ihn brauchte: die Wolken. Die erzählten etwas, das nicht jeder verstand. Hoffnungsgeschichten. Waren jetzt nötig wie Wundärzte und Verbandsmaterial und gutes Essen. Wolken erzählten sich selber. Vom Glück, zu wandern. Von der Freiheit. Vom Recht auf Freiheit, das jeder hatte. Kam von Gott, nicht von den Menschen, das Recht. Gehörte auch das Recht dazu, nicht gefallen zu wollen aufteufelkommraus. Wolken brachten, was sie wollten. Machten nicht auf Schönwetter, weil den Leuten Schönwetter besser passte. Er verstand, was sie erzählten. Er, der dumme Friedrich aus Greifswald. Konnte es in seinen Bildern weitersagen.

Halthalt – hätte es können, wäre die Hand nicht reglos als knochiger Haufen auf dem Papier liegen geblieben. Tag für Tag.

Im April kommt Arndt nach Dresden, hatte er von Kügelgen erfahren. Schlauer Kopf, der Ernst Moritz. Kennt sich überall aus. Der weiß, was Freiheit ist. Friedrich kannte Arndt. Aus jungen Jahren, von Greifswald. Dort wusste jeder: Arndts Vater war noch Leibeigener gewesen. Hatte sich selbst freigekauft. Der Sohn war Professor. Steiler Aufstieg. Dieser Arndt, hatte Kügelgen gesagt, kämpft mit der Feder gegen Napoleon. Und die Feder ist so gefährlich scharf, dass er deshalb verfolgt wird.

Vielleicht konnte der Professor aufräumen in Friedrichs

Kopf. Längst brummte in ihm der Verdacht: Der Kopf war schuld daran, dass die Hand den Dienst verweigerte. Wenn im Kopf wieder Ordnung einkehrte, vielleicht bewegte sich die Hand dann wieder und fing Wolken ein.

—

Dresden stank und blutete noch immer, als er zurückkehrte. Drin im Bayerischen Bräuhaus war alles heil. Arndt sitze gern dort, hatte Kügelgen ihm gesteckt. Saß schon da, als Friedrich in Wanderkleidern hereinstaubte. Arndt ließ sich das Bier warm machen und löffelte eine Gerstenschleimsuppe. Der Magen, wissen Sie. Warum sagte er Sie? Hatte er Greifswald vergessen? Dann kamen Sätze, wie für Denkmäler ausgedacht. Konnte gut reden, sogar unterm Essen.

Die Guten sind nie allein, sagte Arndt.

Auweia, hätte Friedrich beinahe gesagt. Ich muss allein bleiben, damit ich die Natur schauen und fühlen kann. Eins werden mit Wolken und Felsen und Tannen. Hätte beinah erzählt, wie das war und wieder sein würde: eine Woche lang keinen Menschen zu sehen. Keinen einzigen. Wie duster es dann wurde in ihm drin, zappenduster. Dass er seine Methode keinem anraten würde, keinem. Dass es aber trotzdem seine Methode war. Dass er nur deswegen die Wolken so gut kannte. Wusste, was sie anstellen würden.

Aber Arndt redete lieber, als zuzuhören. Viel von der Liebe, sehr viel. Hörte sich nicht nach Küssen an. Nein, nach Kanzel und Kirche.

Dies ist das Ewige, sagte er, als sein zweites Bier kam: dass man die Liebe habe und bewahre bis ans Ende.

Vielleicht hatte er nur noch die ewige. Seine Frau war nach einem Jahr Ehe gestorben, wie Kügelgen wusste. Im Kindbett.

Die Liebe ist die Schöpferin aller Dinge, sagte Arndt und riss sein Brot in Stücke. Und sie ist Gottes älteste Gesellin.

Klang schön. Gesellin, ja, das wär's. Eine Wandergesellin, die danach wieder ihrer Wege ging. Würden die Weiber wandern, wäre das Ganze mit den Weibern einfach. Schönschön. Eigentlich wollte er aber etwas anderes erfahren.

Arndt polierte mit einem Stück Brot den Teller. Gefiel Friedrich. Hatte den leibeigenen Vater doch nicht vergessen.

Die Freiheit ist kein leerer Traum, sagte Arndt kauend.

Leerer Traum, was sollte das sein? Friedrichs Träume waren immer voll bis an die Ränder, derzeit mit Grauen.

Damit der Traum wahr wird, sagte Arndt und nahm seinen Löffel, will ich …

Er schlug mit dem Löffel auf den Tisch.

… den Hass …

Er schlug weiterhin bei jedem zweiten Wort mit dem Löffel auf den Tisch.

… den brennenden, blutigen Hass der Deutschen gegen die Franzosen! Den will ich!

Friedrich dachte an die armen Hunde, die durch Dresden marschiert waren. Die von den Dresdnern oft zu zwanzig in einem Zimmer einquartiert worden waren. Warum Hass gegen die Franzosen? Warum nicht einfach gegen Napoleon. Der war doch an allem schuld.

Einer am Nachbartisch hatte Arndt erkannt und einen Korn spendiert. Arndt legte den Löffel beiseite.

Er hatte hier in Dresden bei den Körners Goethe getroffen. Dem war es in Weimar ungemütlich geworden. Schon wieder Einquartierungen. Auch noch Verwundete oder Kranke. Außerdem gefährlich, falls Napoleons Verfolger auch Napoleons Verehrer umbringen wollten. Goethe war also auch gerade in Dresden. Reiste im Mantel eines russischen Generals.

Spinnt, dachte Friedrich. Spinnt, der Alte. Und dann auch noch bei den Körners einkehren! Ausgerechnet dort. Wo doch deren Sohn Theodor seine Stelle als Hoftheaterdichter in Wien hingeschmissen hatte, bloß um daheim gegen den Franzosenkaiser zu kämpfen. War ein neuer Held bei Lützows Leuten, der junge Körner. Und Goethe, wusste Friedrich von der Seidler, hatte es seinem Sohn verboten, zu Lützows Leuten zu gehen. Irr, völlig irr. Fragen könnte peinlich werden. Gut, dass man diesen Arndt nichts fragen musste.

Jaja, ist heikel gewesen im Hause Körner, sagte Arndt. Als auf der Straße Trommeln schepperten, sind alle ans Fenster gestürzt. Drunten marschierten die Preußen vorbei. Vater Körner sagte was über Hoffnung und Befreiung von Napoleons Fesseln.

Und Goethe? Friedrich brauchte nicht zu fragen.

Und Goethe sagte zornrot: Schüttelt nur an euren Ketten, der Mann ist euch zu groß. Ihr werdet sie nicht zerbrechen.

Mensch, so was bei Körners! Musste Ärger beschert haben. Friedrich überlegte, was dann passiert sein könnte. Kratzte sich stumm im Bart.

Dann sagte einer, der alte Körner oder der alte Stein: Lasst ihn, er ist alt. Er selbst finde ihn auch alt, meinte Arndt, den Geheimrat. Habe an nichts Jungem, an nichts Neuem mehr Freude.

Waren offenbar keine Sylvies bei Körners zu Gast, dachte Friedrich.

Also ist Goethe für Napoleon und gegen die Freiheit, traute sich Friedrich nun doch heraus. Irgendwo musste endlich Ordnung her.

Friedrich versuchte, Arndt in die Augen zu blicken. War nicht einfach. Rutschten immer weg, diese kleinen Augen. Mit ausgestreckten Armen hielt sich Friedrich an der Tischkante fest. So, jetzt: Nachdem Sie gegen Napoleon und für die Freiheit sind, müssen Sie gegen Goethe sein. Stimmt genau, was?

Arndt hauchte das Feuer seines Korns aus. Gegen Goethe? Ach, Friedrich, Friedrich! Der ragt wie ein göttliches Wunder empor in dieser kahlen Zeit. Nicht aus dieser Zeit geboren. Sondern auf der einen Seite ein Bild der deutschen Vergangenheit. Auf der anderen eins der deutschen Zukunft.

Friedrich schüttelte den Kopf, als schüttelte er sein Fell aus, stand auf, nickte Arndt zu und verließ wortlos das Brauhaus.

Er ging zur Elbe hinunter. Sie standen bereits im Osten über den Dächern, über dem Fluss: diese Wolken in der Gestalt eines Ambosses. Er kannte sie alle, die Wolken, aus denen das Gewitter brach. So verschieden sie auch daherkamen, massig waren sie immer. Manche einem hohen Berg ähnlich, manche einem Turmbau. Manche wie ein buckliges Gemäuer, gekrönt von einem Federbusch. Wenn sie sich wie dort hinten zum Amboss zusammenschoben, brach bald das Gewitter los. Ein gewaltiges. Böse Wolken hatten die Bauern und Fischer daheim in Greifswald den Amboss in der Luft genannt. Gewäsch, dummes Gewäsch. Jeder Vogel war schlauer. Wusste, dass keine Wolke gut und keine böse war. Gehorchten höheren Mächten. Böse war Napoleon. Hatte sich letztes Jahr im Prachtschlitten nach Paris abgesetzt und seine Leute halb tot auf den endlosen Heimweg geschickt. Wolken sagten rechtzeitig, was sie vorhatten. Dem, der es verstand. Friedrich sagten sie sogar, ob sie Regen oder dicke Hagelkörner im Gepäck trugen. Würde er nie anderen Leuten verraten. Denen Wetter vorhersagen? Denen, die den Wolken Bosheit vorwarfen? Nieundnimmer.

Da brach das Wasser herab. Friedrich blieb stehen. Ließ sich überschütten. Spürte das Wasser in seinen Schuhen steigen. Und wie alles von ihm abgeschwemmt wurde. Arndts Goetheschleimerei, Arndts rußiger Hass. Die Spinnweben der Verwirrung, wer Verbündete und Verfeindete waren. Nur Goethes Spuren, die schwemmte es nicht weg. Konnte es gar nicht wegschwemmen. Der hatte ihn ganz innen drin angefasst und verletzt. Nichts war verheilt, alles tat noch weh. Die kommentarlos zurückgeschickten Bilder, Goethes Gerede über den Irrweg, auf dem er sei, was er hintenherum erfahren hatte. Vor allem, dass Goethe mit keinem Wort reagiert hatte auf das Blatt mit Friedrichs eigenem Begräbnis. Letztes Jahr hatte Goethe Künstler zu sich in die Dienstwohnung nach Jena eingeladen, Künstler aus Dresden. Sollten ihre Bilder mitbringen. Durften sie dort zeigen. Hatten fast alle gut verkauft. Das wusste Friedrich von der Seidler. Und er? War nicht eingeladen worden. Hatte letztes Jahr anfangen müssen, Zeugs zu entwerfen, das er nicht entwerfen wollte. Grabmäler, Grabsteine, Gedenksäulen, sogar Sarkophage. Tote waren das Einzige, was es mehr als genug gab. Goethe wollte, dass er Wolken malte. Ging nicht, wenn die Angst der Phantasie die Luft abdrückte. Warum half Goethe ihm nicht?

Friedrich rannte, ohne stehen zu bleiben, in die Vorstadt zu seiner Wohnung. Erst als ihm die Puste ausging, verfiel er ins Schritttempo. Als er an seinem Haus ankam, hatte er sich umentschieden: Zurück nach Krippen. Noch in dieser Woche. Scheißegal, was Goethe machte, scheißegal.

Den werde ich los. Den werde ich auch noch los.

Wen werden Sie los?, fragte eine dünne Stimme von unten. Die Kleine, die Friedrichs Zeichnungen zum Butterbroteinwickeln brauchte, schob ihre Hand in seine. Die Hand war klebrig und kalt. Tat gut, sie zu wärmen.

Aber Dresden spuckte ihn aus. Seine Wohnung mufffte. Die Nachbarn raunten, es würden bald auch hier Verwundete einquartiert. Dritter Stock, vierter Stock? Kein Hindernis mehr.

Ein paar Tage noch ließ sich Friedrich durch Dresden treiben. Durch eine trübe Stimmung unter klarem Himmel. Übernachtete lieber im Freien. Da quälten ihn nicht Albträume von einem Lazarett in seinem Atelier. Er fragte sich, worauf er eigentlich noch wartete. Doch noch darauf, dass Goethe vorbeikam? Nur, wie sollte der, wo er doch wie ein Obdachloser nächtigte? Schwachsinn!

Goethe ist abgereist, sagte Kügelgen. Nach Teplitz. Die österreichische Kaiserfrau will ihn als Vorleser. Vorher hat Goethe noch Napoleon im Brühlschen Palais getroffen. Erzählt jetzt überall, nur das Wetter sei schuld an Napoleons Russlandschlappe. Hat er von Napoleon selbst. In Petersburg sei es im April und Mai ungewöhnlich kalt gewesen, um die null Grad im Durchschnitt. Auch die erste Junihälfte. Also nicht genug Gras auf den Wiesen für Zigtausende Pferde und Zugochsen. Dann hatten Wolkenbrüche mit Sturzregen die Wege in Schlammwüsten aufgelöst. Ochsenkarren blieben hängen, Pferde brachen erschöpft zusammen. Die schlechtgefütterten Tiere verendeten. Hätte Napoleon gewusst, dass eine Woche später der Sommer aufging rund um Petersburg, er hätte gewartet.

Dann ging es weiter mit dem Schlechtwetterbericht aus Russland. Bei Witebsk Mörderhitze, großer Durst, verseuchtes Wasser, Ruhr. Dass es nicht an Napoleon, sondern am

Wetter lag, sei eindeutig zu beweisen. Einnahme von Moskau im Handstreich. Aber Rückmarsch Katastrophe durch Dauerregen, Temperatursturz, Beinbrüche von Soldaten und Pferden auf vereistem Schnee, dann Tauwetter, Flüsse aufgetaut, wegen von Russen gesprengter Brücken nicht passierbar ... Kügelgen redete und redete. Offenbar hatte Goethe ihn blöde geschwätzt. Der sei, sagte Kügelgen, nun offenbar entschlossen, Wetterprophet zu werden.

Wie das?, fragte Friedrich.

Er will die Wolken so lange studieren, bis er genau weiß, was sie vorhaben, sagte Kügelgen.

Friedrich spuckte aus. Der meint echt, er kann Gott in die Karten gucken?

Kügelgen bot ihm ein Bier an. Aber Friedrich war übel. Nichts wie weg von hier.

Erst als ihm wieder der Fischgeruch von Krippen in die Nase stieg, wurde ihm besser. Am Tag darauf gelang ihm die erste Skizze. Danach die nächste. Keine Wolken, nein! War eh schwer, Wolken zeichnen. Wolken fing er lieber nur mit den Augen ein und ließ sie dann zu Hause wieder los. Die brauchten das feuchte Element. Brauchten den Pinsel. Jetzt, mit Goethes Wetterwahn im Hinterkopf, gingen Wolken erst recht nicht. Wäre, als hätte er sie als Huren verkauft.

Es wurde Friedrich täglich wohler. Und gleichgültig, der wievielte war und welches Jahr man schrieb. Doch dann kam der 20. Juni. Was an diesem Tag geschah, ritzte das Datum in Friedrichs Hirn ein. Es würde dort stehenbleiben, bis das Hirn zerfiel.

Morgens noch schien ihm die Welt durchscheinend und schön, trotz verhangenen Himmels. Dann, auf dem Weg zur Elbe, hatte er es aus dem Haus des Steinbruchbesitzers laut reden hören, französisch. Im März waren schon mal Franzosen in Krippen gewesen. Warum jetzt wieder?

Unten am Fluss setzte sich Friedrich an die Böschung und sah ins Weite. Er wartete. Friedrich wartete gern. Mit den Gedanken war es wie mit den Wolken. Man musste sie kommen lassen. Nichts tun, gar nichts. Brachte nichts, zu sagen: Die mag ich, und die mag ich nicht. Kommen lassen und anschauen, alle. Die Schäkel klirrten leise an die Bootsmasten, im Rhythmus des Plätscherns. Musik zum Warten. Die graue Decke am Himmel löste sich auf. Langsam, ganz langsam. Es wurde heller. Die Zeit dehnte sich. Der Tod rückte in die Ferne. Friedrich verstand Menschen nicht, die das Warten hassten und den Tod. Sie verwünschten doch die Zeit. Also wünschten sie eigentlich den Tod herbei. Friedrich wartete. Sein Atem wurde langsamer. Sein Wimpernschlag auch.

Es geschah, als aus der größten Wolke die ersten Tropfen fielen. Friedrich roch das Pferd, bevor er es sah. Ein Schimmel, alt und fahl, stand neben ihm. Auf seinem Rücken ein Mann, kurzhalsig. Ein dreieckiger Hut auf dem Kopf. Schwarze Haare schauten heraus. Klebten an den Schläfen. Käseblass das Gesicht. Die weiße Reithose war verdreckt. Klein und gebeugt hing der Mann im Sattel. Die rechte Hand hielt er über die Augen. Blickte hinaus auf den Fluss.

Der Mann auf dem Schimmel schien Friedrich nicht wahrzunehmen. Streckte den rechten Arm aus, hielt den Daumen in die Höhe. Kniff das linke Auge zu. Öffnete es. Wiederholte das Ganze. Friedrich wusste Bescheid. Daumensprung. Probater Trick, um Entfernungen abzuschätzen. Plante einen Elbübergang, der Mann. Hier, wo weit und breit keine Brücke war.

Ja, er war es. Kein Zweifel. Er, vor dem Friedrich hierhergeflohen war. Seine Anwesenheit würde Friedrichs Hand erneut lähmen. Man müsste diesem Mann auf seinem Schimmel ein Weltuntergangsgewitter an den Hals wünschen. Schreckenswolken. Blitze, die ihm den Schädel samt Hut spalteten.

Arndt hätte so was gewünscht. Friedrich nicht. Er achtete die Freiheit des Wetters. Wäre der Untergang der Menschheit, wenn sie das Wetter machen könnten. Wolken ließen sich nicht für Racheakte missbrauchen. Dafür waren sie nicht da. So wenig wie Gott.

Trotzdem. Der Mann musste weg, bevor Friedrichs Hand wieder den Dienst versagte. Friedrich stand auf. Hob seinen Wanderstecken auf. Stellte sich aufrecht hin wie selten.

Er schenkte dem Mann auf dem Schimmel keinen Blick. Nur dem Himmel. Und brüllte: Gehen Sie mir aus den Wolken!

Der Mann auf dem Schimmel schwieg. Dann sagte er leise etwas auf Französisch und trieb sein altes Pferd die Böschung hinauf.

XIII

GOETHE WUSSTE SOFORT, was mit ihr los war. Die Natter lag am Rand des Wegs. Täglich ging er mit Uli diesen Weg die Ilm entlang. Hier waren weniger Lauscher als um den Brunnen von Bad Berka. Neben einem Felsbrocken im Gras lag sie. Wollte gar nicht gesehen werden. Ihre Haut war stumpf und blass. Die Augen waren milchig trüb. Starr war sie. Noch! Goethe beneidete sie, weil er die Anzeichen deuten konnte. Uli schaute angewidert. Zog die Oberlippe hoch, die Brauen zusammen. Griff sich an die Kehle. Wollte rasch weiter. Verstand nicht, warum Goethe ein solches Wesen beneidete. Ausgerechnet eine Natter! Uli rätselte den ganzen Rückweg über. Rätselte noch immer, als sie wieder aus dem Geruch von Flieder und Schwefel in den barocken Bauch des Edelhofs traten.

Der fragende Blick des Mandarins tat Goethe gut. Wissensdurst, wie schön. Ihn stillen war noch schöner. Ihre Lippen wurden davon feucht, ihre Stirn, der Nasenrücken. Er war ihr Arbeitgeber. Seinen Sekretär nannte er sie mittlerweile. Schlimm, dass er Uli aus seiner Nähe verbannen musste. Die sechs Wochen hier in Bad Berka waren ein Abschiedsfest. Nein, die Eifersucht seiner Frau war nicht der Grund. Die kam ja immer wieder zur Vernunft und brauchte selbst Ulis Gesellschaft. Uli war Fliegenleim für Verehrer. Wo sie war, da waren neue Gesichter, junge Gesichter, andere Geschichten, Klatsch von anderswoher. Ja, das konnte Christiane brauchen. Der Grund war, dass Uli verheiratet werden musste. In diesem Frühling war sie vierundzwanzig geworden. Jeden hatte sie bisher abgeschmettert, und jeder wusste, warum: Der Traumbräutigam von Uli war einundvierzig Jahre älter und längst verheiratet. Mit Christiane Goethe.

Kieser sollte es sein, hatte Goethe beschlossen. Kieser und kein anderer. Arzt, geschäftstüchtig, schneidig, immun gegen alles Romantische. Hatte hier in Bad Berka mit Goethe die Schwefelquellen beworben, verdiente gut dran. Anziehungskraft? War für Kieser ein Gegenstand der Forschung. Tierischer Magnetismus war sein Thema. Er hatte alles, was üblicherweise Mütter von Schwiegersöhnen erwarteten. Nichts, was eine Frau erwartete, die einen Goethe liebte. Als Frau Kieser würde Uli Goethe vermissen, täglich. Nicht zu ändern, tja.

Schon am Tag danach blieb Goethe mit Uli wieder stehen beim Felsbrocken am Wegrand. Im Gras papierdünn, durchscheinend, silbrig grau schillernd: Das Natternhemd, sagte Goethe. Die Natter hat es ausgezogen. Ein paar Meter weiter schlängelte sie sich. Die Augen klar, die Haut glänzend glatt. Schnellte durch die Halme. Ging ihr gut, so befreit.

Den Schlangen gestehen wir es zu, sagte Goethe, dass sie sich häuten. Weil sie ein Leben lang wachsen und die Haut nicht mitwächst. Bei Menschen von großen Gaben ist es genauso. Die wachsen auch ein Leben lang. Wachsen heraus aus ihrer Haut und fühlen sich genauso beengt in der alten. Nur da sieht es keiner ein. Häuten sie sich, wird es ihnen verübelt.

In Ulis Augen schimmerte Verständnisinnigkeit. Gutes Wort. Kein Wunder, dass sie verständnisinnig war. In seinem Haus, in seinem Geist erzogen seit sechs Jahren. Mittlerweile diktierte er Uli nicht nur Briefe. Auch sein neues Stück, den *Epimenides*. Sie machte Fehler. War ihm egal, eigentlich. Aber mit ihr gemeinsam korrigieren war angenehm. Sie musste dabei neben ihm sitzen, nah neben ihm. Uli verstand das Werk: Kein Zufall, die Ähnlichkeiten zwischen Epimenides in Athen und Goethe im Thüringer Athen. Politisch lange missverstanden. Ein Weiser, Denker, Seher. Vor allem aber Reinigungspriester. Viele Wiedergeburten wurden Epimenides nachgesagt. Tröstliche Sache, diese Wiedergeburten. Sich häuten und dann wie neugeboren sein: Nur das dürfte ihn jetzt beschäftigen. Schlangen mussten sich zur Häutung zurückziehen und frei bewegen können. An Steinen reiben, an etwas Rauem. Ihm gönnte keiner den Rückzug auf sich selbst, die geistige Reibung und dann Erneuerung. Die Wirklichkeit bannte ihn ins Alltägliche. Die anderen drängten ihm ihre Leben auf ohne jeden Sinn für Abstand. Seit längerem schon. Angefangen hatte es letztes Jahr.

Ausgerechnet am 28. August 1813, seinem 64. Geburtstag, war die Nachricht vom Tod des jungen Theodor Körner in Ilmenau eingetroffen. Hätte der sich mit dem Sterben nicht noch eine Woche Zeit lassen können? In die Jubellaune trielte Mitleidgeheule. Warum eigentlich? Körner hatte es wissen wollen – nun wusste er es.

Es war so weitergegangen. Im März des folgenden Jahres die Nachricht, dass Friedrich sich mit den Siegern zusammengetan hatte. Hatte sich an einer patriotischen Ausstellung beteiligt. Organisiert vom russischen Generalgouverneur Fürst Repnin. Feierte damit die Befreiung Dresdens von napoleonischen Truppen. Was er gezeigt hatte, wusste Goethe nicht, interessierte ihn auch nicht. Falls Friedrich die Wolken zu nationalen Freiheitssymbolen erklärte, gute Nacht.

Patriotismus und Frömmelei haben in der Kunst nichts zu suchen. In der Landschaftsmalerei schon gar nicht, hatte Goethe Sylvie erklärt, damals in Drackendorf. Vor den Ohren von Friedrich. Der hatte es hören müssen. Leider hatte er es überhört. Verlorene Seele. Na, dann nicht.

Ausgerechnet in diesem Frühjahr, wo Fleckfieber in Erfurt, Pest in Dresden, Typhus in Jena die kleinen Fluchten versperrten, musste ihm auch noch die Oase Drackendorf verdorben werden. Anfang April der Brief von Sylvie. Sie werde im Juni heiraten. Und wen? Ausgerechnet diesen Koethe. Noch eine! Willkommen im Club der unglücklichen Ehefrauen. Sie hoffe wie ihr Zukünftiger, Goethe werde ihr und ihm die Freundschaft wahren. Wozu denn bitte? Damit Koethe sich in Goethe sonnte? Schlimm genug, dass der jetzt auf den Brüsten liegen würde, unter denen Goethe höchstpersönlich für Herzklopfen gesorgt hatte.

Im April dann auch noch die Abdankung Napoleons. Die erzwungene. War Goethe nichts anderes geblieben, als zu behaupten, er habe ihn nie bewundert. Nur bestaunt wie ein Naturwunder. Ein monströses, versteht sich. Nicht genug damit, nein. Ausgerechnet sein Sohn August musste vom romantischen Freiheitsbazillus angesteckt werden. Den Schwachsinn mit Lützow hatte er ihm noch verbieten können. Den Unsinn mit den Kriegsfreiwilligen nicht. Der Sohn hatte seine Meldung verschwiegen. Im letzten Moment hatte der Papa es richten können. Beziehungen, ja. Waren doch zu etwas gut. Nur Verwaltung in einem Frankfurter Büro für August. Das hieß: Nicht schießen, nicht erschossen werden.

Im Winter 1813/14 waren die Temperaturen in Thüringen auf einen bisher unbekannten Tiefpunkt gesunken. Eine neue Eiszeit zieht auf, hatte Goethe seinem Freund Carl August bereits vor Monaten eröffnet. Und wir werden in die Geschichte eingehen als diejenigen, die das dokumentieren. Als Mensch der Dichter Goethe, als Meteorologe der Minister Goethe. Carl August konnte stolz sein.

Wetterkundler werden die Auguren der Zukunft sein, hatte Goethe Carl August erklärt. Epimenides musste noch im Vogelflug lesen. Wir haben Barometer, Thermometer, Hygrometer. Zwölf Wetterstationen hatte er seit vorletztem Jahr eingerichtet im Auftrag von Carl August. Wärmer wurde es davon nicht.

In einer warmen Quelle den Ärger abwaschen. In einer angenehmen Bäderatmosphäre alles Belastende hinter sich lassen, das wäre die Lösung. Weg aus Weimar, wo die Dummheit der anderen seinem Geist die Flügel lähmte. Nur: wohin? Zuerst mal nach Bad Berka. Nahe an Weimar dran, weit genug entfernt, um manches nicht zu hören und zu riechen. Trotzdem, ein freier Gedankenflug war auch hier nicht möglich. Die anderen hielten ihn fest in den Niederungen des Banalen. Allen voran August. Goethe hatte ihn herausgehauen aus der prekären Situation. Aber was hatte sein Sohn gemacht? Die Uniform der Freiwilligen trotzdem angezogen. Das musste Ärger geben. Hatte es auch prompt gegeben. Einer von diesen Zweihundertprozentigen, die bei den Freiwilligen kämpften, hatte Goethes Sohn zum Duell gefordert. Wegen unberechtigten Uniformtragens. August und ein Duell! Der Papa würde es schon richten, von Bad Berka aus, bitteschön. Dann war da auch noch Riemer. Dass er mit nach Berka gereist war, hätte ja erleichternd wirken können. Nach dem

Rauswurf von John schien es naheliegend, dass Riemer in Goethes Dienste zurückkehrte. Er hatte zwar in Weimar herumgejammert, beim Geheimrat sei er wie ein Hausdiener behandelt worden, immer erst im letzten Augenblick von den Plänen des Hausherrn unterrichtet. Aber offenbar war es Riemer im Schulfrondienst noch schlechter ergangen. Dass er sich jetzt nützlich machte, war ja recht. Aber warum musste er das, was Goethe beim Mandarin korrigiert hatte, noch einmal korrigieren? Was sollte diese Besserwisserei? Und warum platzte Riemer ständig herein, wenn Goethe neben Uli saß? Christianes Eifersüchteleien verhinderten ebenfalls, dass Goethe sich frei und leicht gefühlt hätte. Stichelte sie nicht, dann jammerte sie.

Die Rettung kam im Juni. Endlich. Aus Stuttgart kam sie, in grauem Papier, ordentlich verschnürt. Freiexemplar, geschickt von seinem Verleger Cotta. Cotta hatte Stil. Von ihm kam selten etwas, das er sofort ins Feuer werfen musste. Uli packte aus.

Der Divan, las sie vor. Von Mohammed Schemsed-din Hafis. Aus dem Persischen zum ersten Mal ganz übersetzt von Joseph von Hammer.

Ausgerechnet, sagte Goethe. Ausgerechnet der!

In Ulis Augen stand in Großbuchstaben: Was hat Goethe gegen einen Diwan? Am Frauenplan stand in drei Zimmern jeweils einer, zwei weiche für Christiane, ein härterer für ihn selbst.

Divan werde eine Gedichtsammlung genannt, erklärte Goethe ihr. Die von Hafis sei berühmt. Ihn störe nur dieser Hammer, der Übersetzer. Ein ausgezeichneter Orientalist. Leider auf der falschen Seite, im romantischen Lager. Die Romantiker bildeten sich ein, durch die Brüder Schlegel alles

Orientalische gepachtet zu haben. Überhaupt täten sie so, als hätten sie das Morgenland entdeckt.

Goethes Arbeitszimmer im Edelhof verfügte über eine Bank. Sie stand zwischen Stehpult und Arbeitstisch. War nach Goethes Geschmack, dünn gepolsterte Sitzfläche, ungepolsterte Lehne.

Nebeneinander schauten Uli und Goethe Cottas Neuerscheinung an. Er erzählte, was er schon von Hafis wusste. Sie schwieg und lauschte. Nichts war zu hören als das Knistern ihrer Locken. Herrlich! Er spürte, wie leicht auf einmal seine Worte daherkamen. Luftige Wolken in Azur. Erzählte, dass Hafis im Orient unsterblich sei. Seit weit mehr als vierhundert Jahren tot und doch lebendig. Sein *Divan* werde befragt wie ein Orakel. Mit geschlossenen Augen, wusste er, schlugen die Jüngsten wie die Ältesten das Buch auf. Frauen wie Männer. Kaufleute, Huren, Prinzen, Soldaten, Diebe, Maler, Minister, Schuhputzer. Nahmen das Gedicht, das sie aufgeschlagen hatten, als Wegweiser. Hafis bestimmte somit die Gegenwart. Die Entscheidungen. Für Trennung oder Treue, für diesen oder jenen Geliebten. Für Kaufen oder Nichtkaufen, für Risiko oder Verzicht. Für Liebeserklären oder Schweigen, Streitlosbrechen oder Friedenwahren. Für Aufbrechen oder Bleiben.

Die Duftwolke, die Uli umgab, veränderte sich. Ihr Körpergeruch wurde intensiver. Beglückt nahm Goethe die leichte Schweißnote wahr. Kein Zweifel, sie war erregt. Sie hatte verstanden. Schloss die Augen, wurde still, versank in sich. Ihr runder Kopf die Kuppel eines Serails.

Uli klappte das Buch auf.

Wie die Wolke schnell, o Bruder
Fliehet die Gelegenheit.
Nütze sie fürs teure Leben:
Der versäumten folgt das Leid.

Goethe atmete ein und aus, ein und aus, ein und aus und beobachtete nichts als seinen Atem. Lief ruhig wie bei einem jungen Mann. Welche Kraft lag darin. Eine Lebensgewissheit, die kein Alter kannte. Alles war noch möglich. Alles. Uli hatte die Lider wieder geschlossen. Hörbar, dass sie nicht ruhig atmete. Sichtbar an den Brüsten.

Ja, die versäumten Gelegenheiten, sagte Goethe. Hatte es nach Seufzer geklungen? Noch einmal: Die Gelegenheit, man muss sie nur ergreifen. Was erfrischt und belebt, liegt so nah wie die nächste Schenke, das nächste Bad …

Er legte seine Rechte auf ihre Linke.

… oder die Hand einer jungen Frau. Heißt es im Morgenland. Land der Offenbarungen. Der Verheißungen.

———

Goethe verbrachte die halbe Nacht und den nächsten Tag mit dem *Divan* des Hafis. Ein Dichter, der seine Sinnenlust nicht nur zugab, der sie feierte. Stark durch seine Schwächen. Die hatten mehr den Knaben als den Mädchen gegolten. Änderte nichts am Prinzip. Außerdem hatte Hafis auch darin Goethes Verständnis. Er selbst hatte mit sechsundzwanzig, auf seiner Schweizreise, den schönsten seiner drei Freunde nackt baden geschickt. War eine Pracht gewesen, ihm zuzusehen. Nein, was zählte, war die Einsicht von Hafis: Alter war kein Hindernis.

Die Liebe eines Jünglings ist
In meinen grauen Kopf gefallen.

Hinderlich waren nur die Häutungsverhinderer, die Festnagler, die Sorgenlieferanten, die Wehklager.

Leicht schwebten die Reime des Hafis über den Bedeutungstiefen. Ja, leicht musste wieder leicht werden. Sich das Unangenehme vom Hals schaffen. Er musste wie Hafis ganz aufgehen im Augenblick. Im Geschmack des Weins, der sich auf der Zunge entfaltete. Im Parfumduft auf dem Nacken der Geliebten. Im Fühlen jungen Fleisches unter seinen Fingern. Oder zumindest von Locken.

—

Erst spät am Nachmittag saß er wieder neben Uli beim Korrigieren. War mühsam, dabeizubleiben. Hafis lotste Goethes Aufmerksamkeit weg von den roten Anstrichen in der *Epimenides*-Niederschrift. Bis jetzt langweilig geraten, leider. Allegorische Figuren ohne Körpersäfte interessierten keinen. Menschen interessierten sich für Menschen. Nichts besser zu verkaufen als Indiskretion. Schlüsselromane mit beigelegtem Schlüssel. Zuschauer würden gähnen bei *Epimenides*. Nur hinter vorgehaltener Hand gähnen, weil es von Goethe war. *Epimemides* war vollkommen. Tödlich vollkommen. Die Sünden, Sehnsüchte und Berauschungen des Hafis in diesen singenden Reimen, die langweilten keinen. Seit Jahrhunderten lasen die Menschen sie in Persien. Jetzt auch in Deutschland.

Es knisterte wieder in Ulis Locken. Sie hatte ihn schon hineinfassen lassen. Den Schopf mit seinen Fingern kämmen. Darauf hatte Goethe ein Gedicht gemacht. Der Anfang war gelungen. *Voll Locken kraus ein Haupt so rund! – / Und darf ich*

*dann in solchen reichen Haaren / Mit vollen Händen hin und wider
fahren, / Da fühl ich mich von Herzensgrund gesund. / Und küss'
ich Stirne, Bogen, Augen, Mund, / Dann bin ich frisch und immer
wieder wund.*

Im Weiteren hatte ihn die Wortmacht leider im Stich ge-
lassen. *Krault* war im Zusammenhang mit Locken ein schö-
nes Verb. Aber ein infames. Nur *mault* reimte sich darauf,
schlecht. Haut reimte sich nicht, hätte aber müssen. Also
hatte er dem kraulen das l genommen. Ein Mann, der *kraut*?
Wäre bei Riemer nicht durchgegangen, nieundnimmer. Dem
hatte er es aber nicht gezeigt. Aus gutem Grund. War nur zu
hoffen, dass Riemer jetzt nicht vorbeikam. Der spekulierte
so offensichtlich auf den Mandarin, dass Goethe sich für ihn
schämte. Kleisterte sie seit Jahren mit Sonetten zu. Bierernst
und bedeutungswichtig wie Riemers Gesicht. Uli diesem Rie-
mer zu geben hätte nur einen Vorteil: Sie bliebe in der Nähe.
Aber sie seinem Sekretär überlassen? Hieße eine Thronfolge-
rin mit Personal verkuppeln. Undenkbar.

Aaah, das war es. Verjüngung. Welcher Mann von sechzig
Jahren lechzte nicht danach? Er spürte ihr Haar, als wäre es
seins. Als wäre ihre Jugend seine Jugend. Seidig war es. Goe-
the dachte an die gehäutete Natter. Dachte an seine milchig
trüben Augen im Spiegel heute Morgen. Anzeichen, dass
die Häutung bevorstand. Sein Zwerchfell zitterte. Es lachte
in ihm. Die Elixiere des Dichters. Kaum etwas würde die
Männer der Welt mehr interessieren als die Geheimrezepte
des alten Goethe. Wie er es machte, von jungen Frauen um-
lagert zu werden. Ja! Er würde es ihnen verraten, in Reimen,
so weisheitsalt, so ewigjung wie die des Hafis. In seinem
eigenen *Divan*. Würde erzählen vom Küssen und von tiefen
Blicken. Von Honig und warmen Winden auf nackter Haut.

Von Fingerspitzen und Unterarmen. Vom Weintrinken und Beieinanderliegen. Vom Verschleiern und Entschleiern. Von Wolken, von deren Botschaften und deren Wanderungen. Von der Sehnsucht des alternden Mannes nach dem Ungebundensein. Von der Sehnsucht nach der Sehnsucht.

Da stiegen sie herauf aus der Erinnerung: *Märchen aus Tausendundeiner Nacht.* Nein, nicht die Romantiker hatten ihm den Ausweg ins Morgenland gewiesen. Auch nicht Hafis. Die Märchen von Sheherazade hatten schon seine Kinderwelt durchfunkelt in allen Farben. Goethe sah sein Jungengesicht erhitzt über den Seiten des dicken Bandes mit Arabesken. Im Salon der Eltern vor den chinesischen Seidentapeten. Im Gartenhaus. Im Bett. Nie hatte er Sheherazades Märchen vom König und dem Wolkenmann vergessen. Der war im Reich berühmt, weil er eine Wolke hatte, nur für sich. Überallhin begleitete ihn seine Wolke. Wusch ihn, gab ihm Schatten und zu trinken. Dann verdarb er es mit Gott. Die Wolke wurde ihm entzogen. Der Wolkenmann aber war sicher, dass ihm seine Wolke zustand. Er sie zurückgewinnen würde. Bekam Audienz beim König. König und Königin bewunderten ihn. König und Königin beteten für ihn. Und Gott gab ihm seine Wolke wieder.

Goethe hatte sich den Orient immer aufbewahrt als letzten Fluchtort. Falls es im Okzident der Wirklichkeiten zu eng werden sollte. Jetzt war es so weit. Mit der Schlacht bei Leipzig hatte die Welt im letzten Oktober jede Heiterkeit verloren. Ein militärischer Sieg, doch die Niederlage der Lebenslust. Die Welt knirschte in ihren Fugen. Wie zu Zeiten des Hafis. Der aber hatte seine Heiterkeit bewahrt, während um ihn herum Reiche zusammenstürzten und neue Usurpatoren hochschossen.

Ulis Hand lag unter seiner auf dem Tisch, als Goethe ihr vorträumte von der Flucht in ein neues Leben. Beginn einer neuen Zeitrechnung in seinem Dasein. Wieder lachte es in ihm. Lachen entrückte dem Elend jeder Art. Sei es auch nur für kurze Zeit. Er würde wie Hafis sogar über sich selbst zu lachen lernen. Glücklich über seine Schwächen. Sicher, eben dadurch stark zu sein.

Natürlich schlich Riemer genau in diesem Augenblick zur Tür herein, als Goethes Hand noch einmal aus Ulis Locken Kraft sog. Riemers Ichhabenichtsgesehen-Blick setzte das innere Lachen frei.

Es drängte Goethe hinaus in den Garten hinterm Haus. Dort hörten keine Fremden zu. Die Nacht würde noch lange hell sein. Dann eben mit Riemer, würde Christiane beruhigen. Lindenblüten würzten die Luft weiblich. Zu dritt saßen sie in der Laube. Goethe ließ eine Flasche Elfer Riesling kommen. Der erzählte von dem letzten großen Sommer vor drei Jahren. Statt Gläsern servierte das Hausmädchen Humpen. Dick das Glas, derb die Henkel. Man war in Bad Berka, nicht in Karlsbad. Als die Nacht fiel, bestellte Goethe eine zweite Flasche. Sie gab dem Klumpen Riemer Schwung. Und Goethe die ersten Verse zu seinem *Divan*. *Klumpen* reimte sich auf *Humpen*. *Holder Sang* auf *Gläser Klang*. Ja, das war der richtige Ton.

—

Vier Wochen später brach er von Weimar gen Westen auf. Ließ Christianes bleierne Klagen, den Verantwortungsballast in Sachen August und den bedeutungsschweren Riemer hinter sich, nein: unter sich zurück. Der Himmel gab sich gelangweilt und bewegungslos. Doch Goethe fühlte sich wieder Herr der Wolken werden.

Er reiste ins Land seiner Geburt. Und Wiedergeburt? Seit siebzehn Jahren war er nicht mehr dort gewesen. Er reiste zu einem König und dessen junger Königin: Willemer und seiner Marianne. Willemer, elf Jahre jünger als er, war Frankfurter Bankier. Herrschte über ein Reich von Villen, Mietshäusern, Gütern, Kapital samt Zinsen. Marianne hatte er als sechzehnjährige Jungschauspielerin ihrer Mutter abgekauft. Er gab sie als Ziehtochter aus. Mätresse schmähte Brentano sie. Na ja, die Sache mit dem Fuchs und den Trauben. Brentano hatte Marianne Gitarrenstunden gegeben, sie anschwärmen dürfen. Weiter war er nicht gediehen. Willemer teile seit mehr als zehn Jahren, nach zwei weggestorbenen Ehefrauen, Haus und Bett, Reichtum und Reisen mit der Ziehtochter. Skandal, zischelte man in Frankfurt.

Ein König, eine Königin, trotzdem. Königlich großzügig, hieß es, sei Willemer als Gastgeber. Jeder Wunsch werde dort einem Gast erfüllt. Dachte Goethe daran, fühlte er sich wie der Wolkenmann, der seine Wolke zurückbekommen würde. Die Wolke, die ihn wie früher speiste. Ihn vor Unbill schützte. Ihn über alles erhob und hinwegtrug.

Als er übers freie Feld auf Eisenach zufuhr, spannte sich ein Bogen im Nebeldunst. Doppelt so breit wie ein Regenbogen. Dichtes Weiß in diesigem Weiß. Nur an der Unterseite leicht irisierend. Selten, diese Erscheinung, kometengleich. Ja! Die Zukunft begrüßte ihn. Leicht flogen ihm die ersten Verse für seinen *Divan* zu.

Im Nebel gleichen Kreis / Seh' ich gezogen, / Zwar ist der Bogen weiß. / Doch Himmelsbogen.

So sollst du, muntrer Greis, / Dich nicht betrüben: / Sind gleich die Haare weiß. / Doch wirst Du lieben.

Ja, es wurde.

XIV

FRIEDRICH SASS AN SEINEM Küchentisch. Der einzige
Platz, an dem er schreiben konnte. Brauchte er selten. Er trug
Strickhandschuhe, von denen er die Finger abgeschnitten
hatte. Die Ränder hatten sich beim allmorgendlichen Aus-
fegen aufgedröselt. Lieber fegen, dachte er. Lieber das ganze
Haus, die ganze Straße fegen als einen Brief schreiben. Musste
Besorgungen abrechnen mit Louise Seidler. Künstlerbedarf.
Leider schriftlich, mündlich ging hier nichts mehr, denn sie
war nach Jena zurückgezogen. Schade, hatte ihm gutgetan,
die Louise. Hatte ihm gezeigt, dass gar nicht so viele gegen
ihn waren. Mit ihr hatte er sogar über seine Bilder reden
können. Der Umzug war auch für sie schlecht. In Jena gab
es keine Galerie wie hier, keine richtigen Maler, keine Läden
für Leinwand, Ölfarben, Pastellkreiden. Aber ich muss, hatte
sie gesagt. Um dem Vater den Haushalt zu erledigen. Ihre
Mutter war gestorben, und jetzt gab es da eine Nebenfrau,
die aufs Nachrücken und aufs Abkassieren lauerte. Scheiße,
diese Heiraterei. Musste man aufpassen, dass man nicht hin-
einschlitterte. Auch als Habenichts. Die Jule vom Bayeri-
schen Bräuhaus hatte im Sommer mit ihm von Dresden nach
Greifswald wandern wollen. Jule schaffte viel weg. Hätte die
Strecke wohl gepackt, das schon. Konnte auch das Maul hal-
ten. Hockte sich manchmal neben ihn an die Böschung und

glotzte in die Wolken über der Elbe. Eine Stunde lang oder länger. Trotzdem, hinterdrein wollten die Frauen einen festhalten. Dann war nichts mehr mit Luftmalen. Ging nur, wenn keiner auf die Uhr schaute. Wenn gar keine Uhr in der Nähe war. Friedrich besaß keine. War froh drüber. Wolken waren die Gegenwelt zu Uhren. Zu allen Maschinen. So eine Ehe war irgendwie eine Maschine. Musste man ölen, und dann ratterte sie und ratterte sie. Immer im selben Takt. Vermutlich trieb es Goethe nur zu den Wolken, weil er herauswollte aus seiner Ehemaschine. Die Seidler hatte davon erzählt, so auf nett. Nur durch das Nette hindurch hatte er die Maschine gehört. Friedrich verstand, dass die Seidler keine Lust mehr aufs Heiraten hatte seit dem Tod ihres Verlobten. Angebote hätte sie, gefiel fast jedem, die Louise. Auch Goethe gefällt sie, hatte ihm Koethe erzählt. Der war wohl nimmersatt, was? Hatte doch eine. Louise wollte für Friedrich bei Goethe noch was tun. Hatte zwei Bilder von ihm mit nach Jena genommen. Kleine Landschaften mit Wolken. Friedrich erledigte ja auch gern Besorgungen für die Seidler. Viel lieber würde er es allerdings tun, wenn er nicht schriftlich drüber abrechnen müsste. Also, hinter sich bringen.

Die verlangte Leinwand erhalden Sie: 6 Ellen zu 18 Groschen und 12 Ellen zu neun Groschen. Pastellstifte kosten 12 Groschen 6 Pfennige. Nachdem die Leinwand, die Farbe, die Kosten auf der Post bezalt waren, sind noch 3 Groschen 56 Pfennige von Ihren 10 Talern übrich. Ich wusste nicht wohin mit dem Geld. Ein klucher Freund machte den Vorschlach, ins Bayerische Brauhaus zu gehen und es zu vertrinken. Fand den Vorschlag annehmlich. Alles versoffen vor dem Ent macht ein richtich Testament.

Schon krallte er sich wieder in seinem Hirn fest: Der Gedanke ans Geld. Mit über vierzig beim Bruder betteln müssen war bitter. Hatte ihm die Augustwochen daheim in Greifswald vergällt. Warum mochten so viele seine Bilder nicht? Warum wurden die wenigen, die sie mochten, von den vielen für verrückt erklärt? Sogar der Kronprinz. Nur weil er sich gerade wieder Friedrichs Bilder gewünscht hatte.

Friedrich hörte seinen Hunger. Verdammter Kohldampf. In dem Alter noch drinstecken in der Scheiße. Was hatte er falsch gemacht, was? Friedrich kam nicht weiter, wenn er darüber nachdachte. Seine Gedanken verknoteten sich im Kopf. Machten ihn wütend und hilflos. Koethe, der war so ein geduldiger Aufnestler. Wenn der redete, sah alles auf einmal übersichtlich aus. Leider auch in Jena, der Mann. Aber warum nicht die drei, vier Tage nach Jena wandern? Sylvie, mittlerweile Frau Koethe, hatte bei Friedrich ein Bild bestellt. Vermutlich für ihren Mann. Geld dafür hatte nicht er, das hatte sie. Vater tot, Drackendorf an den Bruder vererbt, aber Bares für die Tochter. Das Bild war noch nicht ganz fertig. Gab da ein paar verschiedene Möglichkeiten. Auch darüber könnte man mit Koethe in Jena reden.

Friedrich stand auf. Klebte den Brief zu, schaute an sich hinunter. Wer war er eigentlich mit seinen vier Jahrzehnten auf dem Buckel?

Aus den Socken ragten stachelbeerig die großen Zehen heraus. Friedrich begrüßte sie. Hatten Geduld, seine Füße. Trugen ihn überallhin. Blieben stehen auf Klippenschneiden, die sich durch die Sohle drückten. Schwollen an, ohne wehzutun. Machten keine Scherereien, wenn das Regenwasser in den Schuhen stand. Wappneten sich mit Hornhäuten gegens Wundgescheuertwerden. Verstanden ihn wohl. Dabei sahen sie gar nicht, was er stundenlang anglotzte. Jetzt im Herbst war der Nebeldunst so schön. Dunst – verdammt! Nicht einmal den Dunst ließen sie in Frieden. Irgendein Dunst hänge über Friedrichs Bildern. Hatte einer dieser Besserwisser in irgendeine Zeitung gepisst. Neinnein, kein Nebeldunst. Ein unguter Dunst, ein gefährlicher. Hätte ihm ja scheißegal sein können. Aber die Seidler wusste, dass die meisten diesen Pissern glaubten. Also nichts kauften, was die schlecht fanden. Und wenn sie vermuten, sagte die Seidler, dass Goethe hinter einem von denen steht, dann glauben sie ihm erst recht. Also entschieden diese Pisser über seinen Hunger und seinen Durst und seine Angst? Irrsinn, so was. Konnten keinen Pinsel halten, aber Maler in die Hungersnot treiben. In den Selbstmord. Irrsinn, so was. Und während den Maler mit seiner herausgequollenen Zunge jemand vom Haken schnitt, saßen die in ihren fett gepolsterten Besserwissersesseln und brachten mit feiner Feder den Nächsten ins Grab. Kunstrichter? Kunsthinrichter. Schlimmer: Künstlerhinrichter! War der Geheimrat ihr geheimer Vorsitzender?

Friedrich säbelte sich vom Brotlaib den Knaus ab, schmierte den Rest Griebenschmalz darauf, ins Brot hinein. Es quietschte beim Hineinbeißen.

Die Seidler hatte ihm das Blatt vorbeigebracht und vorgelesen. *Der giftige Dunst des* ... ja, wie hieß es, dieses grässliche Wort? Etwas mit -mus am Ende, wie es die Besserwisser gernhatten. Friedrich wusste, dass er seine Sommerschuhe eingewickelt hatte in die Zeitung. Ah, schon gefunden, unterm Bett. Angestrichen hatte die Seidler das Wort sogar, das grässliche. Dunst des ... Friedrichs Finger fuhr darunter entlang. Seine Zunge ging das Wort Silbe für Silbe ab. Mist – i – ziss – muss. Versuchte er es schneller, geriet die Zunge ins Stolpern.

Das heißt Wunderglaube oder Glaubensschwärmerei, hatte die Seidler gesagt. Jawoll, er glaubte an Wunder. Nur Trottel glaubten nicht daran, die nie in den Himmel schauten. Aber das hatte nichts mit Dunst zu tun! Mit giftigem schon gar nicht. Von Dünsten hatten diese Besserwisser keine Ahnung. Aber er! Wandernd im Nebeldunst, an der Elbe, am Bodden, im Gebirge. Er! Watend in den Wiesendunst frühmorgens. Er! Suchend im Höhendunst um die Gipfel. Am liebsten hätte Friedrich sofort geschrieben: Herr Goethe und Gemeinde! Sie verwechseln alles. Dunst ist feucht. Was ist denn feucht an Ihrem verfluchten Mistdingsbums? Aber da gluckste wieder dieser Wörtersumpf. Verweckseln? Oder verwexeln? Oder vielleicht verwäxeln? Hemmte seine Hand, wenn die Zweifel schwer wurden.

Dieser Mistdingsbums verneble den klaren Verstand, hatte der Pisser noch behauptet.

Wollte deswegen keiner seine Bilder?

Auf Strumpfsocken rutschte Friedrich nach nebenan. Auf der Staffelei ein Fels am Meeresstrand, darauf ein Kreuz, dahinter Wasser und Wolken. Sonst nichts. Keine Menschenseele weit und breit. Kein Grashalm. Nicht einmal Tannen auf dem Felsen oder Efeu ums Kreuz. Vielleicht sollte er auf der dunklen Felsenrückseite noch einen Anker hinmalen. Friedrich rieb seine Hände aneinander in der Ostseebrise, die von der Staffelei blies. Wie meistens hatte er unter seinem grauen bodenlangen Malermantel nichts an. Das Kreuz auf dem Bild war auch nackt. Ein senkrechter, ein waagerchter Balken vor Wasser und Wolken. Kein Gekreuzigter dran.

Denen, die es erkennen, ist es ein Trost, den anderen ist es einfach nur ein Kreuz, hatte er der Malerfreundin Louise Seidler dazu geschrieben. Leblos, hatte die Seidler ihm verraten, fänden manche seine Bilder. Leblos konnte das nur finden, wer gefühllos gegen die Natur war. Friedrich blickte in die Wolken vor dem Kreuz. Nichts lebendiger als die Wolken. Veränderten sich, verfärbten sich, verlagerten, ballten, entleerten, verzogen sich.

Könnte es sein, dass all die Maschinenleute das mit den Wolken nicht verstanden? Beamte wie Goethe gehörten ja auch dazu. Die Seidler hatte ihm erzählt, wie der seinen Tag einteilte. Mörderisch. Je mehr er nachdachte über das Geld und Goethe und dieses Mistdingsbums, desto verworrener wurde ihm. Ja, Koethe würde beim Entwirren helfen. Schon die drei, vier Tage unterwegs, stramm marschiert, würden helfen.

—

Es war kalt geworden, zu kalt für die erste Novemberwoche. Kein Drandenken, im Freien zu übernachten. Nachts im Wirtshaus hielten ihn die Mäuse wach, auch der Urin- und Schweißgestank aus alten Matratzen. Mit vierzig noch so erbärmlich reisen! Was machte er falsch?

Das letzte Streckenstück vor Jena zog sich hin. War eine dumme Idee gewesen, den Umweg über Drackendorf zu machen. Hineingelassen hatte ihn keiner. Sylvies Bruder hatte nichts von einem Friedrich wissen wollen. Wie einen streunenden Hund hatte der Hausmeister ihn vom Grund geschasst. Am frühen Nachmittag begann nasser Schnee zu fallen. Fiel auf die Bäume in vollem Herbstlaub. Drückte die Äste herab, weit herab. Der freie Weg schrumpfte zu einem Gang, Innenseite rostrot-gelb. Hatte die Form von gotischen Fenstern. Schmal, hoch, oben spitz. Schön eigentlich. Aber niedrig und eng.

Da kam ihm ein Student von den Burschenschaftlern entgegen, kurz vor Jena. Die waren berüchtigt fürs Ärgermachen. Der hier war nicht gebaut, nicht angezogen fürs Wandern. Fürs Schneewandern erst recht nicht. Hohe schwarze Stiefel, weiße Hosen, Uniformjacke, Barett. Wohl aus Versehen hierhergeraten, das Stubenhockergesicht. Hatte nur einer Platz im Durchgang. Friedrich drückte sich an die Seite. Der andere blieb stehen.

Platz da!, schrie er.

Nicht mehr Platz da, raunzte Friedrich.

Zog der andere seinen Degen. Konnte nicht wahr sein. Fuchtelte damit vor Friedrichs Nase herum. Lass bloß die Fäuste unten, sagte Friedrich zu sich. Fäuste und Wanderstock unten lassen!

Musste ihm irgendetwas angeritzt haben, der Kerl, mit seinem Scheißding.

Rot tropfte es auf den weißen Weg. Rot wie die blutige Decke des jungen Bocks auf dem Fliesenboden damals in Drackendorf. Rot wie das nackte Fleisch. Rot wie das Messer, mit dem der alte Ziegesar hantiert hatte. Goethes Stimme in Friedrichs Ohren. Wie sehr er das Zerlegen bewundere. Die Anatomen bewundre. Ja! Das war ein Medizinstudent. Einer von denen, die Leichen zerlegten. Früher, noch vor zehn Jahren, hatten sie die Leichen sogar von den Friedhöfen gestohlen. So einer war das!

Steck dein Ding ein. Habt doch genug Leichen im Keller seit dem Krieg!, brüllte Friedrich. An den Seuchen verrecken noch immer jeden Tag genug für euch eingebildete Totenmetzger.

Dann Stille. Totenstille.

War dumm gelaufen, dass sein Wanderstock nicht auf den Degen getroffen hatte. Jedenfalls sackte der Mistkerl in sich zusammen.

———

Die Tür bei Koethes ging auf, sofort. Im Türrahmen ein weiß-geschürztes Mädchen. Schaute kurz, kreischte, schlug die Tür zu. Friedrich hörte sie drin weiterkreischen. Ein Mörder draußen! Ein Mörder! Dann hörte er Koethe.

Die Tür ging wieder auf.

Ach, Sie?, sagte Koethe. Dann blickte er auf den nassen uni-formierten Haufen neben Friedrichs Füßen. Friedrich hatte ihn abgelegt, endlich. Wog mehr, als man dachte, das Groß-maul. Vermutlich war das Maul so schwer.

Der Haufen stöhnte.

Der stöhnt, sagte Friedrich. Der! Dabei hab ich ihn ge-schleppt.

Roch auf einmal verheiratet bei Koethe. Was es genau war? Gebügelte Wäsche, ein Hauch Rosenwasser oder so was, ein-gekochte Äpfel und Bohnerwachs. Koethe sah auch verhei-ratet aus. Ob es dran lag, dass er gekämmt war oder dass er nicht mit verschränkten Armen dastand und dasaß?

Die Koethes taten gut. Waren so angenehm in ihrer Tem-peratur, nicht kühl, auch nicht hitzig. Taten gut wie die Lin-sensuppe mit Eisbein.

Das Großmaul lag auf der Chaiselongue, ein feuchtes Tuch auf der Stirn, eine Wärmflasche auf dem Bauch. Stöhnte noch immer.

Friedrichs Blick tastete den Studenten von unten nach oben ab. Stiefel gewichst und poliert. Hosen neu und fleckenlos. Das Gesicht spiegelglatt rasiert. Ja, das war einer von diesen Perfekten. Die kamen an, die kamen durch und nach oben. Mit vierzig hatten die längst ein Haus und einen Posten auf Lebenszeit. Das waren die Weltzerleger. Ob sie mit einem Messer oder einem Skalpell oder mit Paragraphen sezierten. Ja, das war so einer, wie Goethe sie gerne im Gewächshaus gezogen hätte. Liebte doch diese Nützlichen und Übersicht-lichen, der Geheimrat.

Dann gehen Sie eben zu Goethe und kriechen ihm in den Arsch!, brüllte Friedrich den Mann auf dem Sofa an.

Die Wärmflasche schepperte aufs Parkett. Das Tuch klatschte hinterher. Der Student stand wackelig da und stierte Friedrich an.

Setzen Sie sich, sagte Sylvie. Schob einen Sessel heran, drückte den Studenten hinein.

Ihr gottverdammten Anatomen könnt doch alles erklären! Erklären Sie mir diesen Goethe, blies Friedrich ihm ein paar Linsen ins Gesicht.

Er studiere Jura, stotterte der Student. Und Goethe kenne er nicht. Nicht persönlich, leider.

Dann erklären Sie mir diesen Goethe, sagte Friedrich zu Koethe.

Kann ich nicht, sagte Koethe.

Aber seinen Kunstgeschmack! Was will der?

Ruhige Bilder, sagte Sylvie. Ruhige, harmonische Bilder.

Bilder, die ihn in Ruhe lassen, sagte Koethe.

Tun das meine Bilder nicht? Eine reine Seele wird ruhig im Angesicht der Unendlichkeit. Warum wird Goethe das nicht? Hat er Schiss davor?

Fragen Sie ihn selbst. Er ist in Jena, sagte Sylvie. Kennt Sie doch von Drackendorf.

Viereinhalb Monate sei Goethe auf Reisen gewesen. Wie letztes Jahr wieder am Rhein und am Main. Das habe arges Gerede losgetreten in Weimar. Vor allem, dass Goethe nicht mal am Fünfzigsten seiner Frau da war. Frau Goethe habe mehr Beileidsbriefe als Gratulationsbriefe bekommen, scha-denfrohe vermutlich. Kaum zurück in Weimar, sei Goethe schon wieder nach Jena abgereist. Obwohl seine Frau schwer krank sei.

Weil sie schwer krank ist, sagte Koethe zu seiner Frau. Denk dran, als dein Vater im Sterben lag, kam Goethe plötzlich nicht mehr nach Drackendorf. Hat dir nie geantwortet. Wie viele Briefe hast du ins Leere geschrieben!

Da war Friedrich bereits draußen. Wusste von der Seidler, wo Goethes Dienstwohnung im Schloss sich befand. Die frühere ihres Vaters hatte nah dabei gelegen. Jetzt hatte sie dort ein Atelier. Wollte sie in der Nähe von Goethe sein? Konnte man der Seidler überhaupt trauen?

Es war dunkel geworden. Friedrich rannte durch den nassen Schnee, rutschte, fuchtelte mit den Armen, fing sich. Lehnte sich an eine Hausmauer. Es pochte im Schädel. Dumm, unangemeldet bei Goethe zu klingeln. Aussichtslos, um diese Uhrzeit erst recht.

Aussichtslos? Sehen konnte er auch ohne Zutritt. Er hetzte weiter, bis er am Schloss war. Die Wohnung lag am zweiten Hof im Hochparterre. Licht drin. So viel Licht, wie es sich nur reiche Leute leisten konnten. In allen drei Fenstern. Links und rechts war niemand zu sehen. Aber im mittleren. Friedrich platzierte sich an der gegenüberliegenden Hofseite. Sah Goethe an einem Tisch stehen, ihm gegenüber, auf der anderen Seite des Tisches, eine Frau. Eine Frau in hellem Kleid, Haar hochgesteckt. Konnte das die Seidler sein? Goethe gestikulierte. Die Frau stand reglos. Goethe gestikulierte heftiger. Sie wandte kurz das Gesicht Richtung Fenster. Doch, das war sie, Louise. Das Enteneigesicht, eindeutig. Sie drehte sich um, verschwand, bückte sich wohl, tauchte wieder auf. Reichte Goethe ein Bild. Nackt, nur im Keilrahmen. Friedrich stand starr. Dem Format nach konnte es eines von seinen beiden sein. Goethe nahm es. Hielt es mit ausgestreckten Armen vor sich hin. Bislang war kein Geräusch nach außen gedrungen. Jetzt war zu hören, dass er laut wurde. Nicht, was er sagte, nur dass seine Stimme anschwoll. Noch immer hielten seine kurzen Arme das Bild steif vor sich. Dann drehte er es, die Oberkante nach unten, die Unterkante nach oben. Es musste nun auf dem Kopf stehen. Er hob das Bild etwas höher. Dann ging es ganz rasch. Die Seidler schlug die Hände vors Gesicht, vor den Mund. Als wollte sie einen Schrei unterdrücken. Goethe drosch das Bild auf die Tischkante. Einmal, noch einmal, schrie laut. Dann Stille. Goethe ging an der Hinterseite des Tischs vorbei auf die Seidlerseite, tätschelte das Enteneigesicht, verschwand mit der Seidler kurz, tauchte dann im linken Fenster auf. Ging an einen Eckschrank, entnahm ihm eine Karaffe mit etwas Braungoldenem, zwei Gläser. Die Sessel mussten tief sein, Friedrich sah nur noch Goethes weißen Scheitel. Von Louise sah er nichts mehr.

Einmal hatte Friedrich es auf seiner Wanderung im Elbsandsteingebirge erlebt. Dieses Grollen von irgendwo. Sehr tief und groß und dumpf. Dann ein Rumpeln und ein Ruckeln, das ihn den Halt verlieren ließ. Er war auf dem Hintern abwärtsgerutscht. Das Grollen war angeschwollen. Ein zweites Ruckeln. Geröll war neben ihm talab geschossen. Er hatte gewartet. Auf dem Rückweg musste er über Spalten springen, die es zuvor nicht gegeben hatte. Am nächsten Tag hieß es, die Erde habe gebebt. So war ihm jetzt. Nur dass am Pflaster nichts zu sehen war. Keine Risse, nichts tat sich auf.

An den Füßen fror Friedrich sonst erst ab zehn Grad minus. Jetzt waren sie eisig. Die Zehen schmerzten. Trotzdem beschloss er zu warten. Louise Seidler war eine Frühinsbettgeherin. Da war er nach Jena gewandert, um aufzuräumen in seinem Kopf. Dort ging es ärger zu als davor. Wer hatte das erzählt, dass Goethe in Bücher geschossen hatte? Dass er ein Manuskript von Kleist ins Feuer geworfen hatte? Dass er sogar das Buch eines Freundes mit Nägeln an einen Baum geschlagen habe. Gekreuzigt, genau genommen. Friedrich hatte es nicht glauben wollen. Aber jetzt –

Die Tür öffnete sich geräuschlos. Hob kaum die Füße vom Boden, die Seidler, als sie in den Hof trat. Friedrich ließ sie ein paar Schritte gehen. Dann erst setzte er ihr mit großen Schritten nach. Rief ihren Namen. Sie sollte nicht erschrecken, nein.

Sie blieb stehen. Drehte sich um. Friedrich blieb ebenfalls stehen.

Was hat er gesagt?

Nichts, flüsterte sie.

Was hat er geschrien, als er das Bild umgedreht hat? Sagen Sie bloß nicht wieder: Nichts!

Sie schwieg, zitterte. Kalt hier, sagte sie.

Dann bringen Sie's hinter sich!

Solche ... solche ... Bilder, hat er gesagt ...

Was für Bilder? Was war drauf auf dem, das er vor sich hingehalten hat?

Landschaft und ... und Luft drüber, sagte sie.

Also weiter!

... solche Bilder sind ein Beispiel für die Verkehrtheit der Kunst. Man kann sie genauso gut auf dem Kopf sehen.

Hat er nicht gesagt: Friedrichs Bilder?

Sie schüttelte den Kopf.

Sie lügen.

Die Seidler wandte sich ab und ging weiter.

Er holte sie ein, legte ihr seine Hände auf die Schultern.

215

Machte die Hände schwer. War es ein Bild von mir, das er zerschlagen hat?

Da duckte sie sich weg und rannte los.

War es ich?, schrie Friedrich ihr nach. Hat er mich zerstört? War ich es?

Sie verschwand in einer Tür. Drin ging Licht an.

XV

GOETHE SASS NACKT AUF dem Hocker neben der Badewanne.

Brauche heute keine Hilfe, hatte er dem Diener gesagt. Er fühlte sich seit der zweiten, der letzten Reise an den Main verjüngt. Nein: jung! Sie hatte Wunder gewirkt, die erneute Rückkehr ins Geburtsland. Der Sechsundsechzigste auf der Gerbermühle am Main war der schönste Geburtstag seines Daseins gewesen. Umjubelt. Gut, Jubel kriegte er hier auch. Gefeiert. Eine Feier war in Weimar ebenfalls zu haben. Verwöhnt. Nur kundiger verwöhnt als hier. Carl August soff mehr, als er verstand. Bei Willemer verhielt es sich umgekehrt. Dass Goethe Elfer Riesling kredenzt worden war, Elfer und nur Elfer, so viel er wollte – angenehm, nichts weiter. Doch diese Blicke von Marianne. Über die Eheschranken hinweg. Erst ein Jahr zuvor, direkt nach Goethes Abreise, hatte Willemer sie geheiratet. Panisch, ohne Aufgebot, ohne behördliche Genehmigung. Strafe sollte er angeblich gezahlt haben deswegen. Es hatte nichts verhindern können, das Heiratsdokument. Nicht die heimlichen Treffen mit ihr im Röhricht. Nicht den Austausch von Zetteln mit Chiffren. Seitenzahlen, Zeilenzahlen bei Hafis, Stichworte für gegenseitige Liebesbeschwörungen. Nicht das Hin und Her der Gedichte im Ton des *Divans*. Ja, er spürte sie noch: diese hitzigen Heimlichkeiten. Glut, die ihn jede Zeit hatte vergessen lassen. Uhrzeit, Tageszeit, Jahreszeit, Lebenszeit.

Aus der Wanne war er gut herausgekommen. Doch jetzt reute es ihn, auf die übliche Hilfe verzichtet zu haben. Hätte ihm diesen Anblick erspart, wenn der Diener ihn sofort ins Trockentuch eingewickelt, ihm umgehend das Hemd übergestreift hätte. Zuerst war's nur ein Zufallsblick gewesen. Hatte noch Schaum geknistert im Brusthaar, im weißen, na gut. Dann hatte sich der Blick verhakt. Konnte sich nicht mehr lösen. Warum hatte dieser Oberkörper etwas Weibliches? Die Brustwarzen größer, die Warzenhöfe rosiger als früher und das Ganze auf hügelig haarlosen Erhebungen. Direkt darunter wölbte sich der hoch angesetzte Bauch. Nur wo er prall war, wirkte die Haut halbwegs glatt. Goethe besah seine Oberarme, schlaff, käsefarben. Streckte die Beine aus. Um die Kniescheiben hing es faltig. So hatten Altmeister in Vanitas-Allegorien den Leib alter Frauen gemalt. Konnte nicht sein, durfte nicht sein. Frauen waren doch der Stoff. Männer waren es, die ihn formten. Hatte er, Goethe, selbst geschrieben. Her mit dem Trockentuch.

Als Goethe sich vom Hocker erhob, wankte er. Hörte es in den Gehörgängen pfeifen und durch das Pfeifen hindurch Meyers Stimme. Hallend in der Zeichenschule. Zuerst Umrisse anlegen, meine Herren. Die Kontur ist das A und O. Denken Sie daran, was unser Meister sagt: Kein Mensch will begreifen, dass die höchste und einzige Operation der Natur und Kunst die Gestaltung sei.

Aber jeder *muss* es begreifen, schnarrte Meyer dann meistens noch. Form und Gestaltung. Form und Gestaltung. Konnte einen ja in den Wahnsinn treiben. Warum kreiste sein Denken jetzt um die beiden Worte? Tja, im Formlosen und

Charakterlosen der Romantiker lag deren Untergang. Davor hatte er wieder und wieder gewarnt.

Goethe läutete nach dem Diener. Als er voll angekleidet vor dem Spiegel stand, hatte er das Wanken überwunden. Das war Goethe, jawoll. Geheimrat und Minister. Berühmtester Dichter Europas. Die Formung des Formlosen: Wenn der Körper ihm das versagte, würde der Geist es leisten. Die Witterung, die Wolken – in diesem Reich brauchte es seine Hand. Kraftvoll gestaltend. Messen, buchführen, ordnen, systematisieren, hatte Goethe auf den Wetterstationen angeordnet. Das Ergebnis? Bisher eine Enttäuschung, leider. Die Ableser durchweg Hilfspersonal. Die gelieferten Daten derart unsinnig, dass es sogar den Hohlköpfen selbst aufgefallen war.

Kommt wahrscheinlich daher, dass meine Frau sehr viel Kartoffeln kocht und das Feuer zu stark machen muss, hatte einer seine sizilianischen Hochsommerwerte aus dem Jenaer März kommentiert. Eine Witwe vermeldete, sie habe noch viele Tabellen mit Eintragungen bei sich liegen. Könne sie aber nicht hergeben. Ihr seliger Mann habe auf der Rückseite Abrechnungen notiert. Ein anderer Gewährsmann hatte im September vier Mal an zwei Tagen Windstärke 9 verbucht. Dabei war der September mild gewesen, und die Windskala ging nur bis 8. Auf der Wartburg hatte man den Gefängniswärter zum Messwart erhoben. Warum er nichts abgegeben hatte? Er könne leider die Messwerte nie pünktlich eintragen. Bei anhaltendem Südwestwind oder Südwind sei der Schlag der Turmuhr nicht zu hören. Er müsse sich also nach seiner Taschenuhr richten. Die sei alt, weil er arm sei, und gehe meistens falsch. Ein anderer klagte: Zu schlechte Augen für diese Skalen. Häufigstes Argument war: Das Thermometer zerbrochen oder zu hoch aufgehängt, um ablesbar zu sein.

Oder vor dem Fenster angebracht. Im Winter seien die Scheiben zugefroren, deckend weiß.

Konnte einen Goethe jedoch nicht von seinem Ziel abbringen. Gestalt in das gestaltlose Geschehen am Himmel zu bringen, das war es. Gut, dass Carl August heute Minister Goethe zu sich beordert hatte. 8. Dezember, Vorweihnachtszeit, Wünschezeit. Herzenswunsch des Ministers: Carl August möge den Gehilfen in den Hintern treten. Mehr Geld für besseres Personal ausgeben. Und für bessere Geräte. Die Hygrometer aus Fischbein funktionierten einfach nicht.

Goethe setzte sich an seinen Schreibtisch. Fast druckfertig, sein *West-östlicher Divan*. Penibel ins Reine geschrieben von Riemer. Tat gut, diese gestochene Schrift. Gab Halt. Wären die Gehilfen auf den Messstationen ebenso penibel, es wäre leicht, Halt in den Wolken zu finden. Halt brauchte die Menschheit. Brauchte er selbst.

Goethe lehnte sich zurück. Harte Stuhllehne, gut so.

Ja, er hatte ihn verloren. Anfangs hatte ihn die Liebesglückswolke getragen. Dann aber hatte sie ihn umgeben. Stolpernd war er in die Irre gelaufen. Wie hatte er nur vergessen können, was er seit seiner Schweizer Reise schon wusste: Wer sich in der Wolke befand, sah sie nicht mehr.

Erst hier in Weimar hatte er es klar gesehen: Diese Liebe war unmöglich. Nicht, weil Marianne fünfunddreißig Jahre jünger war. Jugend war keine Frage der verlebten Zeit. Nicht, weil sie verheiratet war. Nein, weil sie kein Maß kannte. Sie hatte sein Weltgebäude umgerannt, als wäre es aus Pappe. Ihm geantwortet wie seinesgleichen: als Dichterin! Konnte sie doch nicht sein! Kind von fahrendem Gesindel. Dritte Frau eines Bankiers, die nett Gitarre spielte und verrückt auf Hunde war. Aber es half nichts: Sie konnte dichten.

Er blätterte in den Seiten des *Divans*. Diese ersten Zeilen vor allem waren ihr gelungen, wie sie ihm nicht gelungen waren. Nicht mehr? Ich bin unmusikalisch, bedaure, hatte er oft gesagt. Gefahrlos. Keiner glaubte das einem Goethe. Ihre Zeilen sagten ihm: Er war es. Mariannes Anfänge waren Musik. Sie eröffneten wie eine Sinfonie. *Was bedeutet die Bewegung?* Ja, das sang. *Hochbeglückt in deiner Liebe.* Das schwang. *Ach, um deine feuchten Schwingen.* Das klang. Er brauchte solche Gedichte in seinem *Divan*. Sie brachten diesen Verführungston hinein. Das Berauschte, wie in Trance gesprochen. Riemer wusste nichts von Marianne Willemers Mitwirkung. Selbstverständlich hatte Goethe unter keines der Gedichte ihren Namen gesetzt. Ihn zu verschweigen war Sache der Diskretion. Außerdem: Wie käme das an, wenn in einem Spätwerk des Meisters plötzlich eine Anfängerin auftauchte! Sofort gäbe es Spekulationen, warum die da mitmischen durfte.

Ja, es war Zeit. Zeit, Abschied zu nehmen von den orientalischen Versuchungen. Abgeneigt, hatte er gerade Knebel gestanden, sei er dem Orientalischen keineswegs. Aber er fürchte sich nun davor. Das zieht die Einbildungskraft ins Formlose und Difforme. Wovor ich mich mehr denn je zu hüten habe, hatte er gesagt. Vor vier Wochen hatte er die Liebe zu Marianne bestattet. In Wolken.

Von Wolken streifenhaft befangen,
Versank zu Nacht des Himmels reinstes Blau;
Vermagert bleich sind meine Wangen
Und meine Herzenstränen grau.

Das mit den mageren Wangen stimmte nicht, klang aber überzeugend.

Goethe stand auf, ging die Treppe hinab, öffnete das Haustor.

Tot, dieser Himmel. Weißgrau, ohne die geringste Bewegung. *Was bedeutet die Bewegung?* Nein, nicht dran denken. Seit Dienstag schon war der Himmel unverändert. Nachts pechschwarz und sternenlos. Tags weißgrau und reglos.

Üblicherweise atmete Goethe auf, wenn das Tor hinter ihm ins Schloss gefallen war. Vergaß sofort, was er dort gerade noch gesagt oder getan hatte. Kaum war er draußen, prickelten die Möglichkeiten in ihm, sich abzusetzen. Ohne irgendein bestimmtes Ziel und ohne irgendeine Nachricht zu hinterlassen.

An diesem Dezembertag des Jahres 1815 prickelte nichts.

Möglichkeiten – hatte er jenes Seelenheil nicht längst verkauft für Macht und Wichtigkeiten?

Er versuchte, tief durchzuatmen. Ging nicht richtig. War es das Mittagessen, das vom Magen her die Lunge bedrückte? Konnte eigentlich nicht sein. Er hatte doch ohne seine Frau gegessen. Obwohl das die einzige Gelegenheit war, sie zu sehen. Alleinessen tat sonst der Verdauung gut.

Nach ein paar Metern richtete Goethe seinen Blick wieder nach oben. Der tote Himmel stierte starr herab. Leichenstarre, grässliches Wort. Er schob es weg. Mit seinen sechsundsechzig hatte er die durchschnittliche Lebenserwartung längst überschritten. Sagte aber nichts. Mit dem Durchschnitt hatte er nun mal nichts zu tun. Sein Vater war einundsiebzig geworden. Einundsiebzig? Er blieb stehen. Lange hin war das nicht mehr. Die Mutter? War immerhin siebenundsiebzig geworden. Noch elf Jahre. Besser? Nicht wirklich. Jeder in die Zukunft ragende Gedanke musste mit seiner Enthauptung rechnen. Dieses Warten auf die Hinrichtung sollte wohl der Größe die Knie schlottern lassen. Jeden Tag könne es so weit sein, raunten die Pfaffen. Eine Zumutung. Bei jedem verurteilten Mörder stand wenigstens früher oder später der Termin fest. Sondermenschen hatten Anrecht auf eine Sonderlösung.

Goethe öffnete über der Brust drei Knöpfe an seinem Mantel. Für Dezember nicht kalt. Den Schnee, der zu Monatsbeginn gefallen war, hatte ein Südwind weggeschmolzen. Die getretene Erde auf dem Frauenplan war aufgeweicht. Noch immer kein Pflaster vor dem Haus des Geheimen Rats. Als Wegebaudirektor hatte er sich um die Straßen im ganzen Herzogtum gekümmert, begradigt, befestigt, gepflastert. Vor der eigenen Tür suppte noch Mittelalter. Trotzdem wollte er zu Fuß gehen.

Um drei war er mit Carl August verabredet, dem engsten lebenden Freund. Freiwillig war die Enge nicht. Mehr Ehe als Freundschaft, was ihn mit dem Landesherrn seit vierzig Jahren verband. Eheprobleme gehörten dazu, auch die ehelichen Zänkereien um Unwesentliches. Nur verärgern durfte er ihn nicht, jetzt nicht. Eine Überraschung hatte sein Freund für diesen Freitagnachmittag angekündigt, eine sensationelle Überraschung. Die brauchte Goethe. Neu und zukunftsfrisch sollte alles um ihn her sein. Aber seine Umgebung in Weimar stocherte in Vergangenheiten herum. Verwelkte Gattinnen, sonst verfeindet, zogen schwesterlich vereint über knospige Frauen her. Über frischverliebte erst recht. *Hochbeglückt in deiner Liebe ...* Nein, nicht mehr, nicht mehr!

Mit gleichmäßigen Schritten ging Goethe über den Platz. Die Luft roch abgestanden, nach Kohl, Urin und Rauch. Keinerlei Luftbewegung. *Was bedeutet die Bewegung* … Goethe wedelte mit der Hand Gedanken weg, Gerüche weg. Besser als die Luft zu Hause war die im Freien in jedem Fall. Obwohl seine Frau sich in den hinteren Trakt zurückzog, drang ihr Unwohlsein durch alle Ritzen. Insgesamt über fünf Monate war er in diesem Jahr ohne sie unterwegs gewesen. Sie hatte sich nicht beschwert. Kleingeist lähmt den Großen die Schwingen, macht aus Adlern Suppenhühner. Das musste sie hinnehmen. *Ach, um deine feuchten Schwingen, / West, wie sehr ich dich beneide* …

Am Ende des Platzes, bevor er Richtung Markt und Schloss abbog, blieb Goethe stehen und drehte sich um. Auf dem Frauenplan waren drei Menschen zu sehen. Er kannte alle drei. Ihren Gang, ihre Alltagskleider und ihre Sonntagskleider, ihre Hauseingänge, ihre Beschwerden. Obwohl sie völlig unwesentlich waren. Weimar!

Am kommenden Dienstag würde er offiziell zum Staatsminister ernannt werden. Oberaufsicht über die unmittelbaren Anstalten für Wissenschaft und Kunst in Weimar und Jena. Noch mehr Geld, noch mehr Sicherheit, noch mehr Ehre. Noch eine Fußfessel, die ihn festband an dieses Kaff mit seinen siebentausend Leuten. Mindestens sechstausendneunhundertsiebzig davon interessierten ihn nicht im Geringsten.

Schwer und gedrungen lag sein Haus da. Wie seine Frau auf dem Sofa. Gesättigt und nach außen hin anscheinend zufrieden. Im Inneren des Hauses aber machten sich längst die Folgen eines Lebens bemerkbar, das sich von einer Mahlzeit zur nächsten schleppte. Eines Lebens, das nichts wissen wollte von Ablagerungen in Organen, Blutgefäßen und Gedanken.

Darüber der Himmel, reglos. Nicht wie gemalt. Wie angestrichen mit dicker pastoser Farbe.

Über die arkadischen Landschaften von Nicolas Poussin spannte sich ein anderer Himmel. Durchscheinend, schimmernd von Hechtgrau über Taubengraublau bis ins Meeresweiteblau. Die Wolken schienen sich sogar im Gemälde leicht und rasch zu bewegen. Rasch wie alles Überraschende. Mariannes Bewegungen. Runde weiche heiße Kinderhände. Rasch auf ihn zu. Ihr Mund auf seinen zu.

Vorbei. Vorbei Lust und Leiden. Egal, sie hatten dem Werk gedient.

—

Auf dem Marktplatz stand dieser Tannenbaum, den der Buchhändler Hoffmann hinausgestellt hatte. Geschmückt und mit Kerzen bestückt. Weimar war gerührt über den allerersten Christbaum in der Öffentlichkeit. Hoffmann erwartete von Goethe Dankbarkeit für diese Verneigung. Jeder wusste, dass durch Goethes *Werther* nicht nur gelbe Lederhosen und Selbstmorde Mode geworden waren. Auch Christbäume. Goethe verärgerte der Anblick. Musste dieser Mensch ihn daran erinnern? Besaß er kein Gespür dafür, was es hieß, den eigenen Erfolg nicht einholen zu können? Seit Jahrzehnten nicht. Keines seiner Bücher hatte nur annähernd so viel Auflage gemacht wie der Werther vor vier Jahrzehnten. Warum? Ja, das wollte hier natürlich keiner hören: Weil er den Werther nicht in Weimar geschrieben hatte.

Carl August warb seit dem Tod seiner Mutter Anna Amalia auswärts mit *Weimar bleibt Weimar*. Die Drohung bewahrheitete sich täglich. Der tote Himmel passte dazu.

Nichts wie vorbei an dem Christbaum. Auf seinem Rückweg würde Goethe ihn auch noch illuminiert sehen.

Ja, damals waren seine Oberschenkel stramm gewesen

unter den gelben Hosen, sein Bauch unter der gelben Weste flach. Keine kahlen Stellen auf dem Schädel, kein Stechen in der Niere, keine Verdickungen an den Fingergelenken, keine Tränensäcke.

Seine Frau war genauso gefühllos wie dieser Buchhändler mit seinem Christbaum. Als Goethe am 11. Oktober nach hundertvierzig Tagen Abwesenheit nach Hause gekommen war, hatten ihn die Stulpenstiefel erwartet, die zu den gelben Hosen gehörten. Repariert, gewichst, poliert. Jetzt kam er nur noch mit dem Arm hinein. In Weimar musste man verfetten.

Dabei schien es, als hätte seine Frau verstanden, was er brauchte: alles, was seinen Wissensdurst anheizte. Echte Neugier machte beweglich. Was die Weimarer mit diesem Etikett verkauften, das war Altgier. Bekniet en Goethe als Heiligen, der ihrem Kaff eine Gloriole verschafft hatte. Behinderten ihn aber bei seiner eigentlichen Mission: seinem Werk.

Christiane sah immerhin ein, dass er Beerdigungen mied. Kranke Frauen nicht ertrug. Nicht einmal kränkelnde. Aßen wenig, fraßen jedoch Arbeitszeit und Schaffenskraft weg. Seine Frau hatte nie so gewirkt, als würde sie in dieser Hinsicht einmal Scherereien machen. Den Altersabstand von sechzehn Jahren hatte Goethe für eine Versicherung gehalten. Aber kurz nach der schuldbewussten Heirat vor mehr als neun Jahren hatte es angefangen, dass es Christiane hier schmerzte und dort zog. Zu Beginn dieses Jahres hatten sie keine zwei Fingerbreit mehr vom Tod getrennt, mit neunundvierzig.

Es wäre besser gewesen, sie wäre nicht gerettet worden, besser für sie und für ihn. Fanden auch seine Freunde und Freundinnen hier. Sogar der brave Riemer. Brav? Der hatte in Goethes Abwesenheit mit Christiane ein Komplott geschmiedet. Uli hatte ihre Verlobung mit dem Arzt gelöst und sich ratzfatz Riemer versprochen. Christiane hatte bereits das Aufgebot bestellt, als Goethe aus der *Divan*wolke fallend in Weimar aufschlug. Nun denn, lockige Muse. Viel Glück im Mittelmaß.

—

Das Schloss schwieg gelangweilt vor sich hin. Vor dem südlichen Teil des Ostflügels blieb Goethe wieder stehen. Absolut perfekt. Er selbst hatte schließlich mitgeplant und beraten. Nichts mehr zu verbessern. Entsetzlich. Noch einmal blickte er nach oben. Nichts hatte sich verändert. Als wären die Wolken und Visionen für immer vom Himmel über Weimar geflohen. Flucht. Was für ein erfrischendes Wort. Man hörte den Wind durchpfeifen. Flucht nach vorn. Wie damals gen Italien! War nichts mehr mit Aufbruchsgeist. Eingeschläfert vom Mief des Gestrigen. In London waren seit Jahren die Straßen der Innenstadt nachts mit Gaslaternen taghell beleuchtet. In Paris ebenfalls. In Philadelphia fuhr eine dampfbetriebene Bahn. In München war der erste Telegraph vorgestellt worden. In Berlin zog Magnet Alexander von Humboldt die anderen Forscher an. Nach Weimar kamen sie nur aus Versehen. Oder seinetwegen. Und dann saugten sie aus ihm Albumweisheiten und Anekdoten zum Mitnehmen.

Her mit der Überraschung! Nur – konnte es sich bei der Überraschung, die auf ihn lauerte, um die nächste Fußfessel handeln?

Gleichmäßig ging Goethe im Schloss die Treppen hinauf zum zweiten Stock. Das frühe Nachmittagslicht flutete durch die hohen Fenster. Dort oben war es heller als in den Straßen.

Die leicht bläulich verfärbte Nase seines Freundes war nass. Seine Haare klebten am Schädel. Aufgeregt, eindeutig. Auf dem Tisch standen zwei Gläser und eine Karaffe mit Champagner.

Die Hand von August erinnerte Goethe an das Vorsatzpapier eines stockfleckig gewordenen alten Buchs. Sie lag auf einem neuen Buch.

Druckfrisch, sagte August.

Und?, fragte Goethe.

Wo blieb die Überraschung! Er wusste, dass zum Jahresende, immer um den 8. oder 9. Dezember, die neueste Ausgabe von Ludwig Wilhelm Gilberts *Annalen der Physik* beim Herzog abgeliefert wurde.

Wir sind eben doch Provinz, sagte sein Freund. Hier! Er schlug mit dem Handrücken auf den Bucheinband. Hier geht es ums Große.

Er nahm das Buch und gab es dem Besucher.

Ganz vorn, sagte er. Nach dem Vorwort.

Goethe schlug Seite eins auf.

Versuch einer Naturgeschichte und Physik der Wolken, las er, *von Lukas Howard, Esquire zu Plaistow bei London.*

August stöhnte.

Sodbrennen?, fragte Goethe.

Nein, schlimmer: Wir haben es verschlafen. Wir hätten schon vor zehn Jahren drauf kommen können und uns auf den Weg nach London machen.

Er stöhnte noch einmal, tiefer.

Lies! Erste Seite Mitte. Einen Aufsatz …

Einen Aufsatz über die Modificationen der Wolken, las Goethe halblaut, *worin die verschiedenen Arten der Wolken nach naturhistorischer Weise von ihm beschrieben werden und worin er für sie*

Kunstnamen, die er aus dem Lateinischen entlehnt, in Vorschlag gebracht hat, habe ich den Lesern dieser Annalen …

Er blätterte um.

… bereits im Jahrgang von 1805 im Band 21 mitgeteilt…

August ließ sich in einen Sessel fallen und streckte die Beine von sich: Einfach verschlafen.

Halt, mein Lieber!, sagte Goethe. 1805 starb Schiller. Das traf mich tiefer, als mein Geist ertrug.

Auf der Beerdigung wurdest du nicht gesehen, sagte August. Außerdem starb Schiller am 9. Mai, und der Band 21 lag am 9. Dezember in meinen Händen. Aber es kommt noch schlimmer. Wir haben ein zweites Mal … Ach was, lies es selbst.

Goethe las weiter.

Herrn Howards Ideen über das Entstehen, das Bestehen und das Vergehen der Wolken lieferte die Bibliotheca Britannica erst sieben Jahre später, nämlich im Jahrgang 1812.

August streckte die Hand aus und drückte das Buch auf die Brust.

Du hast ja eh schon alles gewusst. Wie war noch mal deine Wolkentheorie, mein Geheimer Rat?

Meine? Ganz einfach. Die Erde atmet. Der Erdenleib funktioniert wie der menschliche. Systole, Diastole. Ausatmen, einatmen. Bei hohem Luftdruck, dem Ausatmen der Erde, steigen die Wolken empor. Lösen sich auf. Beim Einatmen fällt der Luftdruck, fällt das Barometer. Die Wolken sinken nieder, ballen sich zur Masse. Die Erde zieht sich gewissermaßen zusammen.

Kurzfassung!, forderte Carl August.

Die rhythmisch pulsierende Schwerkraft der Erde formt den Dampf zu Wolken. Sie allein bestimmt die Wolkengestalten. Ein tellurisches Gesetz regelt das atmosphärische Geschehen.

Grinste August, oder blendete ihn nur der tote weiße Himmel vor den vielen Fenstern?

Herr Howard ist da ganz anderer Ansicht, kam es aus dem Sessel. Hat er in seiner Heimat schon vor genau dreizehn Jahren verkündet. Im Dezember 1802! Da warst du dreiundfünfzig, und ich war Mitte vierzig. Hätten wir ohne Wampe und Sodbrennen und Gicht sofort die Reise antreten können nach London.

Hätten wir antreten können, hätten wir davon gewusst, mein Lieber, sagte Goethe. Der Dreiklang Wolken / London / davon gewusst schrillte, alarmierend. Ja, er war gewarnt worden.

Provinz. Tiefste Provinz, drang es aus August. Dann gab er das Geräusch eines alten Sitzmöbels von sich. Eines, aus dem man sich nur mit Mühe erheben konnte.

Als Goethe, die *Annalen* in der rechten Tasche seines Mantels, die rechte Hand auf der rechten Tasche, wieder auf sein Haus zuging, war der Himmel über dem Frauenplan noch immer unbewegt und undurchsichtig. Ein straffgespanntes Bettlaken. Nun war es angegraut. Als hätte man das Laken in rußiger Luft getrocknet. Rußschwaden aus Öfen und Herden und Heimen. Wolken aus Bürgerverliesen, erstickend.

Niemals hatte Goethe in Italien einen solchen Himmel erblickt. Nicht über dem Golf von Neapel, nicht über der Campagna di Roma, nicht über dem Markusplatz und nicht über dem Tempel von Selinunt. Auf einer Wiese liegend, auf einem Malerhocker sitzend, auf einem Säulenfragment rastend hatte er zugesehen, wie die Wolken es miteinander trieben. Sich jagten, einholten, durchdrangen. Auch über dem Rhein oder dem Main hatte er im vergangenen Jahr niemals einen solchen Himmel erblickt. Jeden Tag war dort der Himmel in Bewegung gewesen.

Sein Kopf fühlte sich heiß an. Rot angelaufen. Uff, da war er noch einmal davongekommen. Carl August ahnte nicht: Sein Minister hätte es früher wissen können. Dieser Howard musste jener Wolkenforscher in London sein, von dem Wilhelm von Humboldt ihm vor dreieinhalb Jahren, im Juni 1812, beim Spaziergang, berichtet hatte, eigentlicher Beruf Apotheker, Quäker noch dazu. Selbst Feinde gestanden Goethe zu, eine Nase fürs Kommende zu haben. Er hatte sie sich verstopft. Nicht einmal die Fährte dieses Wolkenforschers aufgenommen. Quäker, bittesehr! Aus der Bibel, nach der Bibel, mit der Bibel lebend. Dem gefährlichsten Buch der Weltgeschichte. Verantwortlich für so viel Gutes? Verantwortlich für mindestens ebenso viel Böses! Wie konnte ein Quäker es schaffen, in Gilberts *Annalen der Physik* zu gelangen und zu Weltruhm zu kommen?

Goethe verharrte. Sein Blick glitt über den braunen Brei auf dem Frauenplan. Bald vierzig Jahre war es her, dass er an August geschrieben hatte: *Da sitz ich noch immer in der Scheißerei, in der abscheulichen Scheißerei.*

Hol mich hier raus, hatte das geheißen. Schließlich hast du mich hergelotst.

Manches war seither besser geworden. Es war verboten, die Nachttöpfe auf die Straße zu entleeren. Geistesleuchten erhellten die dunkle Stadt. Hieß es. Doch irgendwie saß er noch immer mitten in der Scheißerei. Zu viele Ausscheidungen aus Schwatzmäulern und Kleinbürgerhirnen. Es lief, sabberte, trielte, klatschte, sickerte. Keine Leidenschaft hier, nirgends. Nicht bei den jungen Frauen vor Ort, nicht bei den Forschergeistern. Neidisch schielten sie in die Schreibtischschublade der Konkurrenten oder aus der Öde des eigenen Ehelagers in Mätressenbetten. Wer blickte schon an den Himmel! Schon gar nicht diese Freizeitforscher. Ärgerten sich nur, wenn eine Wolke vorbeizog, weil sie nicht erklären konnten, was da vorbeizog und warum.

Beim Gedanken an den kommenden Tag beschleunigte sich sein Puls. Ja, er hatte viel versäumt. Aber es war noch nicht zu spät. Nach dem Studium von Howard würde er in Londons Erkenntnisgegenwart angekommen sein. Weiter sein als die Jüngeren um ihn her. Weiter vorn auf dem Weg ins Morgen.

Nein, der Herr Geheimrat habe zu viele Verpflichtungen, ließ Goethe das Hausmädchen Frau Goethe ausrichten. Für ein gemeinsames Mittagessen mit ihr habe er bis zum neuen Jahr nur zweimal Zeit. Einmal vor, einmal nach Weihnachten. Ihr das erklären? Unnütz. Sie kapierte nicht, dass Wissensdurst jeden Hunger verjagt. Vor allem auf schmatzende Zweisamkeit mit ihr.

Atemlos las er den Text zum zweiten Mal. Am Tag darauf zum dritten Mal. Der Quäker hatte es geschafft: den Gestaltenwandel erfasst, benannt, erklärt, geordnet. Form ins Formlose gebracht. Mit drei Begriffen hatte er die Welt der Wolken erschlossen: Cirrus, Cumulus und Stratus. Die Feder, der Haufen, die Schicht. Aus diesen drei Grundformen ließen sich die übrigen mischen. Cirro-Cumulus und Cirro-Stratus. Cumulo-Stratus und Cumulo-Cirro-Stratus, von Howard Nimbus, Nebeldunst, genannt.

Weg war die Enge. Im Studierzimmer auf Bergeshöhen: Goethe sah weit, ganz weit und hoch. Sah die Stockwerke vor sich, die Howard im Himmel errichtet hatte. Sah die Wolken vor sich in all ihren Gestalten und Mischgestalten. Nein, Howards Geist war nicht von Frömmelei erschlafft. Hatte das Vornehmste geleistet, was der menschliche Geist leisten konnte: Formung des Formlosen.

Bewunderung strömte durch Goethe. Belebte ihn. Es knackte. Die harten Schalen fielen ab von ihm.

Ich habe meinen Bruder entdeckt, eröffnete er Riemer.

Wo? In Frankfurt?

Nein, hier.

Goethe schob ihm die *Annalen* aufgeschlagen über den Tisch.

Mein Geistesbruder. Ich habe als Poet die Wissenschaft neu belebt. Er hat Wissenschaft in die Poesie der Wolken gebracht. Und ich werde ihn noch weiter bringen.

... werde ihn noch weiter bringen, echote Riemer schreibend.

Denn eins fehlt bei Howard: der Begriff für das, was hier seit Wochen steht: die Wolkenwand. Werde sie Pares nennen.

... die Wolkenwand. Werde sie Pares ..., murmelte Riemer.

Sie sollen nicht mitschreiben: Mitdenken sollen Sie, sagte Goethe:

... nicht mitschreiben, kam es vom schreibenden Riemer.

Goethe sah ihn an. Wie herausgebacken in Selbstzufriedenheit, dieser Mann, seit er den Mandarin erobert hatte. Erobert? Fluchthelfer war er, sonst nichts. Das kleinere Übel in ihren Augen, mit dem großen Vorteil: Die Nähe zu Goethe blieb erhalten. Trotzdem, er war verwendbar. Wo er das Problem sehe bei Howards Entdeckung.

Riemer blätterte. Cirrus, Cumulus, Stratus ... Na ja, lateinisch, sagte er. Latein ist das Problem. Kann das Volk nicht.

Goethe schüttelte den Kopf. Neinnein. Das lerne jeder nachzubrabbeln. Dem Volk fehle es an Vorstellungskraft.

Das Volk muss ja auch nicht dichten, meinte Riemer friedlich. Dazu brauche es natürlich einen Goethe. Er blätterte den *Divan* kundig durch. Auf *nette Minarette*, auf *Seele Kamele*, auf *gehen Moscheen, Zypresse* auf *vergesse, sauersüßen* auf *begrüßen, Mädchen* auf *Basarlädchen*. Ja, das sehe kaum einer vor dem inneren Auge. Brauche aber auch kaum einer.

Goethe betrachtete Riemers Kinn. Schwerer geworden, satter der ganze Ausdruck. Die Ehe tat dem Mann nicht gut.

Nein, er meine etwas anderes. Je dümmer der Mensch, desto größer der Bedarf an Bildern. Keiner verstehe was vom Wetter, außer ihm und Howard. Er sei verpflichtet, das Volk aufzuklären.

Wir müssen ihm die Erkenntnisse, tja …

Wenn Riemers Hirn noch halbwegs funktionsfähig war, musste er nun illustrieren sagen.

Illustrieren?, fragte Riemer.

Na also. Ging doch noch. An wen er da denke?

Riemer schwieg, sah aufs Papier, kritzelte etwas an den Rand. Goethe sah ihm an, dass er überlegte, wen Goethe nicht leiden konnte. Nicht für würdig hielt. Ja, ganz richtig. Da fielen die meisten hinaus. Die besten waren tot. Sollte Riemer jemanden vorschlagen, nur weil er nett war, dann hatte ihm das Eheglück wirklich auf den Geist geschlagen.

Die Seidler, lächelte Riemer. Ist doch eine nette Frau. Hat auch Sie nett gemalt.

Dieser Riemer war wirklich alt. Frühvergreist. Stehengeblieben ganz einfach. Gut, dass Goethe es abgelehnt hatte, sein Gehalt zu erhöhen.

Wissen Sie, wer die Wolken malt bei der Seidler?

Na, sie, denke ich.

Dann denken Sie nicht, wollte Goethe sagen. Nein. Der *Divan* war noch nicht ganz abgeschrieben.

Ich, sagte Goethe, dachte an Friedrich.

Schön, dass Riemer zusammenzuckte. Er hatte erfahren, welche Bilder Goethe an der Tischkante zerschlagen hatte. Wusste, dass Goethe Bilder verachtete, die kein eindeutiges Oben und Unten hatten. Dass es Goethe anwiderte, wie Friedrich dieses abscheuliche Brot der Metaphysik in sich hineinfraß. Musste man ja krank davon werden.

Wird ihm guttun, Howard zu lesen, sagte Goethe. Vielleicht könne Friedrich gesunden an der Physik. An Howards Ordnung des Himmels.

Während Christiane drei Zimmer weiter ihre Weihnachtsgans verzehrte, mit wem auch immer, las Goethe im Postbericht, dass er richtiglag: 1816 würde ein Jahr, an dem alle an den Himmel blicken mussten. Eine Sonnenfinsternis, zwei Mondfinsternisse, hier zu beobachten. Es traf ins Schwarze, wenn er in eben diesem Jahr zum Propheten Howards wurde. Howard macht's möglich: den Himmel zu beherrschen, die Wolken zu lesen, das Wetter vorherzusagen. Genau der richtige Zeitpunkt, um Macht und Wichtigkeit des Wetters zu erklären. Waterloo war noch in allen Köpfen. Napoleon hatte seine letzte Schlacht im Juni verloren, weil es keine Wettervorhersage gab. In der Morgendämmerung hatte er zuschlagen wollen, bevor der Gegner übermächtig war. Es hatte aber durchgeregnet. Alles aufgeweicht. Bis er loslegte, waren feindliche Truppen nachgerückt. Das Ende. Ja, das leuchtete jedem ein.

Während Christiane drei Zimmer weiter aufs neue Jahr anstieß, öffnete Goethe ein Schreiben vom Hof, Verwaltung.

Durch den Anstieg der Toten in den letzten Jahren sei es auf den Friedhöfen eng geworden. Wo Goethe seine Grabstätte vorsehe. Er habe selbstverständlich freie Wahl.

Grabstätte? Irdisches Ende? Wie dumm. In Howards System hatten die Wolken die Freiheit, sich endlos weiterzubilden. Wie er. Wandelbar, ohne Ende. Wolken starben nicht.

Goethe zerriss den Brief.

XVI

IM JUNI KONNTE KEINER mehr drüber hinweglügen: Etwas stimmte nicht mit dem Wetter. Seit März regnete es. Fast ununterbrochen. Nicht stürmisch, eher gelangweilt. Regnete es mal nicht, prasselten Graupelschauer. Ende Mai schneite es. Bis ins Flachland hinunter. Zwischen den Niederschlägen verhängte grauer Filz den Himmel. Mit Weizen und Roggen war nicht zu rechnen. Zu ernten gab es nichts. Der Brotpreis war von Jahresbeginn bis Juni auf das Dreifache gestiegen. Die Temperaturen weigerten sich, zu steigen. Bauern nahe Bächen und Flüssen gaben den Schweinen Fisch zu fressen. Die Wege waren Schlammfurchen. Kein Durchkommen für schwerbeladene Transporte. Auf den Feldern rings um Jena faulte das Getreide vor sich hin. Die Spaliere an den Häusern waren kahl. In Laubengängen baumelten vereinsamte Blätter.

Trotzdem war Louise Seidler besser gelaunt als im letzten Jahr. Sie schaffte es oft zwei Tage lang, nicht ihre Schritte zu zählen. Nicht zu glauben, es brächte neues Unheil, wenn es von hier nach dort wieder einmal genau neunundzwanzig waren: Sterbealter ihres Bräutigams. Oder fünfundvierzig. Alter von des Vaters Nebenfrau. Oder zweiundsechzig. Alter der Mutter bei ihrem Tod. Sie hielt es auch durch, vormittags nur vor dem Frühstück, nach dem Frühstück, nach dem Zeichnen und vor dem Mittagessen die Hände zu waschen.

Ja, es ging ihr besser. Die Angst, beim Verlassen der Wohnung Fenster offen gelassen zu haben, war weniger geworden. Manchmal kam sie bis ins Atelier, ohne zurückzuhetzen und sich zu vergewissern. Seit Januar ging es ihr besser. Da hatte ein Auftrag von Goethe ihr die saure Nachricht gezuckert, dass ihr Vater doch heiraten würde. Goethe hatte bei ihr ein Bild bestellt. Vom Pestheiligen Rochus. Ein Heiligenbild? Ausgerechnet für Goethe?

Ja, dochdoch. Auf seiner Rheinreise hatte er in Bingen die Rochuskapelle besucht. Bei der Einweihung des Neubaus am 16. August, am Rochusfesttag. Goethe war angeblich tief beeindruckt gewesen von der Zeremonie. Er hatte versprochen, denen ein Altarbild zu stiften. Warum, verriet er nicht. Die Abmessungen hatte er der Seidler durchgegeben. Die Termine ebenfalls. Aber nicht nur das. Goethe selbst hatte den Entwurf zum Bild geliefert. Meyer hatte danach den Karton gemalt. Die Seidler musste das Ganze nur noch in Öl auf Leinwand ausführen. Es konnte eigentlich nichts schiefgehen. Meyer hatte sich doppelt abgesichert. Auch noch aufgeschrieben, was wofür stand. Palast: Herkunft aus mächtigem Haus. Pilgerkleidung des Rochus: Aufbruch zu Gott. Silberner Pokal und Perlenkette, womit das Kind links spielt, und Goldstücke, die Rochus vor dem Kind rechts ausschüttet: Verzicht des Rochus auf jeden weltlichen Reichtum. Wilde Natur hinter der Mauer im Hintergrund: künftiges Eremitendasein. Hund zu Füßen des Rochus: Treue zum Herrn. Zugvögel in der Luft: weite Wanderung zur Erkenntnis.

Höchst übersichtlich. Gut, dass nicht viel Himmel vorgesehen war. Friedrich würde ihr kaum die Luft malen. Nicht mehr nach dem, was passiert war. Den Himmel in der Natur studieren? Unmöglich. Bewegte Wolken waren seit sieben

Monaten nicht mehr zu sehen gewesen. Auf Blau, besonnt, schon gar nicht.

Anfang Juni war das Bild beinahe fertig. Obwohl es von morgens bis abends nicht heller wurde, war die Seidler lichter Laune. Der Briefwechsel mit Goethe hatte sie schöner gemacht. Seit dem Tod des Verlobten hatte sie nie mehr ihr Spiegelbild angelächelt. Nun doch. Der Spiegel war ein Geschenk von Goethe. Wenn ein Kollege fragte: Haben Sie Aufträge in der schlechten Zeit? Konnte sie Ja sagen. Wenn dann die Frage kam: Und für wen denn? Sagte sie nur: Goethe. Wollte der Vater wissen, wem sie denn dauernd Briefe schreibe, reichte ein Wort: Goethe. Dann hatte sie Ruhe. Nur eins bedrängte Louise: Sie hatte sich Freiheiten herausgenommen. Das Kind links braunhaarig statt blond gemalt. Den Hund etwas größer. Vor allem: Die Figuren näher zueinandergerückt. Ein, zwei Zentimeter nur, dennoch. Ohne Goethes Zustimmung heikel. Es war Pfingsten, da kratzte sie ihren Mut zusammen. Nach dem Gottesdienst ging sie an den Schreibtisch und begann einen Brief aufzusetzen. Sie war mittendrin, als es gegen die Tür rumpelte. Herein brach Frau Frommann. Verquollen, triefend aus Nase und Augen, ließ sie sich auf einen Stuhl fallen. Goethe, mein Gott, der Arme. Ihr Mann hatte ihn am Frauenplan besucht. Sie schluchzte.

Schrecklich, was er erzählt habe. Seit Tagen, Wochen bald der Haushalt aus dem Takt bei Goethe. Keine Schaffensruhe. Ständig Geschrei, Gewinsel aus dem Schlafzimmer seiner Frau. Irgendwelche Koliken. Der Nieren wegen. Kein Rhythmus mehr in den Mahlzeiten. Niemand, der die Dienstboten zur Ordnung ruft. Mein Gott, der Arme. Die Köchin dauernd von Goethes Frau mit Beschlag belegt. Wie sollte da sein Werk wachsen! Dann auch noch die Köchin von Krämpfen gebeutelt. Mein Gott, der Arme. Kann die ganze Raumflucht seiner Frau nicht mehr betreten. Riecht nach Krankheit dort, ekelhaft. Mein Gott, der Arme.

Frau Frommanns Geschluchze schwoll an. Es riss die Seidler mit hinein. Die Tränen schwemmten ihre Hoffnungen weg. Segnete Goethe das Bild nicht rechtzeitig ab, war alles zu spät. Am 16. August zum Rochusfest musste das Altarblatt längst in Bingen sein. Es hinzubringen war mühsam. Das Wetter!

Als Frau Frommann gegangen war, zerknüllte die Seidler den Briefentwurf. Dann verhängte sie den Rochus mit einem schwarzen Tuch.

In der folgenden Nacht trieb es sie zehnmal aus dem Bett. Hatte sie nicht doch eine Kerze brennen lassen? Oder eine Lampe nicht gelöscht? Oder Glut aus dem Ofen auf die Dielen fallen lassen?

Sechs Regentage später konnte die Seidler nichts mehr abhalten. Es hatte nur drei Grad über null am Montag, dem zehnten Juni, als sie aufbrach. Noch bevor es hell wurde. Sie musste nach Weimar.

Die Stadt schwamm. Nicht nur wegen der Witterung. Sie schwamm in Mitleid für Goethe. Vorgestern früh sei seine Frau auf dem Jacobsfriedhof begraben worden. Zu ihm vordringen? Unmöglich, wusste jeder. Vielleicht zu Riemer. Ihre Freunde kannten Riemers Ehestandswohnung.

Riemers Gesicht zerfloss im Reden. Ach, Goethe! Welche Größe im Angesicht des Todes. Was für ein liebender Mann. Selbstlos habe er sich um seine Frau gekümmert. Ihr bei den Koliken tröstend zugesprochen. Die Hand gehalten. Die Augen zugedrückt. Nun seien seine Kräfte verbraucht. Nein, er sei selbst nicht dabei gewesen, sagte Riemer. Aber Kräuter, Goethes Schreiber. Leider nein, Kräuter sei nicht ansprechbar. Müsse Schlaf nachholen. Habe bei Goethe eine Nacht um die andere Wache halten müssen. Doch, Goethes Schlaf sei offenbar gut gewesen. In der Nacht vor ihrem Tod nicht, wegen des Geschreis nicht, aber danach. Nur habe ihn irgendein Fieber befallen. Erst als die Leiche seiner Frau aus dem Haus geschafft worden war, sei ihm wieder wohler gewesen.

Louise Seidler musste näher herankommen an Goethe, an Nachrichten über seine Verfassung. Durchnässt lief sie von einem Haus zum anderen. Ging durch muffige Treppenhäuser glitschige Treppen hinauf. Wartete in düsteren Salons, Wohnzimmern, Hinterzimmern. Etwas Genaues? Wusste Kräuter! Ach so ja, der schlief durch. Oder Goethes Diener. Ach so ja, der schickte Besucher weg. Der Meister sei aber wohlauf, hieß es fast überall. Der Meister, der Meister – aah! Frau Schopenhauer! Wie hatte sie die vergessen können?

Sie saß in ihrem gelben Salon und malte. Drehte sich nicht um, als die Seidler hereingeführt wurde. Der Meister? Welcher Meister! Ach – Goethe? Ihr Lachen hörte sich böse an. Doch, sie wisse schon Bescheid. Zwei Frauen, die bei ihr manchmal Hilfsdienste leisteten, seien bei Frau Goethe gewesen. Ja, auch beim Sterben. Was für Frauen? Marktweiber, sagte sie. Starke Weiber, denen vor nichts graust. Drehen den Gänsen den Kragen um. Putzen Latrinen. Waschen Leichen. Grobe Hände? Ja freilich. Nein, zur Krankenpflege seien die nicht geeignet. Aber die Weiber seien durch nichts umzuwerfen. Doch, sie habe die beiden befragt. Habe ihr doch ans Herz gegriffen, dass die Goethe derart jung so arg hatte sterben müssen. Beide hätten ihr berichtet: Sagen können habe die Frau Geheimrat nichts mehr. Hatte sich die Zunge durchgebissen. Die Augen zugedrückt? Goethe seiner Frau? Sie lachte wieder in ihr Bild hinein. Wieder so böse. Kind, was denken Sie denn. Goethe habe im Bett gelegen. Journale gelesen. Seit letztem Dezember nur noch englische, laut Kräuter. Nein, keine Ahnung, warum auf einmal englische. Angeblich seien die am weitesten vorn in der Wissenschaft. Doch, sie sei bei der Trauerfeier in der Jacobskirche gewesen. Goethe gesehen? Ach, wie denn! Bei der Beerdigung? Natürlich nicht, sagte sie. Kind, Sie kennen ihn schlecht. Goethe und Trauerfeiern! Goethe und Beerdigungen!

Der Weg nach Norden zum Jacobsfriedhof war nicht weit, eine starke Viertelstunde, obwohl Louise vorsichtig gehen musste. Das Pflaster schmierig, die ungepflasterten Wege kaum begehbar. Der einzige frische Hügel war morastig. Schief stak am oberen Ende ein Holzkreuz drin, schnell zusammengenagelt. Der Name drauf, sonst nichts. Neben dem Morasthaufen machte sich ein Mann zu schaffen, schnaufend. Seine Hände waren mächtig. Er maß irgendetwas aus. Blickte kurz auf, als er die Seidler sah. Dann maß er schnaufend weiter.

Was messen Sie?, fragte die Seidler. Er schwieg.

Messen Sie wegen einer Grabplatte oder einem Grabstein?, fragte sie.

Er richtete sich auf. Steckte seinen Meterstab ein. Kannten Sie die Frau Geheimrat?, fragte er.

Sie nickte.

Lässt er sich was kosten, der Herr Geheimrat, sagte er. Langer Spruch, das geht ins Geld.

Er griff in seine Jackentasche. Zog ein zusammengefaltetes Blatt heraus. Klappte es auf. Las. Schüttelte den Kopf. Brauch ich mindestens drei Tage, sag ich Ihnen. Einen so langen Spruch hat noch nie jemand bei mir bestellt. In dreißig Jahren nicht. Er räusperte sich. *Du versuchst, o Sonne, vergebens durch die düstren Wolken zu scheinen! Der ganze Gewinn meines Lebens ist, ihren Verlust zu beweinen.* Ganz schön teuer, sag ich Ihnen. Große Grabplatte, große Buchstaben, verstehen Sie?

Als die Seidler die Rückreise antrat, hatte sie beschlossen, Riemer zu glauben. Was für ein Gedicht! Wie sich die Seelenfinsternis in der Weltfinsternis spiegelte. Sie weinte und war froh darüber.

—

Im September war der Brotpreis aufs Fünffache vom Januar gestiegen. Kein Bäcker, kein Gemüsehändler stand mehr allein hinter dem Tresen. Jeder holte sich einen an die Seite, der zuschlagen könnte. Plünderer lauerten. Hohle Wangen fielen nicht mehr auf. Auch schwarze Zähne nicht oder fleckige Haut. Oder totenblasse Kleinkinder. Die Ärzte wussten, was denen fehlte: Sonne.

Manche hielten die Seidler für verrückt, weil sie trotzdem lächelte. Nein, nicht zu viel reden über das Glück in dieser schwarzen Zeit. Nur lächeln, nichts verraten. Alles war gutgegangen. Goethe hatte sich rasch erholt. Ende Juni hatte er schon wieder seine Wetterstationen überprüft. Zugenommen habe er auch, freute sich Frau Frommann. Der Seidler hatte er auf ihren Beileidsbrief umgehend vom Sekretär danken lassen und nach dem Bild fragen. Dann die Erlösung: Meyer und Goethe verübelten ihr die Freiheiten nicht. Beide lobten das Gemälde. Auch vor anderen hatten sie es gelobt. Carl August hatte eine Schatulle geschickt: vierhundert Taler für ein paar Monate Weiterbildung in München.

Große Seele, unser Goethe, sagte der alte Seidler. Ganz groß. Hat dir nicht mal krummgenommen, dass du die Jagemann porträtiert hast. Wo sie ihm so viele Scherereien gemacht hat an seinem Theater. Ja, so einen gibt es in hundert Jahren kein zweites Mal.

Um die Monatsmitte kam dann dieser dicke Brief an. Wie immer, wenn als Absender Goethe draufstand, schloss sich die Seidler ein zum Lesen. Noch nie hatte er ihr so lang geschrieben. Vier, nein, fünf Seiten. Ganz oben stand der Wolken-Grabspruch für seine Frau. Die Tinte zerlief, während die Seidler ihn las.

Dann ging es weiter mit den Wolken. Von einem Howard schrieb er, einem Londoner Forscher, Wolkenforscher, Quäker, eigentlich Apotheker, jetzt ein Stern der Wissenschaft. Er schrieb von *Meteorological Observations*. Von dem, was über diesen Howard in *Gilbert's Annalen der Physik* gestanden hatte. Sollte sie die etwa lesen? Dann erging Goethe sich über eine Physik der Wolken. Wolkenbildungen, Wolkenschichtungen. Berichtete von Wolkentypen, die dieser Howard festgemacht hatte: Cumulus, Cirrus, Stratus. Was sollte sie damit? Sie hatte Goethe schon geholfen, neue Diensträume in Jena zu finden, weil er wegen seiner Wettermessungen öfters da sein würde. Aber Wolkenstudien, damit hatte sie doch nichts zu tun. Sie, die anderen sogar das Wolkenmalen überließ. Seitenlang schwärmte Goethe weiter. Dieser Howard habe endlich Gesetzmäßigkeit in den Himmel gebracht. Nun seien die Wolken nicht mehr Sinnbilder des Verlustes, sondern des endlosen Wandels. Diesem Mann, der die Wolken unterschied, gehöre die Zukunft, schrieb Goethe. Und jedem, der das erkenne, gehöre sie auch. Klima werde das Thema der Zukunft sein. Klima, Klima, Klima.

Auf Seite drei hatte die Seidler noch immer nicht verstanden, was Goethe von ihr wollte. Dann war auf einmal von Friedrich die Rede. Wie denn das? Sie hörte Goethe, aufgebracht, wütend: Friedrich! Ein schlimmes Beispiel für die Verkehrtheit der Kunst. Seine Bilder kann man genauso gut auf dem Kopf ansehen.

Friedrich sei imstande, Howards Erkenntnis zu illustrieren, schrieb Goethe. Wolken malen könne er wie kein anderer. Exakte Angaben würden dann selbstverständlich noch folgen. Ihm als Minister liege viel an der Illustration. Eine Frage der Volkserziehung. Der geschulte Geist sehe vor sich, was gemeint sei. Der einfache sei auf Bilder angewiesen.

Jetzt verstand sie. Er brauchte sie, um Friedrich zu gewinnen. Louise zögerte keinen Augenblick. Das war sie Goethe schuldig.

Zu ihm nach Hause? Zu Friedrich? Bist du verrückt? Auf keinen Fall!, haute ihr Vater auf den Tisch. Auf gar keinen Fall! Du weißt, wie er sein kann, der Kerl. Dieser Student hat es ja herumerzählt in der Stadt. Schlägt einfach zu, wenn ihm die Worte ausgehen.

Louise Seidler schrieb Friedrich wenig. Von einem gutbezahlten, sehr interessanten Auftrag, über den sie mit ihm sprechen solle. Friedrich schrieb zurück. Ja, er sei einverstanden, sie in der Dresdner Gemäldegalerie zu treffen. Ja, gut, meinetwegen vor diesem Altar, wenn es sein musste.

Eycks Marienaltar, eine Empfehlung von Goethe. Nicht nur dieser Altar, alle Kirchenbilder von Eyck. Das brauchte Friedrich ja nicht zu wissen. Goethe hatte sich erwärmt für die Kunst des Mittelalters. Die frühen frommen Maler des Nordens. Überraschender Sinneswandel.

Unser Goethe ist eben überraschend, sagte der alte Seidler. Weil wir zu klein sind, ihn zu erfassen.

Als Louise Seidler in der Galerie ihren Malerhocker aufstellte, war sie durchnässt bis Mitte der Wade. Sie hatte waten müssen über den Neumarkt. Trotz der hohen Fenster war es im ersten Stock des Johanneums am Mittag dunkler als im Februar. Kein Licht zum Kopieren. Zum Studieren reichte es. Ruhig war es. Niemand da außer dem Aufpasser. Hin und her und hin und her quietschte er über den feuchten Sandsteinboden. Louise beruhigte das.

Sie roch Friedrich, bevor sie ihn sah. Diese Mischung aus Modermief, Röstzwiebeln und Terpentin, das war er. Sie drehte sich auf dem Hocker um. Seine Schultern hingen nach vorn. Die Mundwinkel nach unten. Die Lider auf Halbmast.

Nein, leider beschissen. Das Wetter, ja das Wetter. Das sei aber nicht schuld dran. Kein Mumm zum Malen. Mut ansaufen habe es auch nicht gebracht. Seit wann?, fragte Louise. Seit Goethe seine Bilder an der Tischkante zerschlagen hatte.

Wer sagt denn, dass es Ihre waren?, fragte sie.

Sein Blick stach in ihre Augen. Nicht auszuhalten. Sie drehte sich wieder um zu Eycks Triptychon.

Warum?, kam Friedrichs Stimme von hinten oben. Warum saugen Sie sich an diesem Bild fest?

Schauen Sie doch, wie er malt, sagte sie. Unglaublich! Alles von der Nähe bis zur Ferne mit derselben Sorgfalt ausgeführt.

Sorgfalt? Jeder gute Maler sorgt von vorn bis hinten für sein Bild, brummte Friedrich.

Louise Seidler schwieg. Sie hatte sich fest vorgenommen, auf alles zu schweigen, was seiner Wut Zündstoff geben könnte.

Hat Goethe Sie zu dem Bild geschickt? Kam es aus ihrem Rücken.

Sie schwieg.

Das mit der Nähe und der Ferne hört sich ganz nach Goethe an, sagte Friedrich. Muss ja immer alles sortiert haben. Sortiert sein ganzes Leben. In Kästen. In Schubladen. In Regalfächer. Steine und Knochen und Briefe und getrocknete Pflanzen und Mineralien. Nääh! Was dem Zeit verlorengeht mit diesem scheiß Sortieren.

Die Seidler betrachtete den heiligen Michael links. Die Beschläge seiner Rüstung. Den Blütenrankengobelin hinter der Madonna in der Mitte. Die Borten ihres Kleides. Den gewobenen Teppich zu ihren Füßen. Die Butzenscheiben auf dem rechten Flügel. Die Türme des Schlosses im Hintergrund, die Bäume und Büsche rundum, fingernagelgroß. Es gibt keine Stelle, die nicht gewinnen würde, wenn man sie durchs Vergrößerungsglas betrachtet, hatte Goethe über Eyck geschrieben. Bloß nicht erwähnen, bloß nicht. Vorsichtvorsicht.

Wissen Sie, was Goethe imponiert?, raunzte Friedrich.

Sie schwieg.

Jetzt, was?

Sie schwieg.

Dann sag ich's Ihnen: Dass er dieses Gepinsel unters Vergrößerungsglas legen kann. Und noch immer was entdeckt. Kunst für Korinthenkacker. Ja, damit kann ich nicht dienen.

Das war ein guter Zeitpunkt, um ins Freie zu gehen und zur Sache zu kommen. Die Seidler stand auf, klappte den Malerhocker zusammen. Nicht in die Augen schauen, noch nicht.

Aber dafür mit ganz anderem. Goethe schätzt Sie, glauben Sie mir.

Der Aufpasser quietschte vorbei. Sagte nichts. Friedrich starrte ihm nach.

Wenn jemand sagt: Glauben Sie mir!, werde ich sofort misstrauisch, schnarrte Friedrich.

Der Aufpasser quietschte wieder vorbei.

Bleiben Sie endlich stehen! Sie quietschen einem die Gedanken aus dem Hirn!, schrie Friedrich.

Der Aufpasser blieb stehen. Schüttelte den Kopf.

Also, sagte Friedrich: Was will Goethe von mir?

Der Aufpasser setzte seinen Gang fort.

Ich bringe ihn um, knurrte Friedrich.

Wollen wir?, fragte die Seidler. Reden wir über den Auftrag?

Stumm gingen sie nebeneinander die Treppe hinunter. Stumm wateten sie ans andere Platzufer. Es tröpfelte ins stehende Wasser.

Essen gehen? Blödsinn, sagte Friedrich. Bloß kein Wirtshaus. Nichts Rechtes zu essen gebe es bei ihm daheim auch. Auf dem Weg hinaus in die Pirnaische Vorstadt tickte die Warnung des alten Seidler im Kopf der Tochter. Besser vorher zum Thema kommen. Im Freien, unter Leuten.

Friedrich wollte an der Elbe entlanggehen. Sieht man die Wolken, sagte er. Es hatte aufgehört zu regnen. Vom Fluss herauf roch es nach Tümpel, obwohl die Strömung stark war. Zu viel Verfaultes trieb auf dem Wasser dahin. Filzig der Himmel drüber. Mausgrau, lichtundurchlässig.

Da sind doch keine Wolken zu sehen, sagte sie.

Für Sie nicht, sagte er. Für mich schon.

Seine Schritte waren doppelt so groß wie ihre. Das zwang sie, schneller zu atmen. Sie blieb stehen. Holte Luft, legte den Kopf in den Nacken, blickte nach oben, als sei dort irgendeine Aufhellung zu erwarten.

Auch Friedrich war stehen geblieben und blickte nach oben. Ja, jetzt auf einmal schauen alle an den Himmel. Seit er so ist, dass man schauen muss, sagte er.

Goethe wird es auf seinen Wetterstationen herausfinden,

sagte Louise: Warum wir seit Monaten keine Sonne mehr sehen. Warum keine Wolken mehr ziehen. Warum …

Und?, sagte Friedrich. Davon wird es nicht besser.

Sie klappte ihren Malerhocker auf, suchte nach einer festen Stelle. Setzte ihn ab, drückte auf den Sitz. Eines der Beine versank. Sie zog es heraus, probierte es einen halben Meter rechts daneben. Dann einen halben Meter links daneben. Saß schließlich. Friedrich ließ sich auf einem großen Stein zwei Schritte weiter nieder. Louise Seidlers Blick schweifte über den Fluss. Aber sie spürte Friedrichs Blick in ihrem Gesicht.

Louise, warum fangen Sie eigentlich immer wieder von Goethe an? Was hat der Alte schon für Sie getan? Für Ihr Bild damals hat er erst gezahlt, als Sie mit Ihrem Vater angerückt sind, stimmt's?

Friedrich hörte sich nicht wütend an. Eher wie ein Verbündeter. Verübelte ihr offenbar nicht mehr, dass sie dabei war, als Goethe seinen Bildern das Genick gebrochen hatte. Dann musste sie nur noch irgendwelche Sympathien Friedrichs für Goethe zurückerwerben. Goethe, den Gönner, der jetzt auch ihm etwas Gutes tun wollte. Louise Seidler berichtete von dem großen Auftrag, den sie Goethe verdankte. Von Meyers Karton nach Goethes Entwurf. Wie fürsorglich Goethe gewesen sei. Wie er sich um die Details gekümmert habe, damit es nachher keinen Ärger gebe. Dass er Meyer habe aufschreiben lassen, was wofür stehe. Die Pilgerkleidung von Rochus für seinen Aufbruch. Der Palast für seine Herkunft. Der Hund für die Treue. Der silberne Pokal und die Perlen …

Ob es Friedrichs Fuß oder sein Knie war, Absicht oder Versehen. Was sie vom Hocker schmiss, hätte die Seidler hinterher nicht sagen können. Nur, dass Friedrich hochgeschossen war, die Fäuste in die Luft gereckt und geschrien hatte: Sind

Sie wahnsinnig! Sind Sie wahnsinnig! Er trampelte mit den Füßen dazu.

Ein Rumpeln in der Ferne wurde lauter. Die Vögel wurden leiser. Schlagartig hörte Friedrich auf zu toben. Er streckte Louise seine Hand entgegen, zerrte sie hoch, schimpfte unverständlich vor sich hin, klopfte Laub und Schmutz von ihr ab. Dann zog er seinen Mantel aus, faltete ihn mit der sauberen Innenseite nach außen, legte ihn auf den großen Stein. Bitte, sagte er, stellte sich vor sie, die Hände in die Seiten gestützt, die Augen weit aufgerissen. Sie wirkten dunkler als sonst. Es war aber nichts darin zu entdecken, was Angst machte. Nur eine Art zornige Besorgtheit. Dann holte er einen Flachmann aus der Hosentasche, schraubte ihn auf, hielt ihn Louise ihn. Kein Schnaps, grinste er. Sie schob die Öffnung unter ihre Nase: Lindenblüten. Sie trank. Er stand vor ihr, stumm.

Mädchenmädchenmädchen, sagte Friedrich schließlich. Wissen Sie, wie ihn der jüngere Schlegel nennt? Den aufgetakelten alten Herrgott aus Weimar. Er lachte in einen Huster hinein. Spuckte etwas aus. Kerne oder Kautabak oder was immer.

'tschuldigung, sagte er und spuckte noch mal irgendetwas aus. Ich mag Sie doch.

Er setzte sich neben sie auf den Stein. Dort, wo er nackt war.

Das Rumpeln kam näher. Konnte es bei einem solchen Himmel ein Gewitter geben?

Bin kein Spinner, falls Sie das meinen, sagte Friedrich. Spinne mich nur ein in meiner Puppe. Warte ab, was rauskommt. Farbiger Falter oder Made. Friedrich wickelte ein daumenlanges Randstück Käse aus seinem Taschentuch. Säbelte es mit einem Taschenmesser in vier Teile. Würden Sie … den Falter mögen?

Sie nickte. Er hielt ihr die Käsestücke auf dem Taschentuch hin. Sie nahm eines. Friedrich hatte die Rinde nicht abgeschnitten. Sie steckte den Käse trotzdem in den Mund.

Aber man weiß es nicht, sagte er kauend. Vielleicht doch nur 'ne Made. Kommt, wie es kommt. Wie das Wetter. Wie die Wolken.

Das war's. Ihr Einsatz.

Und keiner malt Wolken wie Sie, sagte die Seidler.

Doch Friedrich schien das nicht gehört zu haben. Beide schwiegen und schauten auf den grauen Filz. Das Schweigen hatte einen anderen Ton als vorher. Es hörte sich friedlich an.

In England soll's viele geben, die Wolken malen können, kam es von Friedrich. Ein Freund aus der Kopenhagener Zeit habe ihn besucht. Der sei gerade dort gewesen.

Die Engländer, die sitzen mit ihrem Malzeug auf den Dächern und in den Wiesen und am Meer, hat er erzählt. Die malen die Wolken sogar im Freien.

England! Er hatte davon angefangen. Friedrich hatte sie auf Goethes Fährte geführt. Eine Fügung? Louise spürte, wie ihr Puls schneller ging, ihr Gesicht heiß wurde, dass sie nah dran war, mit allem herauszuplatzen. Nein, jetzt bloß nichts verderben. Sprich leise, wenn du überzeugen willst, hatte Kügelgen der Seidler eingeschärft. Leise erzählte sie, was sie von England wusste. Dass es dort sehr oft tagelang neblig sei oder diesig verhangen, wohl eher das Gegenteil von Italien. Nicht so ein Schönwetterland. Sie habe auch schon englische Landschaftsbilder gesehen. Ganz anders als das, was hier in Deutschland seit einiger Zeit Mode sei, viel unschärfer, verschwommener.

Friedrich kaute seinen Käse mit offenem Mund und lauschte.

Mysteriöser irgendwie, sagte sie.

Friedrich grunzte. Und die Engländer, ob sie über die auch etwas wisse.

Was Goethe über diesen Howard geschrieben hatte, ging Louise seit Tagen durch den Kopf. Forscher, Apotheker, Fabrikant, Quäker, Mitglied einer *Askesian Society* und Wolkenkundler. Schrullig musste der sein. Ich glaube, da sind manche ziemlich schrullig. Wie soll ich sagen ... versponnen. Wunderlich, aber gutartig. Auf eine kauzige Art freundlich.

Friedrich grinste sie an. Eher wie ich?

Es wurde. Geduld! Langsam, ganz langsam.

Ja, da gebe es offenbar sehr viele, die gerne in die Wolken blickten, nicht nur Maler. Auch Dichter, sogar Apotheker und Familienväter.

Würden Sie mit mir nach England reisen?, fragte er. Ich meine ... Zum Waslernen?

Jetzt! Jetzt!

Das Rumpeln war eindeutig lauter geworden. Der Filz eindeutig noch dunkler. Die Vögel waren ganz verstummt. Nichts raschelte mehr im Gestrüpp.

Kann doch nicht sein, dass ein Gewitter kommt, sagte sie. Aus diesem Himmel!

Warum nicht?, fragte Friedrich. In ihr bibberte es. Er saß ruhig da, die knochigen Hände reglos auf den Oberschenkeln. Ein Wolkenbruch machte ihn offenbar nicht nervös. Seine Ruhe gefiel ihr.

Sie redete weiter, leise. Dass Goethe auf einen englischen Wolkenforscher gestoßen sei. Auf das, was der über Wolken geschrieben hatte.

Er sah sie an. Ist dieser ... dieser Engländer einer von den Besserwissern?

Das Gerumpel hatte sich in Klirren verwandelt. Sehr scharf und sehr nah. Louise zuckte zusammen. Friedrich zog seine Joppe aus und legte sie ihr um die Schultern.

Louise zögerte. War wohl nicht schlau, jetzt von so etwas wie Klassifikation der Wolken und Wetterprognosen zu reden.

Der ist Quäker, sagte sie.

Kenn ich nicht. Was ist das?, fragte er.

Quäker leben nach der Bibel. Sie sind der Ansicht, dass in der Bibel alles Wesentliche drinsteht und nicht erläutert werden muss.

Hört sich gut an, sagte er. Passt auch zusammen. Im Alten Testament kommt Gott meistens in einer Wolke daher. Aber soll ich denn lesen, was dieser … dieser Quäker geschrieben hat? Du bist doch die Schlaue von uns.

Sein Arm um ihren Rücken machte sie warm. Die Wärme verteilte sich im ganzen Körper.

Das ist, sagte Louise, glaube ich, gar nicht so schwierig. Der Quäker hat herausgekriegt, welche Wolken man unterscheiden kann. Dass es im Grunde nur ein paar Typen gibt und sich die einen immer unten, die anderen mehr in der Mitte, wieder andere weit oben aufhalten.

Er saß noch immer ruhig da in einem dünnen Hemd ohne Kragen. Sein Arm lag noch immer um ihren Rücken. Wind kam auf. Warnend wie Sturmfeuer blinkten drei Wörter in Louises Kopf, drei, die sie nicht umgehen konnte: Goethe, Klassifikation, Illustration.

Weißt du, sagte Friedrich, das Größte ist, dass wir in den Wolken träumen können. Egal, wie schlecht die Welt ist und wie böse die Menschen.

So sanft hatte Friedrich noch nie geklungen.

Aber … kann man nicht auch noch in ihnen träumen, wenn man mehr über sie weiß?, fragte Louise. Eine Religion, die sich vor der Wissenschaft fürchtet, macht ihren Gott klein, hatte Goethe ihr erklärt. Ein grandioser Satz. Sie hatte ihn in ihr Tagebuch notiert. Aber kein Satz für Friedrich, bloß nicht.

Dieser Engländer hat ein System entdeckt, sagte sie, in das lassen sich sämtliche Wolken einordnen. Goethe ist tief beeindruckt, dass endlich einer Ordnung in das Flüchtige gebracht hat. Die Klassifikation der Wolken heißt für Goethe, dass man alles, was dort geschieht, festlegen kann.

Festlegen?, knurrte Friedrich.

Es gab kein Zurück. Louise sah um sich. An die Böschung geklebt ein maroder Schuppen. Vermutlich von Anglern aufgestellt. Das Blechdach schien fest zu sein. Darunter wäre sie sicher vor einem Unwetter.

Und Goethe wünscht sich, dass … dass … dass …

Was?, raunzte Friedrich.

… dass Sie dieses System illustrieren.

Er schnellte hoch, baute sich vor ihr auf. Groß war er, sehr groß und sehr schwerknochig.

Was?, schrie er. Was?

Nur aus dem Haus des Schlächters hatte Louise schon einmal solch einen Schrei gehört.

In Friedrichs Gesicht wetterleuchtete es. Ich soll die Träume … die Phantasie in Ketten legen? Ich?

Er ballte die Fäuste. Drosch ins Leere. Dieses Schwein! Will die Wolken zu Sklaven machen. Und mich zu seinem Spießgesellen! Wieder schrie er, wortlos, todeswund.

Du weißt, raunte der Vater im Hinterkopf, der Mann schlägt zu.

Friedrich hielt inne. Ließ die Fäuste fallen. Starrte Louise an. Riss den Mund auf, stumm. Beugte sich vor und nahm ihr Gesicht in seine Hände. Die Tränen liefen ihm herunter. Und dich … dich hat er zur Verräterin gemacht. Mein Gott! Mein Gott!, schluchzte er.

Ein Blitz zerteilte schwefelgelb den Filz. Das Wasser brach herab.

Jäh wandte sich Friedrich von ihr ab.

Louise Seidler rettete sich in die Hütte. Sah draußen Friedrich stehen, die Arme ausgebreitet für die Umarmung eines Riesen. Er schrie, das Gesicht nach oben gekehrt. Schrie an gegen das Krachen ringsum.

Verrat! Verrat! Mein Gott!

— ◆—

Drei Tage später schrieb die Seidler an Goethe. Es sei nichts zu machen. Friedrich sei hart geworden. In jungen Jahren schon versteinert wie ein Greis. Ein Fels in Betrachtung des Himmels. Völlig unzugänglich. Sie wolle ihn nie wiedersehen.